Ezequiel Ander-Egg

Metodología y práctica de la animación socio-cultural

Editorial LUMEN/HVMANITAS
Viamonte 1674
1055 Buenos Aires
☎ 373-1414 (líneas rotativas) Fax (54-1) 375-0453
E-mail: magisterio@commet.com.ar
República Argentina

Colección **Política, servicios y trabajo social**

Director: Ezequiel Ander-Egg

Corrección: José María Borghello
Diseño de tapa: Oscar Sánchez Rocha
Ilustraciones: María José Aguilar, con la colaboración de Jorge Petersen, Labus,
 Julio Miró y Pilarm

ISBN 950-582-096-8

© 1997 by LUMEN/HVMANITAS
Hecho el depósito que previene la ley 11.723
Todos los derechos reservados

LIBRO DE EDICIÓN ARGENTINA
PRINTED IN ARGENTINA

INDICE

A MODO DE PROLOGO	1
ADVERTENCIA PARA LA TERCERA REELABORACION Y DECIMA EDICION	3

I PARTE. LA PROBLEMATICA DE LA ANIMACION SOCIO CULTURAL 5

Capítulo 1. ¿Qué es la animación socio-cultural	7
Acerca de la noción de animación socio-cultural ..	9
1. ¿Qué significados e implicaciones tiene la animación como forma de acción dentro de la política cultural?	11
2. ¿Qué es la animación en cuanto conjunto de método y técnicas específicas?	12
3. ¿Cuáles son las funciones de la animación sociocultural?	15
4. ¿Cuáles son las diferentes modalidades de la animación?	17
Capítulo 2. Características de la animación socio-cultural ..	21
Federación de Escuela de Educadores en el Tiempo Libre	21
1. Busca generar procesos de participación en todos aquellos que estén implicados	23
2. El animador cumple un cuádruple rol: catalizador/dinamizador, asistente técnico, mediador y transmisor	26
3. Sus métodos y técnicas de actuación se apoyan en una pedagogía participativa	28
4. Tiene un doble referente de adecuación metodológica: la práctica de la gente, su nivel y forma de actuación y la situación contextual	30
5. Aplica el postulado metódico/pedagógico de la cercanía vital, como criterio de selección de los espacios o ámbitos de realización de actividades y creación de estructuras de convivencialidad	32

	6. Carácter voluntario y abierto que reviste la participación de la gente en las actividades propias de la animación	34
	7. El respeto a la autonomía cultural de cada uno de los participantes y la aceptación del pluralismo cultural	34
	8. La animación socio-cultural como elemento coadyuvante a la afirmación de la identidad cultural, y el desmontaje de los mecanismos de dominación cultural	35
Capítulo 3.	La emergencia de la animación: Problemas a los que responde la práctica de la animación institucionalizada	39
	1. Aumento del tiempo libre y la consecuente preocupación por llenarlo creativamente	43
	2. Necesidad de educación permanente	55
	3. El foso o brecha cultural existente entre diferentes estratos sociales	61
	4. Las industrias culturales: su impacto en la vida cultural y su significación ideológica/política	62
	5. La situación de desarraigo en las grandes ciudades	70
Capítulo 4.	El marco ideológico-político de la animación socio-cultural	77
	1. Diferentes concepciones de la animación socio-cultural	79
	2. El para qué de la animación desde el punto de vista de los objetivos estratégicos de la política cultural	83
	3. El para qué de la animación desde la perspectiva de quienes participan en estos progresos	88
II PARTE	ASPECTOS METODOLOGICOS DE LA ANIMACION SOCIO-CULTURAL	99
Capítulo 5.	Estudio-investigación para la realización de actividades de animación	103
	Acerca del estudio de la situación socio-cultural ...	105
	1. Referencia a la situación global en la que se enmarcan las actividades socio-culturales	106
	2. Caracterización de la situación cultural propiamente dicha	109

3. Estadio de las necesidades culturales	111
4. Estadio de la demanda cultural	117
5. Jerarquización de necesidades y problemas	119
6. Inventario de los recursos disponibles	120

Capítulo 6. Pautas fundamentales para elaborar un diagnóstico socio-cultural 123

El diagnóstico como parte del proceso de la metodología de la animación 125

Cuestiones fundamentales a tener en cuenta en la elaboración de un diagnóstico socio-cultural 126

1. Naturaleza del diagnóstico 126
2. ¿Cómo hacer un diagnóstico? 130
3. La finalidad de un diagnóstico socio-cultural 136

Capítulo 7. Programación de actividades socio-culturales .. 139

1. ¿Qué es programar? 141
2. Principales criterios o pautas para la elaboración de planes, programas o proyectos 143
3. Instrumentos metodológicos de la planificación .. 153
4. Comenzar por organizar la mente 155
5. Guía para programar actividades 156
6. Decisión racional y acción racional: la lógica de la formulación y la lógica de la realización 157
7. Acerca de la concepción antropológica en que se apoya la práctica de la planificación 161
8. De la planificación normativa a la planificación estratégica 162

III PARTE. LA PRACTICA DE LA ANIMACION SOCIO-CULTURAL 168

Capítulo 8. Aspectos o momentos de las tareas de animación socio-cultural 171

1. Fase de sensibilización/motivación 173
2. Detección de las minorías activas o grupos de incidencia 177
3. Capacitación de animadores voluntarios 178
4. Promoción y apoyo de organizaciones de base. Puesta en marcha de actividades 181

Capítulo 9. Problemas operativos de la práctica de la animación socio-cultural 187

       1. Las personas implicadas 190
       2. Lugares y espacios en donde se realizarán las actividades 194
       3. Cuándo realizar las actividades 195
       4. Las actividades específicas 196
       5. Los métodos y técnicas a utilizar 197
       6. Los medios o instrumentos técnicos 202

Capítulo 10. Las actividades específicas a partir de las cuales se puede realizar la animación socio-cultural 205
       1. Actividades de formación 210
       2. Actividades de difusión cultural 215
       3. Actividades de expresión artística no profesional 221
       4. Actividades lúdicas: recreación, juegos, esparcimiento, fiestas y deportes 237
       5. Actividades sociales 252

Capítulo 11. Evaluación de programas de animación 257
       Cuestiones básicas en torno a la evaluación 259
       El proceso de evaluación 275

A modo de prólogo

Soy latinoamericano, y escribo este libro sobre animación socio-cultural, una metodología o práctica socio-pedagógica no utilizada en mi continente. ¿Por qué y para qué lo escribo? se podría preguntar... Simplemente, se trata de un intento de sistematizar parte de mi experiencia de estos últimos años de estancia obligada en Europa. Sin embargo, esto no va a lo más profundo de mis razones.

Después de trabajar muchos años en el ámbito del trabajo social en diferentes países latinoamericanos, busqué nuevas vías en el campo de la educación popular, dado que en ese marco de experiencia y de prácticas sociales encontré las formas más adecuadas para contribuir a una auténtica participación del pueblo, con todo lo que ello implica: desde la promoción personal, hasta la creación del poder popular. Ahora bien, en Europa, la animación socio-cultural es, para mí, la realización más significativa de cara a promover una cultura de participación y hacer de la cultura no un elemento de "encubrimiento" ideológico, sino una "energía creadora" vinculada a la edificación de una nueva sociedad. Esta es la circunstancia que me ha tocado vivir, y ésta es la razón de mi opción metodológica, expresión particular de una opción política-ideológica más amplia.

Hace más de quince años que vengo bregando y escribiendo contra la importación a-crítica de teorías, métodos y técnica sociales. No voy a incurrir ahora en el grave error de los "importadores culturales", propiciando la animación socio-cultural para América Latina. No conozco, por otra parte, ninguna persona seria que trabaje en estas tareas que lo pretenda. Tampoco los latinoamericanos que realizan tareas de educación popular pretenden que su metodología y sus técnicas sean válidas para Europa.

Sin embargo, me atrevo a hacer una doble afirmación-sugerencia, en relación con estas experiencias:

- es posible un cruzamiento fertilizante y enriquecedor de perspectivas, conceptualizaciones y técnicas, a condición de que en ambas partes exista la actitud de que es posible aprender del otro.
- el frente cultural, tanto para Europa como para América Latina (diría también para el resto del mundo), adquiere una gran significación en los procesos de liberación o emancipación humana. En otras palabras: la situación actual del mundo exige otorgar un lugar importante a la esfera ideológico-cultural.

Escribo, pues, este libro desde mi circunstancia actual: la España de la transición, inmerso en la experiencia vivida en este país desde hace unos años, aprendiendo de su gente, de sus maestros, de sus intelectuales, de sus esperanzas y de sus desilusiones, que fueron también las mías. No cabe ninguna duda de que tengo muchas limitaciones para poder apropiarme de toda esa riqueza; sólo sé que mi amor e ilusión en mi trabajo de animación —pequeño, pero entusiasta— no ha tenido límites, ni en el tiempo consagrado, ni en la fuerza de mi entusiasmo.

Este libro es apenas un alto en mi camino y en mi trabajo de preocupación por la cultura y por la educación popular. No me importa mucho el nombre con que debo designar mis experiencias concretas. Me importa de manera absoluta la gente. Me preocupa hacer un pequeño aporte a la lucha cultural, no sólo para ayudar a desmontar los mecanismos de dominación ideológica y cultural, sino sobre todo —por lo que más adelante explicaré sobre el modo de concebir la cultura— para aceptar el gran desafío de nuestro tiempo, que es el de plasmar un nuevo modo de vida sustentado en otros valores. Y, como tarea inmediata —esto sólo es válido para los pueblos del tercer mundo, al que yo pertenezco—, configurar una cultura nacional y popular, que sirva de base para nuestra propia identidad cultural.

Desde mi circunstancia española, escribo este libro. El sello de mi origen latinoamericano quizás distorsione a veces los planteamientos, aunque los haga pensando en mi tarea en España, pero quizás también, en algunas ocasiones, los enriquezca.

Ezequiel Ander-Egg
Alicante, 1983

Advertencia para la tercera reelaboración y décima edición

Hace siete años escribí el prólogo precedente. Algunas cosas no las diría hoy. Por ejemplo, ya no puede afirmarse que no existen experiencias de animación socio-cultural en América Latina; las hay con este nombre o el de promoción cultural. También tendría que hacer muchas matizaciones a la idea de configurar una "cultura nacional y popular". Y todo lo que he escrito sobre formas de dominación ideológica y cultural, tendría que estar contextualizado en el problema más amplio de la transnacionalización de la cultura*. Todos los demás aspectos del libro exigían ser reelaborados y así se ha hecho.

Para quien tiene en sus manos este libro y ha leído las versiones anteriores (Marsiega primero y luego de la CAAM y la de Hvmanitas), he de advertir que esta versión es unas seis veces más amplia que la primera y prácticamente el doble de la publicada hace siete años. Se han incluido la totalidad de los problemas que comporta una metodología de intervención, en este caso aplicada a las actividades socio-culturales, y se han mejorado y ampliado todos los temas.

Este esfuerzo de sistematización, ha incorporado las experiencias de España, Francia, Bélgica e Italia y de casi todos los países latinoamericanos, integradas a mi acción y reflexión personal. Es la versión que el lector ahora tiene en sus manos.

Ezequiel Ander-Egg
San Isidro (Buenos Aires), 14 de enero de 1990

(*) Estos temas han sido desarrollados en el libro **Cultura y Liberación** de próxima aparición.

I Parte

LA PROBLEMATICA DE LA ANIMACION SOCIOCULTURAL

I Parte

Capítulo 1

¿Qué es la animación socio-cultural?

> *Dar una definición es ofrecer lo que constituye el producto de un proceso de reflexión y búsqueda... Comenzar por una definición, es dar una respuesta a quien todavía no se ha planteado la pregunta...*
>
> *Recorramos juntos un camino de búsqueda, en relación a la pregunta formulada, como tema de reflexión para este capítulo. No importa tanto llegar a una definición, sino el intentar una aproximación a la idea y a la práctica de la animación.*

epistemología — Teoría del conocimiento general o de una ciencia en particular

praxis — práctica en oposición a teoría

Acerca de la noción de animación socio-cultural

1. ¿Qué significado e implicaciones tiene la animación como forma de acción dentro de la política cultural?
2. ¿Qué es la animación en cuanto conjunto de métodos y técnicas específicas?
3. ¿Cuáles son las funcione de la animación socio-cultural?
4. ¿Cuáles son las diferentes modalidades de la animación?

Acerca de la noción de animación socio-cultural

He aquí dos palabras ("animación" y "socio-cultural") que unidas constituyen una expresión con la que se designa y se hace referencia a tan variadas gamas de actividades que difícilmente podamos precisar con toda claridad. En efecto, apenas nos ponemos a pensar, ¿qué es la animación socio-cultural?, dos dificultades básicas se nos presentan de inmediato:

- ¿cómo explicar por escrito "algo" que por definición es acción, movimiento, actividades, ímpetu, impulso, vida?
- ¿cómo expresar en una definición lo que es común, en esa variedad de actividades que se denominan "animación socio-cultural"?

A pesar de la ambigüedad de sus límites y la diversidad de actividades que designa, no podemos, ni debemos prescindir de un mínimo de exigencias y de rigor epistemológico en la consideración del tema. Pero tampoco debemos quedar atrapados en este tipo de especulaciones, habida cuenta de los propósitos de este libro. Por profundas que sean las consideraciones epistemológicas acerca de la naturaleza de la animación socio-cultural, no por ello garantizamos una mejor praxis.

Hecha esta advertencia (dando importancia y relativizando al mismo tiempo estas preocupaciones teóricas por precisar y delimitar el campo de la animación), procuraremos responder a la primera de las cuestiones, aunque sólo sea parcialmente. Digamos, ante todo, que la animación socio-cultural es una forma de acción socio-pedagógica que, sin ser la única, se caracteriza básicamente por la búsqueda e intencionalidad de generar procesos de participación de la gente. A pesar de no tener un perfil de actuación totalmente definido, estos procesos están guiados por procesos operativos que buscan crear espacios para la comunicación interpersonal al mismo tiempo que excluyen toda forma de manipulación. En los programas de animación no se dan órdenes ni consignas, sino que se alienta a la organización autónoma de la gente. No se dirige, ni se manipula con un paternalismo sonriente, sino que se anima para que cada uno sea protagonista, en la forma, medida y ritmo que cada uno determina, ya sea como individuo, grupo o colectivo.

Respecto de la segunda cuestión, hemos de reconocer que es un tanto más compleja, pues se trata de encontrar una o varias notas características comunes a una gran diversidad de actividades, que se denominan "animación".

Al llegar a este punto, se hace necesario indagar acerca de los hechos, datos y elementos que nos pueden permitir un esbozo de respuesta. Partimos de lo que se hace. Ahora bien, observando lo que se denomina animación socio-cultural, es preciso reconocer la constatación de lo siguiente:

- existen unas acciones y actividades de tipo cultural, social y educativo, que se denominan animación socio-cultural
- existen, además, instituciones que las promueven, ya sea como una forma de acción cultural, como práctica educativa o como un medio de acción social
- por último, existe una serie de agentes —llamados animadores— que las realizan.

Estas constataciones no nos permiten una respuesta a la cuestión planteada, sin embargo, a la luz de los aspectos mencionados anteriormente, puede decirse que **la animación socio-cultural está ahí**; es "algo" que existe y que se hace. Pero..., son tantas las actividades que se llevan a cabo y que se denominan animación, que uno no puede menos que preguntarse: ¿qué es lo específico de la animación?, ¿tiene alguna modalidad operativa que la caracteriza y diferencia de otras formas de acción socio-cultural?, ¿tiene un campo de actuación que le es propio?

Con estas primeras formulaciones y delimitaciones, y con estos nuevos interrogantes, sigue siendo evidente la dificultad para caracterizar claramente (y más aún por definir) qué es la animación socio-cultural, con lo que volvemos a la pregunta inicial.

Antes de seguir avanzando en este intento de respuesta, quisiera destacar que muchas confusiones y dificultades que existen en torno a esta cuestión, es porque no se ha advertido que la respuesta a la pregunta acerca de lo que es la animación, puede —y debe— intentarse a diferentes niveles, a saber:

- ¿qué significados e implicaciones tiene la animación como forma de acción social dentro de la política cultural?
- ¿qué es la animación en cuanto conjunto de métodos y técnicas específicas?

- ¿cuáles son las funciones de la animación?
- ¿cuáles son las diferentes modalidades de actuación?

Habría otras preguntas que permitirían afinar el análisis, como por ejemplo, ¿cuáles son las tendencias en este campo de actuación?, pregunta que, a su vez, podemos responder desde dos enfoques: uno ideológico/político y otro operativo. También podríamos preguntarnos si existe la "profesión" o la "ocupación" de animador... habría otras. Sin embargo, las cuatro que hemos formulado en primer término ya sirven para avanzar en nuestro análisis de acuerdo a los propósitos de este capítulo.

1. **¿Qué significados e implicaciones tiene la animación como forma de acción dentro de la política cultural?**

Comenzamos diciendo, a modo de premisa fundamental, que no toda política cultural incorpora la animación socio-cultural como parte o modalidad de sus formas de acción. Dicho en otras palabras: para determinadas concepciones de la política cultural, incorporar actividades de animación sería entrar en contradicción con sus propósitos explícitos. Y, en sentido contrario: toda política cultural de signo progresista no puede llevarse a la práctica sin programas de animación socio-cultural.

Ya hemos explicado en otro libro [1] que, desde los años 70, la política cultural constituye una nueva preocupación de los Estados. Como consecuencia de la emergencia de esta preocupación por los "asuntos culturales", se han ido perfilando un conjunto de acciones de los poderes públicos que se han llamado con el nombre genérico de política cultural. Si bien la existencia de políticas culturales es un hecho generalizado, existen diferentes enfoques o alcances en la concepción y la práctica de la política cultural.

Ahora bien, si la práctica de la democracia cultural consiste en promover procedimientos de participación y de vida asociativa, la incorporación de programas de animación socio-cultural es absolutamente indispensable. Y lo es, en cuanto que la animación constituye un instrumento idóneo para generar procesos de participación, proporcionando a individuos, grupos y comunidades, los instrumentos necesarios para que, con libertad, responsabilidad y autonomía, puedan desarrollar su vida cultural... Este es el significado de la animación como una de las actividades específicas de la política cultural.

---

(1) **La política cultural a nivel municipal.** Hvmanitas, Buenos Aires 1987.

2. ¿Qué es la animación en cuanto conjunto de métodos y técnicas específicas?

Por lo que se refiere a la respuesta que vamos a dar a esta cuestión, también aquí (como en el párrafo anterior), queremos comenzar con una afirmación que luego procuraremos explicar y desarrollar. De modo sintético hemos de decir que la animación socio-cultural, en cuanto conjunto de métodos y técnicas de actuación, es una tecnología social.

Y algo más hemos de añadir: en algunos casos las prácticas o actividades de la animación sólo pueden considerarse como técnicas sociales, en cuanto a modalidad operativa. No llegan a la categoría de tecnología social.

Tenemos, pues, en esta primera afirmación una primera diferenciación o distinción entre tecnología social y técnica social. Mas adelante lo hemos de aclarar. Como consecuencia de lo sustentado en las consideraciones precedentes (que ya han sido publicadas en otros trabajos), algunos han dicho que ésta es una concepción tecnocrática de la animación (y al decir tecnocrática, aluden a la exclusión o minimización de la dimensión humana). Tal afirmación revela que no han leído todo el libro, ni han leído con atención el parágrafo pertinente en el que afirma que la animación socio-cultural es una tecnología social... en cuanto conjunto de métodos y técnicas específicas de actuación. La animación es algo más, mucho más que una tecnología social, pero en cuanto método es eso y sólo eso.

Dentro de lo que constituye hoy el acervo común de la ciencia, la epistemología y el método científico, es ampliamente admitida la distinción entre ciencia y tecnología. El que consideremos a la animación socio-cultural como una "tecnología social" o como una "ciencia" no es una cuestión de denominación que pueda decidir uno u otro, según el gusto particular de cada cual. Se trata simplemente de lo que es, habida cuenta de su propia naturaleza y de la distinción casi universalmente admitida entre ciencia y tecnología.

Así, pues, la animación socio-cultural —lo mismo vale para la medicina, el trabajo social y todas las profesiones prácticas— no tiene un cuerpo teórico de explicación propio. Pero al igual que todas las tecnologías, tiene un fundamento científico o una apoyatura teórica que —en el caso de la animación— toma prestado de las ciencias sociales en general, o si se quiere decirlo de manera más amplia, de las ciencias humanas.

Por consiguiente, la animación socio-cultural no puede ser considerada como una ciencia, simplemente porque no tiene una teoría propia (en el sentido estricto de la palabra teoría), ni tampoco es una modalidad específica de conocimiento de la vida social y cultural. Es una de las formas posibles de acción social/pedagógica/cultural. Por tanto, está al nivel de las praxis y/o prácticas sociales.

Para realizar esas "acciones" que se expresan en una variada gama de actividades, la animación se apropia (de manera no siempre explícita) de los conocimientos producidos por diversas ciencias (sociología, psicología, economía, antropología, etc.) cada una de las cuales con sus propios cuerpos teóricos específicos. Además se apoya o sustenta —en lo que hace a los aspectos operativos— en la metodología científica. Y si consideramos la finalidad o intencionalidad última, no se puede prescindir de lo ideológico y lo político, en cuanto son marcos referenciales (explícitos o implícitos, o más o menos difusos), que señalan un modelo que se quiere alcanzar.

Hemos dicho —y en esto compartimos la idea de la mayoría de los autores que han hecho alguna reflexión teórica sobre el tema— que la animación socio-cultural es una tecnología social. Ahora bien, después de todo lo expuesto, es necesario que nos detengamos un momento sobre el significado y alcance de la expresión "tecnología social" y su distinción de la "técnica social".

Comenzamos por explicar qué entendemos por tecnología. Este término tiene muchos significados y connotaciones. De ordinario se utiliza para hacer referencia a los medios mecánicos de producción y de servicios. En ese sentido y con ese alcance, el término está estrechamente ligado al de la máquina en cuanto artefacto físico de la misma. Sin embargo, el término también se usa con un alcance más general: hace referencia al conocimiento práctico, pero fundamentado, acerca del modo de desarrollar ciertas actividades o tareas. Se trata de medios o procedimientos más o menos standarizados que indican "cómo" hacer determinadas cosas de cara al logro de ciertos propósitos, metas y objetivos. La tecnología es siempre un quehacer que tiene un fundamento teórico.

Dicho de manera más simple: la tecnología es la aplicación del conocimiento y del método científico a objetivos prácticos. En el caso de las tecnologías sociales se requiere la mediación de finalidades que vienen dadas por la opción ideológica (o por la cosmovisión subyacente), al mismo tiempo que son derivadas también de los marcos teóricos referenciales de las ciencias que le sirven de apoyatura teórica.

En síntesis y de una manera esquemática, podemos decir que una tecnología social consiste en:

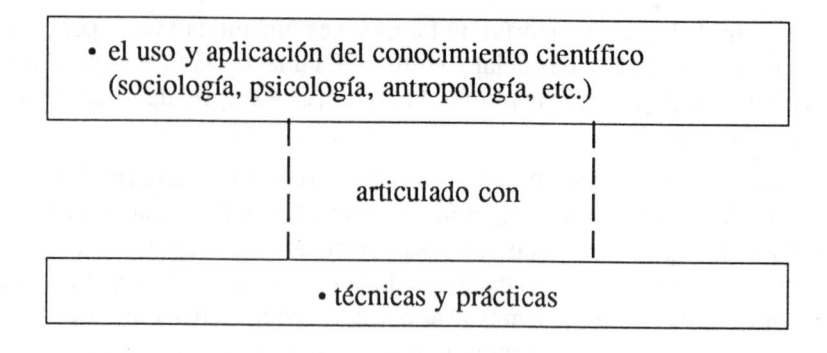

```
┌─────────────────────────────────────────────┐
│  • el uso y aplicación del conocimiento científico │
│    (sociología, psicología, antropología, etc.)    │
└─────────────────────────────────────────────┘
                    articulado con
┌─────────────────────────────────────────────┐
│              • técnicas y prácticas              │
└─────────────────────────────────────────────┘
```

que tiene por objetivo

┌─────────────────────┐   resultados específicos
│ la transformación de │ ── buscando ──<
│ la realidad social   │   metas preestablecidas
└─────────────────────┘

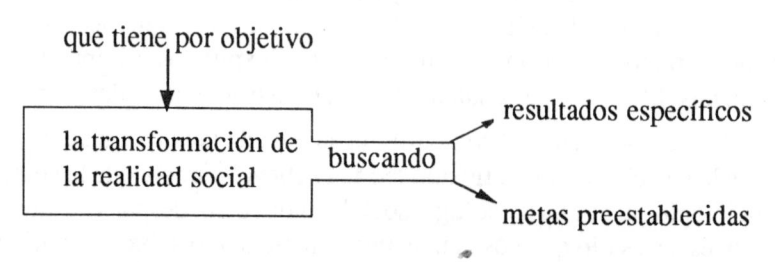

Nos queda todavía la tarea de distinguir/diferenciar la tecnología social de la técnica social. Esta distinción es equivalente a la diferenciación entre la práctica social y la praxis social. El siguiente esquema nos puede ayudar a comprender mejor esta cuestión:

- la **práctica social**

    se expresa operativamente a través de... **técnicas sociales**

- la **praxis social**

    se expresa operativamente a través de... **tecnologías sociales**

Consecuentemente la animación socio-cultural —en cuanto es una tecnología social— se fundamenta en la ciencia y el método científico. No es una ciencia, ni una práxis científica (como alguien propuso denominarla). Es una práctica social con fundamento científico que, por las razones antes invocadas, llamamos praxis social. El siguiente esquema nos puede ayudar a comprender mejor la cuestión.

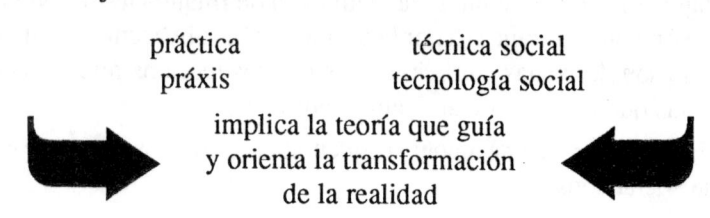

```
        práctica            técnica social
        práxis              tecnología social
   ➡️      implica la teoría que guía      ⬅️
           y orienta la transformación
                  de la realidad
```

De este esquema resulta claro que la distinción que hacemos entre práctica y praxis es equivalente a la distinción entre técnica y tecnología. Ahora bien, la técnica es un conjunto de reglas empíricas que pueden ser aplicadas con mayor o menor habilidad. La tecnología, en cambio, tiene en cuenta de manera expresa una serie de conocimientos teóricos que se aplican a objetivos prácticos. Implica un modo de actuar deliberado y racionalizado que busca una mayor eficacia de cara al logro de determinados objetivos.

Diremos, entonces, que la tecnología es el uso y aplicación del conocimiento científico (u otro conocimiento organizado) y de su articulación con técnicas y prácticas, con el fin de lograr resultados específicos y alcanzar metas pre-establecidas en orden a la transformación de algún aspecto de la realidad. Dicho en otras palabras: la tecnología es la aplicación del conocimiento científico a objetivos prácticos. Habida cuenta de la equivalencia antes indicada entre praxis y tecnología social, diremos que ambas implican el empleo de conocimientos científicos que guían y orientan las diferentes formas de actuar sobre la realidad.

Aplicando todo esto al campo de "lo social", hemos denominado **tecnología social** al conjunto de procedimientos que, teniendo un fundamento teórico explícito, se utilizan para actuar sobre un aspecto de la realidad social. En el caso de la animación socio-cultural (como su denominación lo indica), su campo de actuación se da en el ámbito de "lo social" y de "lo cultural".

En todas las consideraciones precedentes, hemos tratado de explicar la naturaleza de la animación, en cuanto conjunto de métodos y técnicas de actuación, y a la que le atribuimos el carácter de tecnología social.

3. ¿Cuáles son las funciones de la animación socio-cultural?

Hay quienes afirman que no existe nada sustantivo que se pueda llamar "animación"; se trataría de una abstracción o de un rótulo para designar ciertas actividades, sin una función bien definida. Lo cierto es que existen programas y actividades que se denominan "animación socio-cultural", y que en los quehaceres de la Administración Pública y de mucha organizaciones no gubernamentales se ha incorporado como sector de intervención y como forma de acción profesional. Existen, además, animadores que no son abstracciones, sino personas, seres vivientes que cumplen una función.

Si nosotros observamos qué hacen y, sobre todo, cómo lo hacen, encontramos algunas funciones que parecen ser específicas de este quehacer, tales como las de promover, alentar, animar a la gente, despertar inquietudes, alentar a la acción, en fin, hacer brotar potencialidades latentes de individuos, grupos y comunidades.

Tal como ha sido concebida, y frecuentemente realizada, la animación socio-cultural tiende a producir procesos de sensibilización, motivación y acción de la gente, para que ellos mismos asuman un cierto protagonismo, cuanto más mejor, para satisfacer algunas necesidades que como individuos, organizaciones de base o comunidades, no pueden satisfacer en razón de las formas de vida de nuestra sociedad.

Vivimos, como se dice y se repite hasta la saciedad, en una sociedad en donde se ha debilitado el tejido social y las relaciones interpersonales. Vivimos, también, en una época de rápidos cambios sociales a los que la gente no está habituada; de algún modo el futuro que cada día entra en nosotros es diferente y consecuentemente problemático. Este fenómeno que se observa en todos los ámbitos de la vida social, exige un esfuerzo de adaptación a las nuevas circunstancias. Y esta adaptación puede ser una simple "adaptación/adaptativa" reducida a la pura acomodación a lo que se va dando, o una "adaptación/creativa", es decir, consciente, crítica y lo más participativa posible. A esto último quiere contribuir la animación y en esa línea se perfila una de sus funciones específicas.

Frente a la tendencia a la pasividad de la gente; frente a la no disponibilidad de espacios de encuentro y de relación, y frente a los efectos de una cultura de masas que crea consumidores de cultura con gustos standarizados, influibles y previsibles (lo que da lugar a diferentes formas de manipulación ideológica-cultural), la animación socio-cultural tiene una función dentro de una política cultural de signo progresista. Esta función se expresa en la instrumentación de acciones sistemáticas capaces de promover actividades y condiciones favorables para la dinamización colectiva y la creatividad social, la generación de espacios de encuentro y relación, y el desarrollo de la comprensión crítica de las diferentes formas de dominación cultural.

Por otra parte, ante el hecho de la comercialización de las expresiones culturales, la animación socio-cultural puede promover actividades que no estén llamadas a ser objeto de tráfico comercial, ni de consumismo prefabricado. Su finalidad es potenciar las expresiones y concepciones básicamente autónomas del pueblo, no sólo en el campo de la expresión artística, sino en lo cultural, en el sentido de "cultura constructiva", es decir, como forma de creación de un destino personal y colectivo.

4. ¿Cuáles son las diferentes modalidades de la animación?

Dentro de la amplia gama de actividades llamadas de animación sociocultural, es posible distinguir diferentes modalidades de actuación. Para una mejor comprensión de lo que es la animación y con el interés práctico de esclarecer su ámbito de acción, utilizamos diferentes criterios de clasificación. Podemos distinguir las siguientes modalidades:

a. Según el sector en el que se enfatiza la acción

De acuerdo con este criterio que tiene en cuenta el sector en el que se pone el acento de la actividad, podemos distinguir tres modalidades:

- Con énfasis en lo **cultural**: se orienta fundamentalmente a promover actividades que, en el lenguaje corriente, se denominan precisamente "culturales" y que fundamentalmente son artísticas.

- Con énfasis en lo **educativo**: es un modo de actuación que, como forma de educación permanente no institucionalizada, pretende mejorar el nivel educativo de las personas destinatarias del programa.

- Con énfasis en lo **social**: es una modalidad de la animación orientada a promover y apoyar asociaciones de base que tienen el propósito de resolver los problemas colectivos que afronta un grupo o comunidad; en este caso, las actividades de animación pueden superponerse o ser similares a las que se realizan en el campo de la acción comunitaria.

Adviértase que al referirnos a cada una de estas formas de actuación decimos "con énfasis en...", porque pensamos que estas modalidades no son excluyentes. Más bien todo lo contrario: en algunos casos la complementariedad es absolutamente necesaria por la índole del programa. En otros casos, los aspectos no enfatizados están incluidos implícitamente.

b. Según el contexto o ámbito de acción

Utilizando este criterio de clasificación podemos distinguir cinco cuadros o ámbitos principales de acción, y dentro de cada uno de ellos se pueden hacer otras clasificaciones teniendo en cuenta los sectores específicos en donde se realiza la animación.

- **Contexto institucional**: animación en un Aula de Cultura, Club de Jubilados, Hogar del Pensionista, Asociación de Vecinos, Club Juvenil, etc.

- **Contexto técnico**: animación teatral, recreativa, deportiva, musical, danzaria, etc.
- **Contexto social**: animación de jóvenes, de emigrantes, de campesinos, etc.
- **Contexto espacial**: animación en una calle, un sector barrial, un pueblo, una ciudad, etc.
- **Contexto político**: animación para el logro de determinados objetivos: reivindicación, acción, etc.

c. Según el campo de acción

Dentro de los diferentes campos en donde se aplican técnicas de animación, podemos hacer una sub-clasificación con arreglo a distintos criterios, tales como:

- Criterios de edad
  - niños
  - jóvenes
  - adultos
  - tercera edad

- Categorías profesionales
  - obreros
  - campesinos
  - empleados, etc.

- Sexo
  - mujeres
  - varones

- Contenidos de las actividades
  - artísticas (teatro, cine, canción, pintura, escultura, etc.);
  - intelectuales (conferencias, estudios, mesas redondas, libros, etc.);
  - sociales (fiestas, reuniones, promoción de asociaciones, etc.)
  - prácticas (bricolage, etc.);
  - físicas (deportes, naturismo, paseos, gimnasias, etc.).

- Según los ámbitos de la animación
  - los grupos naturales
  - las asociaciones voluntarias
  - las entidades locales
    — Ayuntamiento o Municipalidad
    — Asociaciones de barrio, etc.
  - las entidades de nivel intermedio
    — instituciones socioculturales
    — movimientos
    — organizaciones regionales o nacionales
  - el Estado y los ministerios

d. Según la pertenencia institucional a un organismo promotor

Conforme a este criterio se ha de distinguir entre:
- Actividades de animación realizadas desde organismos gubernamentales:
  — nacional (ministerios, secretarías de Estado, direcciones generales, etc.)
  — regional (gobiernos autonómicos o provinciales)
  — local (municipal)
- Actividades realizadas desde instituciones no gubernamentales (asociaciones de vecinos, ateneos populares, asociaciones culturales de base, sindicatos, etc.)
- Animación realizada en grupos espontáneos e informales (colectivos y grupos voluntarios, etc.)

e. Según el criterio pedagógico de centralidad de la acción

Cabe distinguir entre:
- animación centrada en el contenido
- animación centrada en el grupo

f. Según el status del animador

Suele distinguirse entre:
- animador profesional
- animador voluntario

g. Según la tarea fundamental del animador

Hay una clasificación bastante generalizada que diferencia entre:
- Animador difusor
- Animador monitor
- Animador de grupo
- Animador coordinador

h. Según el modelo de referencia operativa del animador

Se distinguen tres tipos de animadores:
- Animador que atiende preferentemente a lo estético (arte)
- Animador que privilegia la educación extraescolar (formación)
- Animador cuya acción tiene una finalidad social (acción social)

i. Según el ámbito geográfico

De acuerdo con el ámbito geográfico en el que se desarrollan las actividades, se puede hacer la siguiente clasificación:
- Animación rural
- Animación suburbana
- Animación urbana

Estas clasificaciones no son, desde luego, exhaustivas. Además, en la práctica —en cada actividad concreta—, se entrecruzan las diferentes modalidades. Así, por ejemplo, una tarea de animación puede pertenecer al ámbito urbano, ser fundamentalmente socio-educativa, realizarse con jóvenes, con un contenido principalmente social, pedagógicamente centrada sobre el grupo, con una tarea de animación grupal, llevada a cabo por animadores voluntarios, siendo parte de un programa patrocinado por una organización no gubernamental.

Capítulo 2

Características de la Animación Socio-Cultural

> *La Animación-Socio Cultural interrelaciona personas y grupos de todas las edades en un proceso continuo de crecimiento.*
>
> *La A.S.C. intenta desarrollar las capacidades y aptitudes de la persona en el grupo, de cara a participar en su entorno social y transformarlo.*
>
> *La A.S.C. atiende las distintas dimensiones y desarrolla todos los ámbitos de relación:*
>
> — *la dimensión personal que se expresa en la propia autonomía;*
>
> — *la dimensión comunitaria y cívica que pasa por la pertenencia a grupos y colectivos intermedios;*
>
> — *la dimensión social y política como participación en la organización y estructuras sociales;*
>
> — *la dimensión ideológica como relación con el entorno;*
>
> — *la dimensión trascendente como vivencia que sobrepasa lo inmediato.*
>
> ***Federación de Escuelas de Educadores en el Tiempo Libre.***

1. Busca generar procesos de participación en todos aquellos que están implicados.
2. El animador cumple un cuádruple rol: catalizador/dinamizador, asistente técnico, mediador y transmisor.
3. Sus métodos y técnicas de actuación se apoyan en una pedagogía participativa.
4. Tiene un doble referente de adecuación metodológica: la práctica de la gente, su nivel y forma de actuación, y la situación contextual.
5. Aplica el postulado metódico/pedagógico de la cercanía vital, como criterio de selección de los espacios y ámbitos de realización de actividades y creación de estructuras de convivencialidad.
6. Carácter voluntario y abierto que reviste la participación de la gente en las actividades propias de la animación.
7. El respeto a la autonomía cultural de cada uno de los participantes y la aceptación del pluralismo cultural.
8. La animación socio-cultural como elemento coadyudante a la afirmación de la identidad cultural y al desmontaje de los mecanismos de dominación cultural.

Después de todas las consideraciones hechas en el capítulo precedente, podemos intentar una caracterización de la animación socio-cultural. Inevitablemente seremos reiterativos en algunos puntos, ya que al caracterizar a la animación, o sea, al hacer referencia a las actividades, tareas y modalidades de actuación capaces de identificar a la animación, tendremos que volver, mediante un esfuerzo de síntesis, al conjunto de las cuestiones ya tratadas.

A través de esta tarea de caracterización de la animación socio-cultural, queremos desentrañar aquellos que son sus aspectos sustanciales; los que dan su perfil en cuanto a la concepción y a las modalidades de actuación. Entre los que hacen —o han hecho— reflexiones teóricas sobre la animación, existen diferentes concepciones y matices. Estas diferencias son más acentuadas entre los que realizan proyectos y actividades concretas.

Sin embargo, dentro de esta gran variedad de conceptualizaciones y formas prácticas de actuación, es posible señalar algunas características, acerca de lo que podría denominarse "zonas de acuerdo" con respecto a lo que es la animación. Este es, precisamente, el propósito de este capítulo.

Ahora bien, ya sea que consideremos a la animación:

- como forma de intervención socio-pedagógica,
- como modalidad de la acción cultural o,
- como metodología de actuación,

sus características fundamentales pueden resumirse en las que enumeramos a continuación, con la advertencia de que todas ellas están relacionadas entre sí y, en cierto modo, entrecruzadas:

1. Busca generar procesos de participación entre todos aquellos que están implicados

Si hubiese que escoger una sola palabra con la que se resumiera la quintaesencia de la animación, esta sería, sin duda, la palabra **participación**. Ciertamente, esto no significa que sólo a través de la animación se busque generar procesos participativos; lo que queremos destacar es que ésta es una nota distintiva, tanto porque es el substratum de todas las otras características, como porque no hay animación sin participación.

Hay que reconocer y destacar, asimismo, que con esta intencionalidad orientada a generar procesos de participación y a promover la responsabilidad colectiva, la animación se transforma en un instrumento de creación de poder popular. Visto desde una perspectiva global, puede afirmarse, consiguientemente, que la animación socio-cultural, en cuanto promueve la promoción de la gente para que asuma una responsabilidad individual o colectiva de cara a la solución de sus problemas, como para la realización conjunta de actividades, supone la búsqueda de ciertos objetivos inmediatos y de mediano plazo. Y, en última instancia, apunta a un objetivo estratégico. A este respecto conviene señalar que:

- el **objetivo inmediato** es el de suscitar la iniciativa y responsabilidad personal, grupal y colectiva para lograr la participación de la gente en actividades sociales y culturales dentro de su entorno más cercano;

- como **objetivo a mediano plazo**, la participación que se promueve a través de estos programas tiene por fin dinamizar y dar vida al tejido social y a promover el asociacionismo a través de organizaciones de base, o si se quiere decirlo desde otro ángulo, a organizaciones propias del ámbito de la sociedad civil.

- y el **objetivo estratégico** (situado en el horizonte utópico) es el de lograr que cada persona, cada grupo y cada colectividad sea hacedora de su presente y su futuro, en cuanto tiene poder de decidir y posibilidades de control, no sólo a nivel de las organizaciones de las que forma parte, sino tambien a niveles en donde se deciden cuestiones que conciernen a la propia vida individual y colectiva.

Antes de proseguir con nuestro análisis, conviene que nos detengamos un momento, para advertir en torno a la **equivocidad del concepto y práctica de la participación**. Ya hemos señalado que la participación tiene una centralidad indiscutible en la teoría y la metodología de la animación. Sin embargo, difícilmente haya una palabra tan utilizada para encubrir propósitos ajenos o contrarios a los que la palabra expresa. Ya hemos hablado en otro libro* de la equivocidad del término; aquí queremos ceñirnos a desarrollar algunas ideas en torno a lo que la participación significa en su traducción operativa en los programas de animación socio-cultural.

---

* **La práctica de la animación socio-cultural.** Hvmanitas ICSA. Buenos Aires. 1988.

Como es obvio, no se participa en abstracto; la participación supone una serie de **ámbitos** que son los espacios para la participación y de **actividades** que le sirven de sustento. Ya sea en los ámbitos de actuación, como en las actividades concretas, todo el quehacer de la animación tiende:

- en lo **individual**, a estimular la emergencia de personas capaces de implicarse y comprometerse para aportar sus capacidades y habilidades en la transformación de su entorno o circunstancia inmediata y potenciarlas como sujetos sociales autónomos y organizados, solidarios y dialogantes con otras perspectivas y puntos de vista;

- en lo **social**, a fortalecer el tejido social, mediante la participación en la vida asociativa y colectiva a través de organizaciones capaces de dar respuestas a problemas y necesidades que se dan en el ámbito societario, y a desarrollar el sentido de pertenencia y de afirmación de su propia identidad, con total respeto a toda las manifestaciones del pluralismo (político, cultural, religioso, etc.) propio de nuestra sociedad;

- en lo **cultural**, a convertir un "público-espectador" en "participante-actor" de actividades sociales y culturales. "No se trata sólo de asistir, ni de consumir un bello producto elaborado por otros". Se trata de facilitar la participación en todo el proceso, "creando espacios de relación y comunicación, en donde los recursos faciliten la creatividad individual y colectiva como alternativa al consumo pasivo" (1);

- en lo **educativo** a ofrecer ámbitos de experiencia real para desarrollar formas y hábitos democráticos de actuación, al mismo tiempo que, en otro orden de cosas, se sensibiliza a la gente para que la preocupación de formación permanente, sea algo que tiene que ver con el desarrollo de la propia vida.

Como consecuencia práctica de este propósito u objetivo de la animación, sus actividades deben concebirse y promoverse (en la medida de lo posible), como un aspecto de la práctica global de la gente. En este punto no hay que olvidar que se aprende a partir de la propia experiencia, y que se adquiere mayor capacidad de actuación cuando se es capaz de reflexionar sobre esas experiencias. Y más todavía, cuando esta reflexión sirve para volver sobre la misma realidad.

Admitido esto, el estilo de trabajo de la animación supone el reconocimiento y valoración de las experiencias y conocimientos de la misma gente. Por otra parte, cuando la gente consta que se aprecia lo que ya saben, se encuentran más dispuestas a participar y a adquirir nuevos conocimientos. De ahí que en la animación, las actividades se promueven (tanto cuanto sea posible), de manera concertada con los mismos participantes. No se trata de actuar como átomos aislados, sino a través de experiencias conjuntas, procurando siempre aprovechar la potencialidad que tiene cada individuo. Se procura integrar las experiencias, conocimientos y habilidades de cada uno, las que a su vez se acrecientan cuando se actúa grupal o colectivamente.

Digamos, asimismo, como otra advertencia para no incurrir en errores bastante frecuentes, que la participación no es algo que hemos de limitar a las minorías activas. Se ha de intentar implicar a la mayor cantidad de gente posible..., decimos "mayor cantidad de gente posible", porque de ordinario no se moviliza la totalidad de un grupo o colectivo, sino una parte de él. Que uno de los propósitos principales de la animación consista en movilizar a la gente, esto no significa que en la práctica se logre tal objetivo de una manera generalizada.

Ya hemos indicado que la participación es lo que caracteriza de manera más profunda a la animación. Sin embargo, cabe advertir —porque en este asunto hay muchos equívocos teóricos y prácticos— que la participación es un objetivo a alcanzar. Dicho en otras palabras: la participación no está en el punto de partida como algo que se logra con sólo decirlo; es un punto de llegada, lo que presupone un camino o proceso a recorrer, pero que desde el primer momento avanza con formas y modalidades participativas. Transformar las actividades de animación en un proceso colectivo de participación, es siempre un desafío.

Ahora bien, lograr la participación es importante, es lo central, pero, ¿cómo hacerlo?, ¿cómo deben actuar los animadores?... A fin de aproximarnos a una respuesta, proponemos algunas consideraciones en torno al rol del animador, con la advertencia de que no sólo la acción del animador será lo que permitirá generar, estimular y desarrollar los procesos participativos. Hay que establecer espacios y canales, y desarrollar actividades de cara al logro de esos propósitos. Sin embargo, no hay animación sin animadores, de ahí que como segunda nota distintiva de la animación, señalaremos el rol del animador.

2. El animador cumple un cuádruple rol: catalizador/ dinamizador, asistente técnico, mediador y transmisor

Para la realización de las actividades de animación se requiere de la ayuda, asesoramiento o intervención de un trabajador o agente cultural que se denomina **animador**, y que puede ser, en cuanto a su status, profesional, semi-profesional o voluntario.

Como es de suponer, su forma de intervención y de actuación, debe estar de acuerdo con los fines, propósitos, valores y principios de la animación. De ahí que su labor consista fundamentalmente, en actuar como facilitador más que como coordinador u organizador de actividades. En algunos casos (cuando los niveles de participación sean todavía insuficientes) puede ser que organice, y en ciertas circunstancias que coordine las actividades; pero es mucho más acorde con su rol ayudar a organizar y enseñar a coordinar, puesto que lo que interesa es que el proceso sea asumido por la misma gente.

Cualquiera sea el ámbito de actuación en donde el animador ha de intervenir, su rol comprende cuatro aspectos principales que, si bien son diferentes, se complementan y, a veces, se cumplen simultáneamente:

a. Como **catalizador/dinamizador/facilitador** que suscita, excita, incita, sensibiliza, motiva e interesa a la gente, alentando la participación activa de la misma en programas o actividades socio-culturales, de acuerdo a lo que la gente estima debe hacerse.

b. Como **asistente técnico**, en el sentido de que proporciona los elementos, conocimientos y asesoría técnica para que en el "aprender haciendo" el grupo mismo disponga de un asesoramiento para mejor realizar las actividades que ellos consideran má adecuadas para dar respuesta a sus necesidades y problemas. El animador en alguna medida vive y convive los problemas de la gente con la que trabaja, pero no es su función resolver por ellos, sino junto con ellos, analizarlos y buscar caminos alternativos para resolverlos.

c. Como **mediador** para contribuir y ayudar a que la misma gente aproveche las experiencias propias de la vida y del vivir, como fuente de aprendizaje, al mismo tiempo que ayuda a recuperar, sistematizar, evaluar e implementar sus propias prácticas sociales.

d. Por último, el animador actúa como **transmisor**, en el sentido de proporcionar ciertas informaciones, conocimientos, técnicas sociales, habilidades y aprendizaje de nuevas destrezas, para que la gente se apropie de aquellos conocimientos y capacidades que permitan resolver sus problemas o necesidades, o que ayudan a mejorar la calidad de vida. Se trata de lo que hemos denominado en otra parte, como "transferencia de tecnologías sociales" y que, a veces, se confunde con las tareas de asistencia técnica.

Finalmente hemos de señalar que, aquello que mejor denota y enmarca la modalidad de la animación y su forma de intervención, es el primero de los roles que hemos indicado: la de ser un catalizador. En este contexto, la palabra catalizador significa que el animador desata y dinamiza actividades socio-culturales con el propósito expreso de que sean asumidas por la gente o bien correspondan a sus iniciativas. En los casos en los que las actividades sean promovidas, organizadas y realizadas fundamentalmente por los animadores, se ha de procurar transferir progresivamente la responsabilidad de los mismos implicados.

Sin embargo, todo rol —el de animador también— conlleva forzosamente la definición de los roles de los otros actores sociales (en este caso la gente con la que trabaja). De ahí la importancia que tiene el modo de intervención del animador en su acontecer interaccional. No basta la experiencia y profesionalidad del animador. En esta tarea de animar, su comportamiento y su modo de actuar, incide fuertemente en los modelos de comportamiento y el modo de actuar de los otros. Merced a esta complementariedad, el modo de ser del animador es una forma pedagógica que ayuda (o desayuda, si lo hace mal) a generar procesos de participación... Esto nos lleva a la tercera característica.

3. Sus métodos y técnicas de actuación se apoyan en una pedagogía participativa

Si el objetivo básico de la animación es el de generar procesos de participación de la gente, su metodología debe ser acorde y derivada de ese propósito, o sea, debe ser participativa. Existe un acuerdo bastante generalizado de que los métodos y técnicas propias y específicas de la animación, deben apoyarse en una pedagogía participativa (otros prefieren llamarla una "pedagogía no directiva" conforme a la terminología acuñada por Rogers). Nosotros excluimos el uso de la expresión "no directividad" por dos razones principales: ante todo porque toda forma de intervención social, pedagógica o cultural, por su misma naturaleza implica una intencionalidad y esto significa directividad (que no hay que confundir con manipulación); en segundo lugar, porque en algunos casos al asumirse lo que se llama un "estilo no directivo", esto deriva en posturas espontaneístas, dejando a la gente librada a lo que buenamente quiere o puede hacer.

Aunque parezca obvio, en razón de las incoherencias que se suelen dar en la práctica, debemos señalar la necesidad de hacer coherente la metodología con sus objetivos; y esto no es accesorio sino sustancial. El modo de ser y de trabajar del animador, y las actividades propias de la animación, deben estar impregnados con un espíritu y estilo participativo.

En este punto el principio operativo en que se apoya la animación es el de que la modalidad propia de realizar estos programas sea participativa y, a la vez, produzca un efecto multiplicador que amplíe los procesos de participación de la gente.

Ahora bien, en esta búsqueda de una metodología participativa, hay tres cuestiones que aparecen como más importantes y significativas:
- la superación de la concepción bancaria de la educación, para transformar la "pedagogía de la respuesta" en una "pedagogía de la pregunta";
- la búsqueda de la autogestión en cuanto forma de organizar el trabajo cultural;
- la marcha hacia una pedagogía de la comunicación total, como estrategia más eficaz para el trabajo con la gente.

La **superación de una concepción bancaria de la educación** que propusiera Paulo Freire y que tan profundamente conmocionó la pedagogía contemporánea (o, mejor dicho, a los pedagogos dispuestos a marchar por nuevos caminos), está en el punto de partida de la metodología de la animación. Cualquier forma de autoritarismo, manipulación, verticalismo, paternalismo o de enseñanza "magistral", estaría totalmente en contradicción con los métodos de actuación propios de la animación. Nada de verbalismo alienado y alienante. Nada desvinculado de las experiencias de la vida real.

Toda la estrategia pedagógica se apoya en el supuesto de que los propios participantes constituyen la fuente más rica de aprendizaje. De ahí que todo cuanto se hace se deriva de una "pedagogía de la pregunta", o sea, de cuestiones que nacen de las necesidades y preocupaciones específicas de los participantes.

En cuanto a la **búsqueda de autogestión** en la organización del trabajo, no es más que una consecuencia del espíritu, estilo y modalidad operativa de la animación, en la que se destaca la acción conjunta, el trabajo conjunto y el aprendizaje conjunto. No decimos "organizar autogestionariamente", usamos una expresión con pretensiones más modestas: "búsqueda de autogestión". Con ello queremos señalar que en las actividades de animación se busca desarrollar la creatividad (como capacidad de dar respuesta a los propios problemas), mediante el trabajo conjunto y la participación.

Cuando decimos que la autogestión es la forma operativo-administrativa y organizativa que mejor se plasma la participación, estamos haciendo referencia al objetivo estratégico al que queremos llegar. Es un camino que hay que hacer, pero hay que hacerlo actuando autogestionariamente, es decir, de abajo hacia arriba con la participación de la misma gente. La autogestión deja de ser tal cuando se decide sólo desde arriba. Ya hemos dicho que en la animación, el enfoque principal son los objetivos de los participantes, no los de los animadores, de ahí que se ponga el acento en la autoorganización voluntaria. Este es, por otra parte, la base y el aprendizaje para constituir una auténtica democracia cultural.

Por último, en relación a la metodología de la animación, decíamos que una de sus notas la define como una **marcha hacia una pedagogía de la comunicación total**. Con ello queremos destacar el siguiente hecho: no podemos seguir trabajando en la animación con una estrategia pedagógica que utiliza casi exclusivamente procedimientos propios de la "galaxia Gutemberg" cuando ya estamos en la "galaxia Marconi". Estamos metidos o inmersos en una civilización de la imagen, y en nuestro trabajo con la gente no podemos ignorarlo. Hay que utilizar en la acción cultural todos los medios y formas de apoyo visual que ayudan a una mejor comunicación con la gente. Sin embargo, hay que emplearlos como "ayudas" y no de manera fetichista como si bastasen por sí mismos, como algunos parecen creerlo.

Hemos de advertir, además, que la comunicación total no se logra tan sólo con la utilización de diferentes formas de apoyaturas visuales. Comunicación total implica y comprende también todas las formas de comunicación no verbal, expresión corporal, plástica, canto y danza. Y en esto han y todo un camino a recorrer.

4. Tiene un doble referente de adecuación metodológica: la práctica de la gente, su nivel y forma de actuación, y la situación contextual

No existe ningún método de acción ni técnicas de actuación que se puedan aplicar siempre y en todas las circunstancias; es necesario adecuarlos en cada caso concreto. Esto que es válido para la aplicación de todo método de actuación, tiene particular significado para la animación, habida cuenta que el estilo de trabajo propio de la misma procura siempre la inserción en el proceso que vive la gente. El animador debe llevar a cabo sus actividades, como parte e inserto en ese proceso.

En este esfuerzo o capacidad de adecuación, la sensibilidad y flexibilidad del animador juega un papel fundamental; estas cualidades le permiten percibir y detectar "lo existente" o "situación ambiental" en cada circunstancia. Como criterio operativo de adecuación, y para ayudar el desarrollo de su flexibilidad y sensibilidad, consideramos importante tener en cuenta dos realidades que se dan en todo grupo o colectivo:

- la práctica de la misma gente: lo que hace (o lo que deja de hacer), sus círculos o centros de interés, sus preocupaciones o inquietudes y, de manera especial, sus experiencias de la vida real;
- el nivel de conciencia real que tiene la gente que participa en estas actividades; y cuando decimos nivel de conciencia, hacemos referencia a lo que posee un individuo o grupo en un momento dado, independientemente de la adecuación de la misma a sus condiciones de existencia.

Una segunda referencia para la adecuación metodológica deriva de la situación contextual, y de manera particular, el contexto político y lo que se ha dado en llamar el "espíritu del tiempo" que, con la aceleración de los cambios históricos varía en períodos de 5 a 7 años. El ejemplo que nos trae Juan Ventosa Pérez, aunque no se refiere a lo metodológico, sirve para ilustrar este punto. La animación socio-cultural, nos dice el pedagogo salmantino, nace en un contexto optimista y expansivo, dinamizado por una eclosión económica —el desarrollismo de los 60— e ideológica —mayo del 68—, pero hoy tiene que adaptarse a las nuevas circunstancias que se hacen patente en la recesión económica (crisis de los 70), con todas sus secuelas (paro, recortes presupuestarios, mayor control de gastos), y también el reflujo ideológico expresado en el escepticismo y la crisis del Estado de Bienestar. Y así, se pasa de las esperanzas de la civilización del ocio, al desengaño de la sociedad del paro. (2)

Y si consideramos los condicionamientos contextuales de la animación socio-cultural en la América Latina de los años 90, podríamos comenzar con la pregunta que formula García Canclini: "¿Quién se preocupa por la cultura cuando los salarios pierden el 100% de su poder adquisitivo y la gente se desespera por llegar a fin de mes?" Esta objeción que el autor llama de "sentido común", insuficiente por cierto para plantear los condicionamientos del trabajo cultural, sirve para plantearnos una primera cuestión: cómo adecuar la metodología de la animación socio-cultural, en un contexto de crisis en donde lo que prevalece son las "estrategias de supervivencia". Pero hay que ir más allá, como lo hace el mismo García Canclini. La objeción de sentido común sólo vale plenamente si nos refiriésemos a "las bellas artes, a los libros y a los conciertos". Pero la cultura es también el "modo como la gente come y piensa, se viste e imagina, arregla su casa y hace política, habla y se calla; en suma, lo que hace a un pueblo vivir de una forma..." El problema es cómo llegar con la acción cultural a "las condiciones concretas de la existencia diaria" (4). Y en todo esto tenemos las dos dimensiones principales de adecuación metodológica, teniendo en cuenta la situación contextual. Por una parte, la situación global de recesión económica y de menor impulso de las grandes propuestas de cambio socio-político. Y, ligado a lo anterior, la capacidad de insertarse y conectar con las preocupaciones reales de la gente.

5. Aplica el postulado métodico/pedagógico de la cercanía vital, como criterio de selección de los espacios o ámbitos de realización de actividades y creación de estructuras de convivencialidad

Este postulado o principio operativo que denominamos de la **cercanía vital**, tiene una doble dimensión: las actividades hay que realizarlas en el lugar más cercano a donde está la gente y, además, deben estar vinculadas a las experiencias y prácticas de esa misma gente. Ambos aspectos están relacionados y articulados, ya que la experiencia y la cercanía vital ayudan a que lo que se hace como actividad de animación, se convierta en auténticas vivencias y sirva para crear **estructuras** o **ámbitos de convivencialidad**, según la expresión creada por Ivan Illich para hacer referencia a los ámbitos o espacios donde "la persona se integra a una colectividad y no al servicio de un cuerpo de especialistas". Estos ámbitos de convivencialidad son tales, en cuanto tienen una escala humana que permite que todos se puedan encontrar con-viviendo. Y esto es de vital importancia para que se dé una participación auténtica.

Cuando lo que se realiza como actividad de animación está relacionado y referido a situaciones de vida real, y además se lleva a cabo en ámbitos de convivencialidad, esta cercanía vital hace posible atender y satisfacer las necesidades humanas, con todo lo que ello implica como correctivo del desarraigo cultural y de la standarización de las relaciones interpersonales. La gente puede encontrarse como personas pertenecientes a algo. De este modo, lo social no anula o amputa lo individual, sino por lo contrario, lo individual potencia lo social y lo social potencia lo individual.

En principio, y siempre que sea posible, se han de escoger lugares que tienen significación en la vida social o comunitaria del grupo destinatario. Ya sean asociaciones de vecinos, clubes, cooperativas, asociaciones de padres de alumnos, asociaciones culturales, centros sociales, etc. De ahí que lo ordinario es que estas actividades se realicen fuera de las instituciones educativas y de los equipamientos culturales tradicionales, que tampoco hay que desecharlos, sino hacerlos accesibles a sectores que antes no los aprovechaban. Hay que tener en cuenta, por otro lado, que los sectores populares no son propensos a acercarse a lo que aparece ante sus ojos como los grandes "templos de la cultura".

Muy ligado a todo esto se encuentra lo referente a la descentralización de la infraestructura y equipamiento, y la desburocratización de la acción cultural. Aun tratándose de una acción a nivel local, es necesario que en el ámbito del Municipio la acción se descentralice, a fin de que las actividades puedan realizarse en el lugar más cercano en donde está la gente, ya sea el barrio, en alguna de las organizaciones de base y, si fuera posible, en el mismo ámbito de trabajo. Esto tiene muchas implicaciones prácticas: el equipamiento/infraestructura debe construirse y desarrollarse también en los barrios, más aún, podría decirse "preferentemente en los barrios". Las actividades culturales deben llevarse a cabo, asimismo, descentralizando los lugares de realización, no de manera exclusiva pero sí preferente.

Esta aplicación del principio de la cercanía vital, —a nivel de gobierno— que supone un tipo de organización descentralizada, flexible y funcional, puede facilitar la creación de un tejido o red cultural que irrigue y estimule diversas manifestaciones autónomas de la vida cultural a nivel local. Obviamente, cuando se trata de un municipio pequeño en extensión y número de habitantes, no hace falta esta descentralización, puesto que toda actividad y los mismos equipamientos, están al "alcance de la mano".

La aplicación del principio de cercanía vital significa, también, la realización —en determinadas circunstancias— de actividades sociales y culturales extra-muros, entendiendo por tal la recuperación de las plazas, calles, parques, patios, etc., como ámbitos de realización de las actividades de animación.

Todo esto conduce, como lo explica Tony Puig, a poner "el acento en la **autoorganización voluntaria** que propone y construye proyectos a partir de la experiencia. A partir de los deseos, necesidades y problemas de cada uno. De cada barrio. De cada grupo. De cada ciudad. Juntando gente. Contactando intereses. Intercambiando información y recursos. Localmente.

Con grupos de personas con mentalidades similares. Con propósitos realizables a corto u mediano plazo" (3). Estas consideraciones del conocido experto catalán en animación, resume la idea central de lo que aquí hemos denominado el principio metódico pedagógico de la cercanía vital.

6. Carácter voluntario y abierto que reviste la participación de la gente en las actividades propias de la animación

Habida cuenta de lo ya indicado, de que las actividades específicas deben derivarse de las necesidades de los propios interesados, de ello resulta, como es obvio, el carácter voluntario de la participación. Pero además de voluntarias, son abiertas a todos, cualquiera sea el sexo, edad y ocupación, aunque en cada programa o actividad pueda existir una cierta especificidad en la oferta que se hace según sean los sectores particulares destinatarios de actividades: niños, adolescentes, adultos, tercera edad, etc.

En cuanto a la realización de actividades de tipo formativo o artísticas, éstas no requieren de los participantes, como requisito de admisión, un nivel previo en lo que a diplomas o estudios formalizados se refiere. En suma: todos pueden participar en los programas de animación. No son actividades para iniciados, sino para personas que quieren desarrollar sus capacidades personales.

La animación socio-cultural como forma de intervención socio-pedagógica, no tiene por finalidad principal desarrollar la creatividad, sino la productividad personal, grupal y comunitaria: que la gente esté estimulada a realizar cosas que tengan que ver con su desarrollo individual y colectivo. Si bien es cierto que la creatividad (que no hay que confundir con la genialidad), no es privativa de nadie, pero no todas la logran); sin embargo, la mayor productividad del quehacer humano es una necesidad y una posibilidad que hay que potenciar en todos y que es posible para todos.

7. El respeto a la autonomía cultural de cada uno de los participantes y la aceptación del pluralismo cultural

Se trata de dos cuestiones inseparables: no se puede respetar la autonomía cultural de cada uno, si no se acepta al pluralismo cultural. Por otra parte, esto está estrechamente ligado a la afirmación de la propia identidad cultural que no es lo mismo que la identidad nacional, entendida como la identidad respecto de un Estado-Nación. Más aún, en el campo de la acción cultural hay que tener en cuenta que la configuración de los Estados nacionales, no ha favorecido la pluralidad cultural, puesto que se estructura y plasma sobre el supuesto de la identificación uniforme de todos y cada uno, como "ciudadano de la Nación".

Esta característica de la animación implica admitir como un recurso y una riqueza, las diferentes manifestaciones culturales y la aceptación de la diversidad de opiniones, ideas y valores. La palabra "tolerancia", a veces utilizada para hacer referencia a la postura a asumir frente a la diversidad cultural, es totalmente insuficiente para designar o caracterizar este aspecto de la animación como método de actuación y como estilo de trabajo.

Si se respeta la autonomía cultural de cada uno, se tiende a afirmar la identidad cultural. Como consecuencia de ello queda excluida de las prácticas de la animación, toda imposición de estilos culturales y toda asignación de roles convencionales de superioridad o inferioridad cultural. "Toda cultura tiene una dignidad y un valor. Todo pueblo tiene el derecho y el deber de desarrollar su cultura", como se proclamó en la Declaración de los Principios de Cooperación Cultural Internacional. Esto supone e implica, el ejercicio del pluralismo cultural.

Esta característica del estilo propio de la animación, conlleva a la aceptación de las diferentes manifestaciones culturales como un hecho fecundo que posibilita el enriquecimiento de todos, en la medida que somos capaces de desarrollar formas de convivencia y diálogo con el propósito de participar del patrimonio y acervo de otras manifestaciones culturales.

Se trata, en suma: de actuar y desarrollar las actividades propias de la animación, en un contexto de heterogeneidad cultural mediante el reconocimiento del pluralismo cultural. En lo más profundo, es una forma de reafirmación de la fe en la libertad como un valor fundamental... Sin embargo, el animador no sólo se enfrenta a la realidad de la heterogeneidad cultural, se encuentra también (como se explica en otra parte de este libro) frente a las fuerzas que tienden a la homogeneización cultural.

8. La animación socio-cultural como elemento coadyuvante a la afirmación de la identidad cultural, y al desmontaje de los mecanismos de dominación cultural

Toda política cultural —y la animación como expresión particular— tiene que confrontar el problema de la transnacionalización de la cultura y la consecuente (e inevitable) tendencia a la homogeneización cultural. Esta situación ha engendrado diferentes formas de penetración y dependencia, de imitación y de inautenticidad cultural. Lo que a su vez, produce y reproduce, las relaciones asimétricas entre los países centrales y los países periféricos tanto en lo económico como en lo científico y tecnológico.

Pero lo que interesa de manera particular para el trabajo cultural, es que estas formas de penetración cultural internalizan en amplios sectores de la población, los valores y símbolos propios de los países occidentales más desarrollados, en detrimento de los estilos culturales propios de las culturas locales.

Frente a esta situación, la animación como modalidad de acción cultural, como método de actuación o como forma de intervención, no es una alternativa. Sin embargo, en muchas de sus actividades puede contribuir a la afirmación de los propios valores, sin caer en el etnocentrismo de considerar como negativo todo lo que viene de afuera. De ser así, no se abrirían posibilidades para un cruzamiento fertilizante de tipo cultural.

Esta característica del trabajo de animación, implica una pedagogía o estrategia pedagógica que busca la valoración de lo propio, con todo lo que ello representa en determinadas circunstancias como afirmación de la propia identidad cultural. A veces planteado en términos de identidad nacional o de conciencia nacional, con las limitaciones ya apuntadas en el uso de estas categorías.

En estos últimos años, juntamente con la maduración de los movimientos populares y la descolonización mental de algunos intelectuales, la temática de la identidad cultural y la cultura nacional ha comenzado a ser motivo de reflexión y uno de los objetivos básicos de ciertos programas de animación socio-cultura. Planteada la identidad cultural como una de las principales cuestiones de la política cultural, la animación aparece también como un medio que puede ayudar al desarrollo de la memoria histórica para que el pueblo tome conciencia como entidad colectiva diferenciada.

De este modo la animación socio-cultural adquiere también una función de desmontaje de los mecanismos de penetración cultural que distorsionan la propia identidad. Y estas acciones de afirmación de la identidad, derivan en el fortalecimiento de la cultura popular como forma de resistencia frente a la colonización —expresa o clandestina— de los grupos dominantes. Por otra parte, ayuda a la búsqueda de la propia identidad, a la defensa del pluralismo cultural y, en cuanto afirma la cultura nacional, es asimismo una forma de defensa de la propia realidad como Estado independiente.

* * * * * * *

Frente a una sociedad política organizada en grandes "aparatos" cada vez más abstractos y alejados de la experiencia cotidiana de la mayoría de la gente y frente a una actividad política cada vez más profesionalizada (y con frecuencia desprestigiada), divorciada de las preocupaciones, angustias, luchas y esperanzas de la gente, aparecen y se multiplican movimientos y organizaciones en el ámbito de la sociedad civil, que "conectan" con las reales preocupaciones de la gente. En ese contexto, la animación tiene (no de manera exclusiva, sino compartida), una función de reconstrucción y construcción del tejido social, a través de la promoción, estímulo y apoyo a las organizaciones de vecinos, de pobladores, movimientos de mujeres, comunidades de base, ecologistas, comités de derechos humanos, objetores de conciencia, en fin, toda una gama de organizaciones y movimientos que Tilman denominó, "embriones de una vida social menos estigmatizada"… Pero la animación tiene algo más que aportar y que hacer.

Frente a la tendencia a la pasividad de la gente; frente a la no disponibilidad de espacios de encuentro y de relación, y frente a los efectos de una cultura de masas que crea consumidores de cultura con gustos standarizados, influibles y en buena parte previsibles, la animación tiene un pequeño aporte que hacer dentro de la política cultural institucionalizada, o de las acciones culturales de las organizaciones no gubernamentales. Esta función, tanto en el ámbio de la sociedad política como de la sociedad civil, se expresa en la instrumentación de acciones sistemáticas capaces de generar actividades y condiciones favorables para la dinamización colectiva y la creatividad social, la disponibilidad de espacios para facilitar encuentros y relaciones interpersonales. Mejor todavía, si todo esto sirve para desarrollar las potencialidades democratizantes de la cultura y la comprensión crítica de las diferentes formas de dominación y enajenación cultural.

Por otra parte, ante el hecho de la comercialización de las expresiones culturales, la animación socio-cultural puede promover actividades que no están llamadas a ser objeto de transacciones comerciales, ni de consumismo cultural prefabricado. Su finalidad es potenciar las expresiones y concepciones básicamente autónomas del pueblo, no sólo en el campo de la expresión artística, sino en lo cultural, en el sentido de "cultura constructiva", es decir, como forma de creación de un destino personal y colectivo y de nuevas formas de relaciones sociales.

De todo cuanto se lleva dicho en este apartado, se infiere que la animación socio-cultural no está definida por determinados sectores o actividades que le son propias, sino por el modo o perspectiva de promoverlas. No importa tanto "lo que se hace", sino "cómo se hace"... En suma: una actividad social o cultural es una forma de animación, cuando se promueve la participación y el protagonismo de la gente, cualquiera sea la actividad que se realiza.

Bibliografía citada

1. OBRADOR, Jaume et al. **La política cultural y los procesos socioculturales participativos.** Ed. Popular, Madrid, 1989.
2. VENTOSA PEREZ, Víctor **La animación sociocultural en el Consejo de Europa.** Ed. Popular, Madrid, 1989.
3. PUIG, Tony **Nuevo asociacionismo y participación.** Ed. Popular, Madrid, 1989.
4. GARCIA CANCLINI, Néstor **Las políticas culturales en América Latina,** en revista **Chasqui,** N° 7. Quito, julio/setiembre de 1983.

Capítulo 3

La emergencia de la animación: Problemas a los que responde la práctica de la animación institucionalizada

> *La apariencia de la animación socio-culural responde a una reacción frente al carácter inaceptable de una cultura cuya producción y transmisión están reservadas a una minoría privilegiada intelectual y/o económicamente, y a un proyecto tendiente a que los ciudadanos intervengan directamente en una cultura que viven cada día, participen en su creación y la integren en su desarrollo general.*
>
> *José Mª. Quintana*

> *La necesidad de animación apareció cuando su pusieron de relieve las dificultades engendradas por las diferentes mutaciones sociales, económicas y culturales de las sociedades modernas: revolución científica y técnica, obligación sentida por individuos y grupos de adaptarse al cambio, urbanización galopante, despersonalización y masificación, nacimiento de una patología social...*
>
> *M. Coulon*

1. El aumento del tiempo libre y la consecuente preocupación por llenarlo creativamente.
2. Necesidad de educación permanente.
3. El foso o brecha cultural existente entre diferentes estratos sociales.
4. Las industrias culturales: su impacto en la vida cultural y su significación ideológica/política.
5. La situación de desarraigo en las grandes ciudades.

Como función relativamente autónoma que progresivamente se va institucionalizando, la animación socio-cultural surge en algunos países europeos, durante los años '60. Y alcanza un gran desarrollo en las dos décadas subsiguientes, hasta el punto de que en un país como Francia, existían en 1985 unas 30.000 personas que realizaban tareas de animación con un carácter profesional, ya sea en el campo cultural, educativo o de ocupación del tiempo libre.

Esto no significa que una tarea de **animar** —en el sentido de entusiasmar, movilizar, dar vida—, haya aparecido apenas hace un cuarto de siglo. La animación espontánea, no institucionalizada —lo que algunos han llamado "animación difusa"—, es de muy vieja data: en las aldeas campesinas, en los pueblos, en los barrios, en las instituciones siempre han existido personas que animan y promueven determinadas actividades que presuponen la intervención de otras personas (fiestas, ferias, tradiciones, ceremonias religiosas, etc.). Sin embargo, el estudio de esta animación espontánea, difusa, no institucionalizada, no será tema de nuestro análisis.

Nos importa examinar la aparición de la práctica de la animación organizada y promovida institucionalmente. Partimos de la siguiente constatación: en los años '60, en algunos países industrializados y urbanizados de Europa, aparece y se desarrolla una forma de intervención social que se denomina "animación socio-cultural". Ante este hecho nos preguntamos: ¿a qué responde la aparición de la animación socio-cultural como técnica socio-pedagógica?, o si se quiere, ¿como técnica de intervención social?

En Francia y Bélgica, resulta claro que la animación nace emparentada con la Educación Popular que, desde fines del siglo XIX, había procurado la democratización de la cultura escolar. Sin embargo, si nos atenemos a la experiencia alemana, lo que hoy se llama animación socio-cultural, está emparentada con lo que ellos llaman Pedagogía Social (*Socialpädagogik*), que se inicia con Adolph Dresterweg a mediados del siglo XIX y es sistematizada posteriormente por Paul Natorp. Hoy es una carrera universitaria que forma un especialista para el trabajo socioeducativo con muchos elementos propios del trabajo social.

Lo cierto es que la animación socio-cultural, desde el primer momento, aparece como una forma de educación pero no de cualquier forma de educación. En general ha sido una propuesta educativa que tiene las siguientes características:

- es parasistemática: las actividades y la función de formación se desenvuelven fuera de las instituciones educativas, en forma más abierta y en relación a cuestiones vitales de los propios participantes;
- tiene un carácter promocional y reivindicativo de los sectores sociales menos favorecidos;
- no sólo le preocupa la transmisión de conocimientos, sino también la comprensión de los fenómenos socio-culturales;
- el educando debe ser un sujeto activo que, a partir de su propia experiencia y de su propio mundo cognitivo, desarrolla sus potencialidades, ya sea que las actividades se realicen a nivel individual, grupal o comunitario. Una característica básica, es que se apoya en la iniciativa y supone la preparación de la gente para que asuma y participe en su propio desarrollo personal.

Como lo explica Enckvort, "tanto bajo su forma francesa de *Animation Socioculturele* como bajo su forma inglesa de *Community Development*, tras la Segunda Guerra Mundial, la animación ha sido una reacción ante el fracaso de las actividades culturales y educativas del siglo pasado... La instrucción popular, la Educación Popular, la Asistencia Social... todas ellas partían excesivamente de un modelo de transferencia paternalista" (1). Con la animación socio-cultural se procuran organizar las actividades educativas y culturales con una mayor participación de la gente y como un medio de promoción emancipación de la misma. La emergencia de métodos de educación activa todavía parciales y limitados en su uso dentro de la educación formal, constituye una de las características básicas de la metodología y práctica de la animación.

Creo que de una manera más bien difusa, como asumiendo ideas que flotaban en el ambiente, la animación socio-cultural procura superar lo que de "bancario" y de "cultura del silencio" tenía la Educación Popular europea. Con la animación se pretende disponer de un instrumento de educación no formal, dinamizador de la vida cultural a través de la participación de la misma gente.

Desde su nacimiento la animación socio-cultural es una forma de intervención socio-pedagógica, de promoción cultural o de acción social (depende en dónde se pone el énfasis en cada programa o actividad), que procura que la gente se sitúe como agente activo de su propia formación. En esto se diferencia de la Educación Popular (versión europea, lo advertimos otra vez) que tenía un estilo pedagógico más transmisivo y paternalista, y consecuentemente menos crítico. Ahora bien, dentro del contexto de la educación no formal o extra-escolar, la animación socio-cultural encamina su práctica a lograr la implicación y participación de la misma gente.

Pero no sólo los problemas derivados de una insuficiencia o déficit de la Educación Popular, dieron lugar en Europa a la propuesta de la animación. Existen otros problemas y otras preocupaciones que fueron configurando todas las prácticas y actividades enmarcadas dentro del camo de la animación.

Hemos examinado la relación de la animación con las formas socio-pedagógicas que la precedieron. Ahora vamos a referirnos a cinco grandes problemas que están —a modo de desafío— en el nacimiento de la animación socio-cultural. Esta no surge para dar respuesta a esos problemas, pero estos problemas inciden en la emergencia de una forma socio-pedagógica de actuación que, en algunos países, se denominará animación socio-cultural.

Quisiera destacar en este análisis de la emergencia de la animación institucionalizada, que los programas de animación se desarrollan principalmente en ciudades de rápido crecimiento. O para ser más precisos, en ciudades donde se manifiestan los malestares de la civilización urbana, que podríamos denominar manifestaciones del síndrome o mal de la ciudad. De manera especial, los primeros programas de animación prestan atención a las consecuencias que se derivan de la desestructuración de la vida social. Uno de sus objetivos básicos ha sido, precisamente, el de crear ámbitos de encuentro y de relación que permitan crear un tejido social, en el que se faciliten las relaciones interpersonales y la comunicación.

1. Aumento del tiempo libre y la consecuente preocupación por llenarlo creativamente

La mayoría de las personas desarrollan regularmente un conjunto de actividades que se distribuyen según un orden y una estructuración, en la que el tiempo se ocupa —o pasa— de manera diferente. Según sea este modo de ocupar el tiempo, los especialistas solían distinguir entre el "tiempo de trabajo" y el "tiempo libre". Sin embargo, esta clasificación resulta un tanto simplificadora, puesto que no permite encuadrar muchas actividades que son vitales en la vida de la mayoría de los individuos y a las que dedican una parte de su jornada.

Nosotros preferimos utilizar una categorización, en la que se distinguen tres grupos distintos de actividades, denominando a cada uno de estos marcos temporales, como "tiempo de trabajo", "tiempo forzado" y "tiempo libre". En ellos es posible agrupar al conjunto de acciones que se organizan temporalmente en la vida cotidiana.

- El **tiempo de trabajo,** durante el cual se realiza la actividad laboral habitual o la tarea profesional: se identifica con la jornada laboral y todo lo vinculado directamente a ella.

- El **tiempo forzado,** dedicado a las exigencias fuera del trabajo, pero que constituyen obligaciones ineludibles. Comprende todo el tiempo necesario para satisfacer las necesidades fisiológicas (dormir, comer y cuidar el propio cuerpo), y otras de índole diferente que también son ineludibles, tales como el transporte, las gestiones y el cumplimiento de todas las formalidades que exige la organización burocrática de la sociedad.

- El **tiempo libre o tiempo de ocio**, es el que queda después del tiempo de trabajo y del tiempo forzado. Se caracteriza fundamentalmente, por ser un tiempo en el que existe un alto grado de posibilidad del ejercicio de la voluntad individual y grupal (familia, círculo de amigos, etc.). Este tiempo se ocupa para descansar, divertirse, hacer deporte, desarrollar las capacidades, relacionarse con los otros, participar en actividades sociales o en cultivarse intelectual o culturalmente. Si bien se trata de actividades caracterizadas por ser de libre elección, suelen estar reguladas y orientadas social y psicológicamente.

Dentro de este espacio hay que distinguir el ocio cotidiano, el ocio semanal y los ocios cíclicos (fiestas, vacaciones de Navidad y Semana Santa, vacaciones de verano, etc.).

Esta posibilidad de gozar o disponer un tiempo para el ocio, es algo relativamente nuevo. Ello se da como consecuencia de la acción conjugada del progreso técnico y la presión de las fuerzas sociales (especialmente las luchas sindicales y las reivindicaciones laborales). El tiempo de actividad directamente productiva o actividad laboral ha disminuido notablemente, produciéndose para amplios sectores de la población un aumento progresivo del tiempo libre. Posteriormente, con la revolución de la cibernética y la automatización, los cambios tecnológicos han llevado a un nuevo aumento de la productividad que permite producir más mercancías y servicios con menor cantidad de trabajo y capital. Este hecho marca un punto de inflexión en lo que hace al tiempo que el hombre debe dedicar al trabajo y el tiempo que puede disponer para actividades libremente seleccionadas y realizadas.

Los adelantos científicos y tecnológicos han creado las posibilidades de vivir con un nivel de vida cada vez mejor, trabajando cada vez menos. En la actualidad la jornada de trabajo, en todos los países industrializados, es aproximadamente la mitad de la jornada laboral de mediados del siglo pasado. Pero el avance significativo de la disponibilidad de tiempo después del trabajo, se da en los años '60. El sistema productivo al requerir cada vez menos cantidad de trabajo ha dado lugar a que el tiempo libre de ocio sea una realidad no sólo para minorías, sino también para amplios sectores de la población. Esto, en alguna medida, también es válido para los países subdesarrollados, al menos para determinados sectores de población.

A pesar del tiempo que hay que gastar en el llamado "tiempo forzado", especialmente en los transportes (en algunas grandes ciudades, suele ser de una a cuatro horas diarias), las investigaciones realizadas en diferentes países muestran que el tiempo libre, en los días laborales es, en promedio, de aproximadamente dos horas. El descanso semanal, las fiestas y vacaciones amplían considerablemente la denominada "disponibilidad del tiempo libre". Cada vez la semana de trabajo es más corta, las vacaciones más largas y se bajan los límites de edad para acceder a la jubilación.

Como consecuencia de todos estos factores, a medida que se ha ido configurando la llamada "civilización del ocio" se fue dando también una reducción progresiva del llamado "tiempo de trabajo" y el correlativo aumento del "tiempo libre". Con ello se ha avanzado a lo que anticipara Jean Fourastié en su libro **40.000 horas**. Según este sociólogo francés, en la sociedad de la cibernética y la automatización, los hombres sólo necesitarán trabajar 30 horas por semana, 40 semanas por año y 35 años por vida, lo que equivale que cada persona a lo largo de toda su existencia tendrá que aportar 40.000 horas de trabajo.

Por su parte el futurólogo norteamericano Herman Khan, en un informe posterior al libro de Fourastié, presenta el siguiente panorama para el año 2000. Cada persona trabajaría no más de 1.100 hora al año, divididas en este modo: 7 1/2 horas de trabajo al día; 4 días laborables por semana; 39 semanas laborables por año; 13 semanas de vacaciones al año. Es más: de una medida actual de 1.500 horas anuales por persona potencialmente activa, la duración del trabajo podrá bajar en 15 a 20 años a una media anual de menos de 1.000 horas si la productividad continúa aumentando al ritmo actual.

Cuando más se ha avanzado hacia esa situación (especialmente desde los años 60 en los países más industrializados), se fueron haciendo visibles y manifiestas las consecuencias de la revolución cibernética, que permite producir un volumen creciente de bienes y servicios en un número decreciente de horas de trabajo. A partir de entonces en los países más desarrollados la utilización del tiempo libre o tiempo de ocio, se ha ido constituyendo en un nuevo tema y un nuevo problema para las ciencias sociales y, de manera especial, para algunas formas de intervención social:

- ¿qué hacer para que el tiempo libre no sea tiempo muerto, tiempo en el que no se sabe qué hacer?
- ¿cómo llenar el tiempo libre de modo que la gente pueda realizarse y lograr autonomía en el uso de ese tiempo?
- en fin, ¿qué hacer con el pesado fardo de no tener nada que hacer?

Se dijo, y se procuró actuar en esa dirección: que la cultura del tiempo libre (cultura del ocio la denominaron otros), sea la cultura de la calidad de la vida cotidiana. Hacer que la gente viva con más alegría y dando mayor significado a su existencia, aprovechando el tiempo libre, en una sociedad en donde la jornada de trabajo va disminuyendo progresivamente. Durante años se luchó para disminuir la jornada de trabajo, pero no se pensó suficientemente cómo preparar a las personas para el empleo del tiempo libre.

Estos son algunos problemas que están en el corazón mismo del nacimiento de la problemática de la animación socio-cultural como forma de intervención social. Para ello se procuró desarrollar una estrategia de acción socio-pedagógica, que apuntara a dos logros principales:

- transformar una cultura del tiempo libre, en donde las personas son fundamentalmente espectadores/consumidores, en una cultura en donde las personas serán participantes/actores en todo lo que concierne a su vida personal y social.
- que el tiempo libre sirva para la participación y autorrealización personal y la formación sistemática de valores sociales y estéticos.

Estas dos propuestas de una estrategia de acción, podrían quedar en bellos propósitos, plausibles y deseables, pero no operativos, si no se resuelve el problema de **cómo hacer para que individuos, grupos y colectividades**, hallen las formas, los espacios y las actividades que permitan sacar provecho del tiempo... En ese contexto y como respuesta a ese desafío, aparece la metodología y práctica de la animación socio-cultural.

Estos son los problemas que están en el corazón mismo del nacimiento de la problemática de la animación. En un principio la preocupación fue la de llenar de manera activa y creativa el tiempo libre; ahora las pretensiones son mucho más modestas, a veces sólo se limitan a plantearse el problema de cómo evitar que el ocio sea pasivo y alienante. No se descarta el propósito de que el ocio sea creativo, se tiene conciencia de las dificultades para alcanzar ese objetivo.

La forma de ocupar el tiempo libre y su incidencia en el modo de vida

Hace más de una década, Grushin (2) hizo una categorización de las actividades con que se ocupa el tiempo libre. Ella parece válida para nuestro análisis.

1. La labor creadora activa (incluida la social).
2. El estudio, la capacitación individual.
3. El consumo cultural (o espiritual) de carácter individual (lectura de periódicos, revistas, libros, audición de radio, televisión, etc.)
4. El consumo cultural (o espiritual) con carácter de espectáculo público (cine, teatro, conciertos, espectáculos deportivos, etc.)
5. Ejercicios físicos (deportes, excursiones, paseos).
6. Ocupaciones de aficionado tipo "hobby".
7. Entretenimientos, juegos con los hijos.
8. Encuentros con amigos (en casa, en el café, en el restaurante, en el baile, etc.).
9. Descanso pasivo (no hacer nada).
10. Inversiones del tiempo que pueden calificarse, pese a cierta relatividad de los criterios, como fenómenos anticulturales (abuso de alcohol, etc.)

Casi siempre existe una simultaneidad cotidiana entre esta diversas formas en el uso del tiempo libre, pero la importancia relativa que se da a cada una de ellas, depende del nivel de inquietud de la gente, del tipo de trabajo que realiza, de su jornada laboral, de sus gustos preferencias y de su escala de valores.

Sin embargo, casi todos los estudios realizados sobre la ocupación del tiempo libre, hacen referencia a cómo se disponen las horas del tiempo libre, cuantificando el tiempo que se dedica a cada actividad en particular.

A poco que analicemos cada una de estas formas de ocupación del tiempo libre, es evidente que no todas tienen igual significación, ya sea para la recuperación de las energías físicas o psíquicas, o bien para el desarrollo o formación de la personalidad. Por otra parte, un rápido análisis de las actividades comunes durante el tiempo dedicado al ocio, nos revela que cuando más se acerca una sociedad al modelo de la sociedad de consumo, lo que la gente hace con más asiduidad en el tiempo libre es ver televisión, asistir a eventos deportivos, ir al cine y divertirse, entrando en esta última categoría formas muy variadas, desde las discotecas, pasando por los juegos mecánicos, parques de diversiones, hasta las corridas de toros (donde las hay), fiestas, bailes... En fin ese tiempo se llena con y en diferentes entretenimientos y diversiones; buena parte de ellas son "consumibles" como si fueran mercancía.

Esto nos revela que los estudios de ocupación del tiempo libre que sólo atienden al enfoque temporal (que básicamente consisten en cuantificar qué tiempo dedica la gente a cada actividad) son insuficientes para proporcionar un significado del tiempo libre: escamotean o encubren aspectos más profundos. Por ello, según nuestra propuesta (considerada tanto como marco teórico referencial y como enfoque metodológico para el abordaje del tema), consideramos que el análisis del tiempo libre debe se enfocado teniendo en cuenta los elementos, fenómenos y procesos que, a través del tiempo libre, configuran un aspecto sustantivo del **modo de vida**. De esta perspectiva, el tiempo libre aparece como un ámbito o espacio de especial significado en la ideología y la cultura.

De este modo, el tiempo libre se nos presenta como un ámbito en el que se incide poderosamente para asegurar el funcionamiento de la sociedad de consumo. Aparentemente, existe una gran variedad de opciones de consumo: en la práctica la oferta está limitada. Como lo explica Erich Fromm en realidad la gente no es libre de gozar "su" tiempo disponible; su consumo de tiempo disponible está determinado por la industria, lo mismo que las mercancías que compra, su gusto está manipulado, quieren ver y oír lo que le obligan ver y oír. La diversión es una industria como cualquiera, al consumidor se le hace comprar diversión lo mismo que se le hace comprar ropa o calzado. El valor de la diversión lo determina su éxito en el mercado, no ninguna cosa que pueda medirse en términos humanos" (3).

Y volvamos a la cuestión que nos formulábamos un poco antes: ¿con qué se ocupa el tiempo libre? Para responder a esta pregunta habría que distinguir entre el uso del ocio cotidiano, el ocio semanal y los ocios cíclicos, ya que el modo de ocupar el tiempo suele ser diferente en cada uno de ellos. Esto a su vez está condicionado al lugar donde se vive, a la disponibilidad de medios económicos para el ocio, las posibilidades familiares en determinados momentos de la vida, etc.

Sin embargo, en término general, puede afirmarse que, en el ocio cotidiano el consumo de mensajes de los medios de comunicación de masas es muy elevado, especialmente el tiempo dedicado a ver televisión, aunque habría que hacer una consideración paticular con la radio, cuyo mensaje se consume aún fuera del tiempo de ocio.

Si consideramos la ocupación del tiempo libre en el ocio semanal, nos encontramos que las formas más habituales de llenarlo son la práctica deportiva y algunas actividades lúdicas como los paseos o excursiones, juntamente con la asistencia a espectáculos y diversiones (desde la discoteca al uso de juegos mecánicos). En fin, lo sustancial de este tiempo se llena con "entretenimientos", es decir, con actividades para "ser-tenido-entre".

Y esto es así, en cuanto que el hombre en el tiempo de ocio es "entre-tenido", es decir, "tenido" entre dos tiempos de trabajo. Todo ello, en el marco de un determinado sistema que controla tanto el tiempo de trabajo —mediante la inserción en el proceso productivo—, como el uso del tiempo libre, mediante una oferta de "entretenimientos" con los que llena el tiempo fuera del trabajo. Para llenar parte de este tiempo o buena parte de él, se han montado las industrias culturales. Como lo ha señalado Edgar Morin, la producción de la cultura ha adquirido una estructura industrial siguiendo el modelo empresarial de la industria tradicional (4). Pero hay más: el tiempo libre, o mejor todavía, el conjunto de actividades que se desarrollan en ese tiempo, se ha transformado en un "espacio" de la lucha ideológica contemporánea. Su función principal, es la de perpetuar los valores del sistema, mediante la modelación de los modos de comprender la realidad y la formación del gusto estético. Para ello es necesario, que el llamado tiempo libre, sea tiempo de consumo para lo que el sistema ofrece.

Un rasgo típico del tiempo libre así organizado es que se ha ido haciendo parte de la vida del hombre contemporáneo. Para entender o intentar aproximarse a la comprensión de lo que es ese tiempo, basta imaginar que ocurriría si durante un mes todas estas "ocupaciones" o "inversiones" del tiempo libre dejaran de funcionar. La mayoría de la gente —que vive una existencia trivial— no sabría qué hacer sin los "entretenimientos" que le proporcionan las industrias culturales, y en otras formas de llenar el tiempo libre. Esto nos hace pensar que el hombre contemporáneo esta como "aprisionado" en el llamado tiempo "libre". Un tiempo que pretende ser libre, pero que no lo es ya sea porque no se sabe emplearlo, o bien, como ya se dijo, porque es aprovechado como ámbito privilegiado por la manipulación de la gente.

Es cierto que algunos dedican ese tiempo a leer, a pintar, a escuchar música, a gozar de la naturaleza, pero ello no es la tónica general. En estos casos habría que preguntarse qué leen, qué musica escuchan, etc. porque ninguna actividad es en sí misma una forma que ayuda al propio desarrollo. Algo tan "inocente" como los comics o historietas, también son medios para influir ideológicamente a quienes se dedican a su lectura. El encuentro con los amigos, durante el "chateo" en las tabernas, es otra forma de diversión y de pasar el rato, que fácilmente se transforma en un modo de evasión, aumentada por los efectos del alcohol.

Pero esto no significa que las diferentes formas de ocupación del tiempo libre, como ya se ha indicado, constituyan en sí mismas elementos o factores de alienación del hombre. El uso del tiempo libre, transcurre entre la dominación y la libertad. Sin embargo, buena parte de estos "entretenimientos" están inmersos en su circuito comercial y en el contexto de un sistema que expresa ciertos intereses y que se sustenta en determinados valores y actitudes. Como estos medios se organizan y actúan en función de los intereses de quienes los controlan, es obvio que ellos tengan una función acorde a esos intereses.

Puede decirse, por consiguiente, que el capitalismo ha transformado el tiempo de consumo; los consumos de tiempo de ocio tienen la misma naturaleza que una mercancía. Se vende y se compra espectáculo, diversión, entretenimiento. Pero no se vende ni se compra por kilos o metros, sino por horas o minutos. Hasta compramos posibilidades de estar al aire libre. En fin, compramos el modo de modalidades de estar al aire libre. En fin, compramos el modo de pasar nuestro tiempo libre, sin embargo, este "modo de pasarlo" está dispuesto por otros.

Frente a esta multiplicidad de formas de llenar el tiempo libre, o lo que es lo mismo, de opciones de consumo en el tiempo libre, hay dos aspectos sorprendentes:

- por una parte, la cantidad de dinero que se puede gastar para descansar, simplemente, porque el tiempo libre se ha transformado en un consumo.

- por otra parte, los efectos de agotamiento y neurotización que provocan ciertos "descansos", como son las salidas al campo de los fines de semana que exigen horas de caravanas agotadoras y agobiantes... La paradoja surge al constatar que en las grandes ciudades, con más tiempo libre, se descansa menos.

Quizás para comprender esta cuestión, habría que examinar el problema a partir de la vida cotidiana. ¿Cómo transcurre la cotidianeidad de la mayoría de la gente? De ordinario la actividad vital de las personas es rutinaria, monótona, y standarizada, distribuida con un ritmo y frecuencia temporal constante. A veces, con una actitud fatalista y resignada, aceptando la sumisión a las fuerzas sociales, que se perciben como incontrolables; en otras circunstancias, con una insatisfacción de su situación y con resentimiento confuso y global contra la sociedad. Pero, en uno y otro caso, viviendo la mediocridad del "tigre de papel" al no poder ser él mismo, sino masa de un rebaño. Camus describe esta permanente repetición de la cotidianeidad, comparándola con el mito de Sísifo: "levantarse, tomar el tranvía, cuatro horas de oficina o de fábrica, la comida, el tranvía, cuatro horas de trabajo, la comida, el sueño, y lunes, martes, miércoles, jueves, viernes, sábado con el mismo ritmo, en una ruta que se sigue fácilmente durante la mayor parte del tiempo. (5)

Esta repetitividad de la cotidianeidad agobia al hombre, lo aburre y lo hastía: la vida real no ofrece grandes atractivos. Ahora bien, si el hombre llegase a saturarse de esta monotonía, toda la sociedad caería en una especie de ataraxia colectiva, y en esa apatía general el sistema no podría funcionar. O bien —y esta sería otra alternativa— la gente tomaría conciencia de lo que es la cotidianeidad, y se rebelaría contra lo establecido, buscando nuevas formas de relaciones interpersonales y de relaciones sociales; en fin, nuevas formas de vivir la cotidianeidad, con lo cual el sistema tampoco funcionaría. Para evitar una y otra disfuncionalidad, nada mejor que evadir a la gente en un mundo imaginario, que evite el encuentro con la realidad. Y la realidad para todos es la que se vive en la cotidianeidad.

De lo que se trata es de mantener a la gente en constante "alteración" en el sentido de vivir constantemente fuera de sí, contrapuesto al "ensimismamiento" orteguiano. En cuanto el mundo imaginario entra en la cotidianeidad, ya están dadas las vías para la evasión, no porque uno decida evadirse, sino porque está evadido aun cuando no lo pretenda. Cuando esto ocurre, las posibilidades de enfrentarse a la realidad se hacen harto difíciles. Si se relaciona el contenido de todo aquello con que se llena el tiempo libre, con el entorno vital y los problemas raciales de las masas trabajadoras..., puede exponerse, sin ningún temor a equivocarse, que poco o nada construyen al conocimiento de la realidad, a dominarla y en última instancia, a su emancipación. Los mensajes hablan de otros, transmiten la ideología de los otros, reproducen el sistema social que mantiene las personas privilegiadas de esos otros y, en consecuencia, fomentan y refuerzan la alienación. (6)

Para millones de personas el mundo real es vulgar y anodino; su nivel de conciencia es tan bajo que nos les permite plantearse la posibilidad de transformarlo. Por su parte, los que se benefician del estado actual de cosas tienen interés en que éstas no cambien sustancialmente.

Pero como en la persona siempre puede saltar una chispa que lo empuje "a ser lo que debiera ser", el sistema debe crear formas que lo consuelen de la vida vulgar y anestesiando la enajenación en que vive. Y en verdad ha encontrado esta fórmula de consuelo y evasión: al habitante robot que vive, o mejor, "que está" en las grandes ciudades en medio de la "muchedumbre solitaria", se le crean formas de llenar el tiempo libre que lo evaden a un "mundo imaginario", que lo consuele y anestesie de la enajenación que sufre en su vida cotidiana. Los espectáculos de masa sirven para ese fin y son parte de las industrias culturales: televisión, cine, etc. y de aquello que constituye la "materia prima" más seductora de las mismas: fútbol, cantantes, estrellas de moda, y todo lo conexo a ello. A través de estos espectáculos es posible trivializar la vida en torno a temas de evasión...: con ello se asegura que todo siga como está.

No tenemos que hacer demasiado esfuerzo para constatar que el "ingrediente" principal utilizado para entretener, frecuentemente es una combinación de violencia y sexo (a través de sus aspectos más pornográficos y genitales).

Estas diversiones y entretenimientos organizados en conformidad a lo instintivo y lo hedónico produce un "mundo de ensueño" que, a su vez, es un "mundo imaginario". La utilización del tiempo libre —la inversión del ocio que realiza cada persona y la inversión que el sistema hace para ocupar los ocios— tiene finalidades bien definidas por quienes detentan el control de la sociedad:

- consolar-compensar lo anodino de la vida cotidiana
- potenciar el consumo masivo, aun del tiempo de ocio
- provocar actitudes vitales de conformismo y evasión.

De cuanto se lleva dicho se infiere que el tiempo libre no sólo no es libre, sino que se transforma en una vía de escape cuyo camino viene establecido desde afuera. Esta evasión se produce a través de un mundo imaginario que permite escapar (aunque sea por un tiempo limitado) de una realidad con frecuencia mediocre y no gratificante. Al mismo tiempo, al deslumbrar con espejuelos, introyecta un ideal de vida cuya meta suprema es la de vivir en la ensoñación del confort, el éxito y la tranquilidad (en el sentido de no complicarse la existencia). "El hecho que se siga hablandose de tiempo libre, a pesar de estas consideraciones, muestra claramente como, en realidad, el lenguaje de los grupos dominantes ha penetrado en el uso normal" (7).

Después de todas estas consideraciones sobre las formas de alienación en el tiempo libre, conviene recordar que la animación socio-cultural surgió como una forma socio-pedagógica de intervención destinada a llenar creativamente el tiempo libre. Aparece, en efecto, como una propuesta en la que se procura que el tiempo libre sea el tiempo de la participación social, la búsqueda de realización personal, un modo de fortalecer la iniciativa de la sociedad civil, ayudar el crecimiento del tejido social y, sobre todo, a crear ámbitos y actividades para la "realización personal, la transformación social y la apertura a la trascendencia".

Paro, tiempo libre y animación socio-cultural

He aquí una problemática enteramente nueva. En el comienzo de los programas de animación en Europa, no se había tenido en cuenta para nada. Pero desde que el paro (y especialmente el paro juvenil) es una de las preocupaciones dominantes en los países europeos, se ha comenzado a considerar si la animación socio-cultural tiene algo que hacer frente a este problema. De lo que no cabe duda, es que si la animación socio-cultural quiere seguir siendo una propuesta válida, quienes utilizan esta forma de intervención social, deben estar atentis a los cambios que se producen en la sociedad. Estos cambios condicionan las prácticas y programas concretos. Ahora bien, uno de los cambios producidos en los últimos años en los países industrializados, pero cuyos efectos llegarán a los países del tercer mundo, es lo que se ha dado en llamar "la dualización del mundo del trabajo: los que trabajan y los parados". Esta realidad es tan determinante, que ha planteado nuevos e inéditos problemas a la práctica de la animación socio-cultural. Una parte creciente de la población, ahora tiene un tiempo disponible que, en sentido estricto, no es tiempo libre, puesto que no es un tiempo que está más allá o se separa del "tiempo de trabajo". No es lo que queda libre una vez terminado el trabajo y cubiertas las responsabilidades y formalidades de la vida social, es un tiempo que se dispone, porque no se tiene trabajo.

El aumento de la productividad ha significado una mayor posibilidad de disponer de tiempo libre, pero también una menor necesidad de mano de obra, hasta tal punto que, como explica Andre Gorz, "la idea de una vuelta al pleno empleo poblacional es actualmente una pretensión vana y el porvenir estará basado tanto en una creciente redistribución del trabajo escaso, como en una oferta cada vez más amplia del tiempo libre. Esto, a su vez, podría tener consecuencias positivas para el desarrollo de programas culturales, puesto que 'cuanto menos agotador y alienante es el trabajo, mayores son los deseos de actividades propias de cada individuo'" (8), pero cuando mayores son las posibilidades de no encontrar trabajo, consiguientemente de sentirse inútiles o marginados, menos motivada se encontrará la gente para llenar creativamente el tiempo libre.

Es vano e iluso esperar que, dentro de la lógica del sistema sea posible superar el paro. Las tendencias puestas de manifiesto en los últimos años revelan todo lo contrario. Veamos algunos ejemplos:

- a fines de los años 70 la fábrica de automóviles Toyota de Japón, sustituyó el 25% de los obreros de montaje por robots; en la Citroen (Francia), la soldadura de carrocería de los coches CX está asegurada por un robto que realiza la tarea de 30 obreros.
- según un estudio realizado por la Stanford Research Institute, para el Sindicato de la Industria Automovilística (UAW), hacia fines del siglo, el 80% de todos los trabajos manuales se habrán perdido, no serán necesarios a causa de la automatización.
- otro estudio realizado por Siemens sobre una amplia muestra de los diferentes tipos de empresas, revela que, para el año 1990 podrán ser automatizados:
    — el 33% de los empleos administrativos
    — el 28% de los puestos de trabajo de los servicios públicos
- en la República Federal de Alemania, las dos millones de mecanógrafas podrán reducirse, antes de fin del siglo, a un 40%.

Pero lo interesante y significativo es el siguiente dato: lo que antes era el costo de capital (en torno a 15.000 dólares) para la creación de un puesto de trabajo en la industria, se ha convertido ahora en el costo de eliminación de un puesto de trabajo mediante la automatización. Según vayan disminuyendo el precio de los robots y de los equipos de oficina computarizados, esta tendencia irá probablemente en aumento.

Este último ejemplo nos pone de relieve que los adelantos científicos y tecnológicos, no suponen la creación de puestos de trabajo, sino la eliminación de los mismos. Las inversiones en la industria, que llevan a la reconversión industrial, lo que pretende es "economizar mano de obra"... Estamos entrampados, en lo que Sauvy llamó "una economía del diablo".

¿Qué hacer con el tiempo libre de los parados? He aquí un nuevo desafío de la animación, ya sea considerada como programa o como metodología de actuación.

Estamos enfrentando al grave riesgo de transformar a la animación, en un correctivo que pone "parches" a los problemas derivados del paro estructural.

2. Necesidad de educación permanente

Se ha dicho que la animación socio-cultural y la educación permanente son "dos caras de una misma moneda". Y que la "educación permanente debe, para ser verdaderamente eficaz, estar completada por una política de animación". En efecto, una cosa es la necesidad de educación permanente, y otra que la gente esté motivada y quiera realizar una formación continua, reciclaje incluido cuando ello sea menester. Se trata de dos conceptos implicados pero diferentes, que pertenecen a dos ámbitos muy parecidos de la acción socio-pedagógica-cultural (sea o no gubernamental).

Esta cuestión de animación-educación permanente, como anverso y reverso de una misma realidad, podría resumirse en lo siguiente:

- la educación permanente está centrada en la necesidad de una capacitación continua y en el desarrollo de nuevas actividades culturales, acordes a los cambios que se producen en la sociedad.
- la animación socio-cultural procura superar y vencer actitudes de apatía y fatalismo en relación al esfuerzo para "aprender durante toda la vida" que es lo sustancial de la educación permanente.

Ahora bien, para establecer la vinculación entre educación permanente y animación socio-cultural, conviene que iniciemos el análisis con algunas consideraciones que nos permitan establecer, aunque no sea más que de manera sucinta, cómo se ha ido configurando la idea de educación permanente y cómo confluye con la problemática de la animación.

Sin lugar a dudas se trata de una noción un tanto anterior a la idea y a la práctica de la animación, sin embargo, la educación permanente nace estrechamente ligada con experiencias precursoras de la propia animación sociocultural. Entre esos antecedentes están la educación de adultos y el trabajo educativo con la gente, experiencias ambas que tuvieron sus mejores desarrollos fuera del sistema educativo (en lo que hoy se llama la educación no formal).

En el plano de la reflexión teórica tiene también su gestación y su desarrollo. Para algunos la idea de la educación permanente se formula de manera explícita por primera vez en 1919, en el *Report of Adult Education Comites of the Ministry of Reconstruction,* redactado por A. L. Smith, en el que se sostiene que "la educación de adultos debe considerarse una necesidad permanente". Muchos años después (1955) se formula el concepto de "educación a lo largo de la vida" (livilong education). En ese entonces (últimos años de la década del 50) se está produciendo un viraje fundamental en la concepción de la educación de adultos, y de la educación en general, en la que ningún nivel se considera "terminal". Esto culmina en diferentes documentos de la UNESCO en los que se considera la educación permanente como "piedra angular de una nueva política educativa en los próximos años, tanto en los países desarrollados como en los países en vía de desarrollo".

Ahora bien, la idea de la Educación permanente ha tenido una amplísima aceptación... Como declaró la UNESCO con motivo del Año Internacional de la Educación (1970), "todo el mundo sabe de ahora en adelante que es la noción de la que se desprende la verdadera significación de la educación moderna y la que debe inspirar y resumir todos los esfuerzos de renovación". Sin embargo, todo esto no es traducido en transformación institucional. En un trabajo realizado por encargo del Consejo de Cooperación Cultural dependiente del Consejo de Europa se estima que hacia el año 2000 esto podrá tener una traducción efectiva en el sistema educativo, desde los contenidos y métodos de educación hasta las estructuras administrativas. Pero he aquí, aun cuando la educación permanente no sea una realidad como sistema educativo en ningún país, dos cuestiones se nos presentan como pertinentes y válidas para este momento histórico:

- ¿por qué se plantea en estos últimos años el problema de la educación permanente?
- ¿qué tiene que ver con ello la animación sociocultural?

¿Por qué se plantea el problema de la educación permanente como imperativo y necesidad de nuestra época? Las razones son muchas; nosotros nos vamos a limitar a tres que nos parecen las principales: el carácter de la "antropologización" del pensamiento contemporáneo, la aceleración de los cambios históricos y el crecimiento de los conocimientos científicos/tecnológicos, con la consecuente obsolescencia y biodegradabilidad de los conocimientos. Veámos a cada una de estas cuestiones por separado.

El pensamiento contemporáneo, sellado en sus más diversas dimensiones por la preparación antropológica, parece tener como punto de convergencia de su "antropologización" una concepción del hombre como un ser inacabado, proyectado fuera de sí, en tensión hacia lo que no es, pero que puede ser. Estas diferentes perspectivas antropológicas, en las que subyace la idea del hombre como un proyecto "haciéndose" permanentemente a lo largo de toda su vida, explica por sí misma la razón de ser la educación permanente.

Si desde una perspectiva antropológica saltamos a una lectura del proceso histórico más importante que constatamos es que el mundo y la humanidad cambian, cambian aceleradamente y cambian cada vez más aceleradamente. Todo hace pensar que de ahora en adelante no sólo viviremos en cambio permanente, sino en permanente aceleración del cambio en todos los niveles de la experiencia humana. Este ritmo acelerado lleva consigo transformaciones, el hombre tiene que situarse/actualizarse permanentemente si no quiere quedar desbordado por los acontecimientos. De este modo la educación se hace coextensiva a la vida, por eso es permanente. Y se hace coextensiva a un vivir en una historia acelarada; esta aceleración de las transformaciones que experimenta el mundo actual nos exige una formación y educación permanente.

Vivir a escala planetaria una historia acelerada, es signo de nuestro tiempo. Y esa aceleración de las transformaciones que experimenta el mundo actual nos exige un constante "aggiornamento", una puesta al día permanente. La humanidad avanza, la histórica no se para, los cambios son cada vez más acelerados: la educación —como es obvio— debe estar íntimamente ligada a las condicions de vida que cambian continuamente. De ahí que pueda afirmarse que la educación permanente, es la respuesta pedagógica a estas circunstancias del mundo y del tiempo en que vivimos.

Existe, además, una tercera razón ligada a la aceleración de los cambios históricos pero que se expresa de manera especial en los cambios científicos y tecnológicos. Se trata de tener un mínimo de comprensión acerca de las transformaciones que se producen en la sociedad como consecuencia de los cambios producidos por la revolución científico, tecnológica. Según la Fundación Brooks desde 1800 a 1900 los conocimientos científicos se duplicaron; volvieron a duplicarse entre 1900 y 1950. Una tercera duplicación, tomando la referencia inicial antes indicada (comienzos del siglo XIX) se dió entre 1950 y 1960, y un nuevo "doubling time" se dio entre 1960 y 1966.

Este ritmo explosivo del crecimiento de la ciencia y de la tecnología se desarrolla cada vez con más rapidez. Como es obvio, los conocimientos adquiridos quedan rápidamente obsoletos. Esto implica la necesidad de actualizarse permanentemente en los conocimientos científicos, técnicos, profesionales, etc. Si a ello agregamos el hecho de que alrededor del 90% de todos los hombres que en la historia de la humanidad hicieron inventos o nuevos aportes a las ciencias y a las tecnologías, estan vivos hoy, podemos tener algún punto de referencia acerca de la magnitud y aceleración del proceso científico y tecnológico. Esto significa, entre otras cosas, que los conocimientos adquiridos se vuelven anticuados, se desvalorizan con rapidez y se convierten en inoperantes, o al menos dejan de ser los más adecuados.

Es indudable que los hombres del mundo moderno estamos situados en la "provisoriedad"; los escenarios y situaciones cambian aceleradamente. Un planteo teórico o una técnica de trabajo pueden quedar rápidamente fuera de época, aunque hayan servido en otro momento. Aferrarse a lo que un día tuvo significado y hoy es cadáver momificado, en ser uno mismo cadáver. Lo que ayer fue vivo o fecundo, hoy puede ser inútil, muerto o nocivo. Situarse en la "dinámica de la provisoriedad" a la que habíamos aludido antes, implica saber vivir en la movilidad. Necesitamos, consecuentemente, una educación para un mundo móvil en permanente cambio; por eso tenemos que aprender toda la vida. Y en esto está la quinta esencia de la educación permanente. Pero la cuestión tiene otra dimensión: educarnos para un mundo cambiante, significa que tenemos que ser capaces de vivir en la movilidad de una aceleración del cambio histórico. Y en esto aparece una problemática básicamente cultural (en el sentido antropológico del término).

No basta una propuesta de educación permanente, tenemos que cambiar también el modo de pensar y de situarnos en el mundo y en la historia. Por eso se ha dicho —y con razón— que la animación socio-cultural y la educación permanente son "dos caras de una misma moneda". Y que la "educación permanente debe, para ser verdaderamente eficaz, estar completada por una política de animación".

Esta cuestión de animación-educación permanente, como anverso y reverso de una misma realidad y como entrecruzamiento de un doble proceso, prodría resumirse en lo siguiente:
- la educación permanente está centrada en la necesidad de una capacitación o formación continua y en el desarrollo de nuevas acti-

tudes culturales, acordes a los cambios que se producen en la sociedad;

- la animación sociocultural procura superar y vencer actitudes de apatía y fatalismo en relación al esfuerzo para "aprender durante toda la vida" que es lo sustancial de la educación permanente.

No afirmamos que la experiencia no sirva, sólo queremos llamar la atención sobre el hecho de que el hábito de pensar que todavía prevalece, apoyado sobre una "perspectiva retrospectiva", debe ser complementado, y en algunos casos reemplazado, con una "perspectiva prospectiva", que consiste en mirar a lo lejos y a lo ancho. Ver lejos es mirar hacia donde se marcha; ver a lo ancho es tomar conciencia de una interdependencia que no cesa de crecer.

La capacidad de renovación expresada en la capacidad de transformar o complementar una lectura retrospectiva de una situación con una lectura prospectiva, se transforma así en la condición indispensable del hombre moderno para vivir a la altura de su tiempo. Se trata de pasar, desde una forma de mirar una situación desde el presente y desde el pasado (mirando hacia atrás), a un modo de ver "hacia adelante" y "desde adelante". Esta necesidad de una "perspectiva prospectiva" en la lectura de la realidad, es necesaria para saber asumir y superar el "shock" de los nuevos hechos que aparecen en la vida de las personas, en el contexto de un cambio cada vez más acelerado. El "shock del futuro" derriba las "estanterías" de esquemas, doctrinas y sistemas que hacemos para instalarnos y tener seguridad. En otras palabras: el presente como el punto o los puntos en los que el pasado y el futuro se encuentran, necesita cada vez más ser leído también desde el futuro.

Si la "vida es", como decía Ortega, "primeramente un conjunto de problemas esenciales a los que el hombre responde con un conjunto de soluciones: la cultura", resulta evidente que el adquirir esta perspectiva prospectiva tiene una importancia singular para la insoslayable tarea de vivir.

Conviene subrayar que esta circunstancia otorga, quiérase o no, una singular importancia a los programas de desarrollo cultural en cuanto constituyen un medio para sensibilizar a la gente de las consecuencias que en lo personal y en lo social se derivan de la aceleración del cambio histórico. Y dentro de las diferentes formas de promover los procesos de desarrollo cultural, tenemos a la animación socio-cultural como forma de generar procesos de participación. Es la promoción de la "cultura-constructiva" como tarea individual y colectiva de inventar el futuro con el protagonismo y responsabilidad de la mayor cantidad de gente posible.

Educación permanente, ciudad educativa y animación socio-cultural

Ya dijimos al pasar que la educación permanente está todavía en el horizonte utópico del proyecto educativo a realizar. Si a ello añadimos la idea de "ciudad educativa", el horizonte se aleja aún más. Sin embargo, en este **horizonte sin límites del aprender,** estas ideas nos pueden ayudar a proyectar nuestras acciones en una dirección más segura.

Esta es la razón por la cual la Comisión Internacional para el Desarrollo establecida por la UNESCO, haya puesto todo el acento en esas dos nociones fundamentales:

- la educación permanente
- la ciudad educativa

Ambos conceptos son paralelos y complementarios y están estrechamente ligados a la concepción y práctica de la animación socio-cultural. A través de ella se puede incitar a la formación permanente. Y al ir el animador hacia donde está la gente, se transforma en un educador de calle y en la calle, contribuye a constituir la ciudad educativa.

Si las instituciones educativas no proporcionan sino una parte de los conocimientos necesarios, y si la sociedad influye decididamente en la formación de los individuos, "es preciso ir más allá de la necesaria revisión de los sistemas educativos y pensar en el plano de la ciudad educativa".

Precisamente, en este "ir más allá" que propone Edgard Fauré, está el papel fundamental de la animación sociocultural: si se acepta que la educación y la cultura ayudan al "despliegue completo del hombre en toda su riqueza y en toda la complejidad de sus expresiones y de sus compromisos: individuos, miembros de una familia y de una colectividad, ciudadano y productor, inventor de técnicas y creador de sueños... Ya no se trata de adquirir, aisladamente, conocimientos definitivos, sino de prepararse para elaborar, a todo lo largo de la vida, un saber en constante evolución y **de aprender a ser**" (10).

Personalmente preferiría plantear el problema en términos de "sociedad educativa" o "sociedad pedagógica" como lo propusiera J. Beillerot (11) casi una década después de Fauré. En la formulación de la propuesta de **Aprender a ser** pareciera que sólo en la ciudad y sólo la ciudad puede crear el entorno para la educación permanente.

No estoy haciendo un problema de denominaciones o nombres. Ni planteando determinadas tésis ecologistas y alternativistas de retorno a la naturaleza (que por otra parte me parecen válidas). Pero aquí la cuestión es otra y el meollo de la misma puede resumirse en lo siguiente: de lo que se trata es de buscar formas y caminos de modo que todo el entorno en donde se desarrolla la vida de las personas, sirva como medio educativo. Y como es obvio, ese entorno no siempre es la ciudad. Esta, cuando supera ciertas dimensiones (territoriales y demográficas), deshumaniza el entorno hasta tal punto que este des-educa, poque aplasta a la persona y hace imposible vivir a escala humana.

3. El foso o brecha cultural existente entre diferentes estratos sociales

Otra de las preocupaciones que ha dado lugar a la aparición y desarrollo de los programas de animación socio-cultural, especialmente en el Consejo de Cooperación Cultural del Consejo de Europa, es el problema de la brecha o foso cultural existente entre diferentes estratos sociales como consecuencia de las grandes disparidades que se dan en el acceso y disfrute de los bienes culturales. Por lo general esta diferencia entre los estratos sociales coincide con las diferentes clases sociales.

Si este hecho tiene singular gravedad en los países de Europa Occidental, al punto que el Consejo de Europa impulsó la implantación de programas de animación, como medio para atenuar estas desigualdades cuánto más grave es la situación para los países latinoamericanos*.

La cuestión podría plantearse de la siguiente manera: tenemos una mayoría de la población sin acceso a los productos y bienes culturales y una minoría con todo tipo de posibilidades de beneficiarse con el disfrute de tales bienes. La acción cultural —especialmente a través de los programas de animación— procura que la cultura sea accesible a todos. "Este foso cultural que quiere cubrir la animación socio-cultural pone a millones de personas, sean o no conscientes, en una posición de inferioridad. Este estado de cosas está en contradicción con la Declaración de los Derechos del Hombre, que han suscripto todos los países y que reconocen implícitamente a todos igua-

---

* Para atacar este tipo de problemas, los programas de Eduación Popular y Educación de Adultos, tal como se desarrollan en América Latina, tienen más eficacia y significación que los programas de animación/promoción socio-cultural que se han desarrollado hasta ahora. Quizás este tipo de programas puedan servir como un medio que ayude a los de Educación, a fin de concretizar el derecho a la cultura, enunciado en la Declaración Universal de los Derechos del Hombre.

les oportunidades de participar plenamente en la vida de la sociedad. Los gobiernos tienen, pues, la obligación de cubrir este foso" (12).

En un mundo como el nuestro, signado en sus más diversas dimensiones por la ciencia y la tecnología, no cabe duda que quienes viven con los conocimientos, las inquietudes y la comprensión cultural propia de la época anterior a la revolución industrial, están metidos en una realidad incomprensible. Consecuentemente, no se encuentran en condiciones de ser protagonistas de ninguna de las decisiones importantes que conciernen a los propios problemas vitales y que trascienden el ámbito de la propia individualidad, de la familia y, en el mejor de los casos, del vecindario. Si no se tiene un mínimo de acceso a la comprensión del mundo que nos toca vivir, difícilmente se está en capacidad para utilizar su propio juicio frente a los problemas que se confrontan.

En la tarea de compensar los hándicaps socio-culturales y, en algunos casos, intergeneracionales, la animación socio-cultural puede cumplir una función importante, ya sea promoviendo actividades que "animen" a salir de la situación o bien lanzando ofertas culturales accesibles. Como lo ha indicado J. A. Simpson, la animación socio-cultural "es una tentativa para aportar una solución a un problema grave que, en la hora actual, afecta a todos los países: la existencia de un "foso" cultural que no solamente está en contradicción con nuestro ideal de justicia social, sino que además destruye el efecto de las medidas económicas, en profundidad, una humanización y una verdadera igualdad de oportunidades... el foso cultural que quiere cubrir la animación socio-cultural pone a millones de personas, sean o no conscientes, en una posición de inferioridad". (13).

4. Las industrias culturales: su impacto en la vida cultural y su significación ideológica/política

Durante siglos, la cultura como modo de vida, ya sea a nivel individual o colectivo, se iba configurando a partir de la vida cotidiana: de las experiencias vividas en común, de los conflictos y luchas, de las fiestas y las conmemoraciones, del trabajo y los ocios.

Sin embargo, en la sociedad actual, la cultura —en los elementos sustantivos que configuran el modo de vivir— ya casi no se elabora en el tejido social de las bases societales (grupos, aldeas, pueblos, barrios). Hoy, lo que da tónica cultural en nuestras sociedades, se deriva de la producción en masa de mensajes y símbolos que se elaboran "desde lo alto", a un nivel incontrolable por la gente. Se transmiten significados, se influye sobre los valores y se presentan imágenes, acordes con los objetivos mercantiles e ideológicos que se persiguen.

Para la mayoría de la gente, la cultura o lo cultural, es "algo" que se compra y se consume, pero que no se vive desde las experiencias en las que se tiene intervención personal; consumidores pasivos y acríticos, sienten no tener ningún protagonismo. La cultura aparece estrechamente ligada a la venta de mercancías (en este caso de mercancías culturales) y a la publicidad y la propaganda. De esta manera, la producción cultural adquiere prioritariamente una doble dimensión: es a la vez negocio (la faceta económica/comercial), e instrumento de penetración ideológica cultural (la faceta política clandestina) con la que se forman y modelan intereses, opiniones, actitudes y conocimientos.

En todo esto juegan un papel central las "industrias culturales". Antes de avanzar en nuestro análisis, conviene que precisemos el alcance y significado del término. Esta expresión utilizada en singular ("industria cultural"), fue puesta en circulación en 1947 por Adorno y Horkheimer* como un término más preciso y significativo que el de "cultura de masas" que había sido utilizado hasta ese entonces y que los autores mencionados propusieron reemplazar. Morin lo calificó a fines de los años cincuenta como "industria ligera", pero ahora hay acuerdo de considerarla, como lo proponen Armand y Michelle Mattelart, como "industria pesada de la cultura". Actualmente se prefiere hablar de industrias culturales, habida cuenta de que son muchas y variadas las industrias de la cultura.

Ahora bien, ¿a qué se hace referencia con la expresión "industrias culturales"? Con este término se designa la fabricación, transformación, reproducción, almacenamiento, difusión y venta a gran escala (con criterios industriales y comerciales), de bienes, productos y servicios culturales transformados en bienes de consumo social masivo, gracias al desarrollo de las mass media y de las sofisticadas tecnologías. En general se trata, como lo explica Cueto, de "cultura producida de acuerdo con esas mismas leyes de fabricación que rigen la economía de consumo: seriada, en cadena, masiva, repetitiva, y que utiliza sofisticadas tecnologías de producción y, sobre todo, de reproducción. Cultura, por otra parte, que es distribuida, publicitada y marcada a través de los medios de comunicación de masas —que muchas

---

* La expresión Industria cultural es utilizada como título de un capítulo de una obra ya clásica de estos autores. **Dialéctica del iluminismo.** (1947)

veces nace de ellos directamente, o se confunde con ellos—. Cultura que se dirige a una masa indiscriminada, a un público heterogéneo. Cultura, en fin, que se consume como cualquier otro producto de los infinitos que segrega el sistema industrial, como manera de ocupar el tiempo libre, como ocio, como signo de distinción, como vida cotidiana, como símbolo de status, como derroche ostentoso en algunas ocasiones" (14). Los productos de las industrias culturales, de ordinario son altamente efímeros, de usar y tirar inmediatamente, pero de enorme impacto masivo.

Ya sea en singular o plural, la expresión ha sido utilizada como un concepto de crítica cultural, en cuanto designa el medio más poderoso de penetración y colonización cultural. Sin embargo, en la década del 80 este concepto ha ido adquiriendo también un alcance fundamentalmente tecnocrático*. Tanto es así que la planificación y la investigación de las industrias culturales, y aun los debates políticos (fundamentalmente en Europa) centraron la atención en el tratamiento de la tecnología de los **mass media**, las medidas necesarias para preservar la viabilidad de las industrias culturales nacionales, el control público de la radiodifusión y las subvenciones a las industrias nacionales del cine. Entre nosotros, en América Latina, el concepto suele mantener la connotación crítica inicial, con todas sus implicaciones ideológicas y políticas.

Después de la Segunda Guerra Mundial, las industrias culturales acrecentaron su importancia, tanto por la influencia que ejercen sobre la vida cultural, como por las nuevas actividades que han ido apareciendo y desarrollándose, tales como las tecnologías que se derivan de la televisión, y las técnicas de registro y difusión. Esto ha permitido que las industrias culturales invadan la vida de los ciudadanos, mediante la producción cultural que se lanza al mercado de la "sociedad del espectáculo" como una forma de consumo social generalizado.

Dentro de este marco, como en su momento lo advirtiera Morin, podemos hablar de una "tercera cultura" nacida de la prensa, el cine, la radio y la televisión que aparece y se desarrolla y cobra impulso al lado de las culturas clásicas —religiosas o humanistas— y nacionales (15).

Las consecuencis de este hecho son suficientemente importantes para suscitar numerosos interrogantes, habida cuenta que puede considerarse,

---

* En un trabajo reciente de Agustín Girar —**Les industries culturelle: un handicap ou une nouvelle chance pour le développement culturel**?, UNESCO, París, 1982 presenta el siguiente listado de los dominios de estas industrias: libro, diarios y periódicos, discos, radio, televisión, cine, nuevos productos y servicios audio-visuales, fotografía, reproducción de arte, publicidad.

como uno de los que tiene mayores impactos en el desarrollo cultural de los pueblos y de los individuos: ¿con qué intencionalidad se producen y se distribuyen esos bienes?, ¿qué valores y comportamientos transmiten?, ¿cómo evaluar y considerar el hecho de la existencia de las industrias culturales?, ¿qué puede hacerse frente a ellas, o con ellas, en la realización de una política cultural?...

Las dos caras de las industrias culturales

Con mucha frecuencia frente al hecho de las industrias culturales, se asumen posiciones extremas; las llamaremos "apocalípticas" e "integradas", para utilizar las expresiones acuñadas por Umberto Eco. Ambas con una fuerte tonalidad maniquea, por el reduccionismo en que incurren.

Para unos —los apocalípticos o críticos*— las industrias culturales conducen a un consumismo cultural uniformizante y masificado que degrada la auténtica cultura, ya sea porque estas industrias están condicionadas a intereses comerciales, o bien porque bajan el nivel cultural medio para poder hacer una oferta que sea aceptada por millones de personas. Para estos críticos de las industrias culturales, éstas sólo producen una cultura unidimensional y alienante, que degrada la cultura creada a nivel superior favoreciendo la producción masiva de productos culturales que apelan a la sensibilidad primaria de vastos sectores de la población. Las industrias culturales producen homogeneización cultural y destrucción de las culturas minoritarias, pero al mismo tiempo crean ilusiones de saber, sin estimular la reflexión crítica y embotan la conciencia apelando a los estímulos menos nobles de la estructura psicológica personal, mediante la satisfacción espúrea de necesidades. Y lo que es peor, amodorra a los grupos sociales dominados, a quienes la sensación de vivir en una sociedad de masas les hace perder la conciencia de vivir en una sociedad de clases.

---

* Dentro de la corriente crítica podemos señalar los siguientes autores principales: Adorno, Horkheimer, Marcuse, Fromm, Ortega, Morin, MacDonald, Elliot, Mattelart, etc., sin embargo, hay que advertir que las críticas se hacen desde perspectivas muy diferentes: no es lo mismo la crítica aristocratizante de la sociedad de masas que hace Ortega, que la crítica de Adorno y Horkheimer. Tampoco tienen igual alcance las críticas de Dwight MacDonald que enjuicia la industria cultural por la vulgaridad intelectual que produce en el norteamericano medio, que las críticas de Mattelart dedicado a desentrañar los mecanismos de dominación del poder comunicacional de las industrias culturales... Entre los principales autores que destacan los aspectos positivos mencionamos a Bell, Shils, McLuhan, Sades y Friedman.

Pero la crítica más radical que suele hacerse a las industrias culturales, es aquella que se hace a las mismas por considerarlas como los medios más adecuados para la dominación ideológica y cultural de parte de los países hegemónicos. Las industrias culturales están asociadas a la idea de dominación cultural, penetración cultural, imperialismo cultural y dependencia cultural, puesto que constituyen la instancia mediatizadora por excelencia, para introyectar los valores de los dominadores en las propias mentes de los dominados.

Otros, en cambio —los integrados o defensores— consideran que los frutos son positivos. Para ellos las industrias culturales han contribuido al desarrollo cultural en dos aspectos o dimensiones principales: la divulgación científica y la difusión cultural. Han permitido el acceso de grandes sectores de población al acervo cultural de la humanidad a un nivel nunca logrado. Aunque este acceso suponga frecuentemente una forma de vulgarización cultural y científica, también es una posibilidad real para que millones de personas lean, vean y escuchen a quienes antes no tenían acceso.

Según los defensores de esta postura, la mayor nivelación de la cultura media de las masas ha facilitado la difusión de conocimientos e informaciones que, si bien son fragmentarios y acríticos, preparan el terreno para una mayor elevación cultural. Hasta se ha dicho, que las industrias culturales han logrado, por intermedio del mercado, una mayor democratización de la cultura que la misma política cultural de los Estados, puesto que han permitido a millones de personas, lograr el acceso a una gran diversidad de bienes culturales, aunque este acceso asuma la forma de simple consumo o de pura diversión.

Ambos aspectos —el positivo y negativo, planteado el problema de manera simplificada— constituyen las dos caras de las industrias culturales. En general estas posiciones toman un aspecto cierto del problema, pero silencian el otro. La anatematización general e indiscriminada de las industrias culturales, no pasa a ser una crítica lírica e inoperante. La aceptación, igualmente indiscriminada de las mismas, es una gran ingenuidad de irresponsabilidad política, para decir lo más suave que se pueda pensar de quienes así proceden.

Aquí, situados fundamentalmente en una óptica de preocupaciones prácticas, caben dos tipos de cuestiones: ¿es posible que los medios de las industrias culturales estén al servicio de una auténtica promoción cultural y al servicio de los intereses de la mayoría? Y si quisiéramos ir más lejos preguntaríamos: ¿las industrias culturales, podrían servir en nuestros países para un proceso de liberación? Otros interrogantes irían en esta misma línea: ¿es posible crear alternativas a las industrias culturales? Las primeras cuestiones sólo tienen respuesta desde decisiones políticas globales que implican cambios radicales. Quizá habría una vía intermedia pensada en términos de un programa de democratización de los medios de las industrias culturales, pero en última instancia es también una cuestión de decisión política.

Más cercana a las preocupaciones y problemas que se plantean en este libro, está la segunda de las cuestiones, es decir, la de las alternativas. Para mí las alternativas son posible pero no visualizo, al menos por el momento, alternativas que lo sean en el sentido pleno de la palabra, como opción disyuntiva o posibilidad frente a las industrias culturales. Por lo tanto, hablar de la animación socio-cultural como alternativa (cuestión que plantearemos en el parágrafo siguiente) es una exageración. La animación sociocultural, tiene algunas posibilidades, pero ellas son modestas y limitadas.

Para quienes relacionamos la animación socio-cultural con el llamado "frente de lucha ideológico/cultural", toda la problemática de la industria cultural (o de las industrias culturales) adquiere una importancia y significación principal. Y esto por una razón simple y decisiva: las industrias culturales configuran los medios más eficaces para la dominación ideológica y cultural. Ellas suplen el envío de "marines" y consolidan las formas de dominación económica. Por otra parte, esta forma de dominación por ser menos evidente, o más clandestina, se presenta como la más eficaz. Política, ideológica y culturalmente lo importante es manipular, sin que los manipulados sepan que están siendo manipulados.

¿Qué puede hacer la animación socio-cultural frente a la fuerza y seducción de las industrias culturales?

Frente a esta fuerza avasallante —y seductora a veces— de las industrias culturales, las acciones promovidas a través de los programas de animación socio-cultural, no constituyen una alternativa; afirmarlo sería haber perdido todo sentido de la medida. Lo que puede hacer la animación frente a los efectos e influencias de la industria cultural, es más bien pequeño: David frente a Goliat (sin garantía del triunfo de David como en el relato bíblico). Se trata de una forma de actuación limitada en sus posibilidades, pero que uniad a otras puede intentar acciones alternativas inscriptas en proyectos de transformación social.

Lo que aquí importa destacar como cuestión central, es el hecho de que la **industria cultural constituye un desafío** y que **la animación socio-cultural es una respuesta parcial**... Quizá el lector se pregunte —y me pregunte— en qué sentido es una respuesta parcial.

Si las industrias culturales, especialmente a través de la televisión, pero también del deporte-espectáculo de masas, la industria del cine, los discos, las revistas del corazón, y los desfiles de modelos, pueden llegar a millones de espectadores, todos ellos en actitud pasiva, es evidente que todo eso configura la "des-animación" cultural, acompañada de la domesticación ideológica/cultural. Frente a todo ese impacto y esa fuerza, las acciones desde la base realizadas por los programas de animación son una pequeña respuesta alternativa.

Desde la perspectiva más amplia de la política cultural, en la medida que el accionar programático de la misma tienda a la construcción de una democracia cultural, la existencia de las industrias culturales también constituye una preocupación por su incidencia en el conjunto de la vida social, en cuanto produce una creciente uniformización y standarización cultural, destruye las culturas minoritarias o marginales y, frecuentemente, se presta a la manipulación ideológica. Los mensajes culturales quedan en manos de emisores privilegiados —privilegio que viene dado por el poder económico o político, y no por el cultural—, al mismo tiempo que no existe participación del pueblo en su elaboración, confección y difusión.

Un postulado básico admitido en la Conferencia de Ministros responsables de Asuntos Culturales del Consejo de Europa (Estrasburgo, 1976) es que "no es genuina ninguna cultura que implique un pueblo en actitud meramente pasiva, por muy grande que numéricamente sea su fuerza". Y lo ilustran con un ejemplo: "hay menos cultura auténtica en millones de personas contemplando un programa del famoso personaje ficticio Batman que en la apreciación serena, crítica, de un niño contemplando un cuadro".

Y más adelante, en el mismo documento, se indican las responsabilidades prácticas que se derivan de estas consideraciones: "Esto significa para el Estado una obligación de **fomentar y apoyar generosamente el trabajo de animación**. Es un imperativo moral para los gobiernos. No es bastante que se promulguen y garanticen derechos culturales. Hace falta llevar al pueblo a ejercitar estos mismos derechos, inyectándole entusiasmo, señalándole la forma de proceder (16). Al margen del paternalismo de la última parte de la frase, con cierta ingenuidad me pregunto: ¿quién redacta estos documentos del Consejo de Europa? Quienes lo hacen ¿tienen alguna autoridad, o algún tipo de relación con los gobiernos?... ¿o simplemente se trata de piadosas intensiones expresadas en documentos propios de la retórica internacional? Sólo son preguntas de un ingenuo que lee los documentos y constata lo que se hace... prosigamos con el análisis.

El hecho de que el hombre actual esté inserto, metido, atrapado, o envuelto —podríamos decirlo de otras formas también— en las industrias culturales, no es más que una manifestación particular de la dependencia de la persona, de lo que Illich llama las mega-herramientas y mega-instituciones burocráticas y mercantiles, en las que están prisioneros casi todos los responsables de gobierno y los funcionarios de organismos internacionales. Frente a ellas, frente a la lógica de las instituciones culturales, el ciudadano de a pie no puede ser más que el "cliente" sometido, uniformizado, impotente, explotado y permanentemente insatisfecho. En suma: un sujeto pasivo... Y los funcionarios, simples dientecillos de un engranaje, difícilmente puedan inyectar algún entusiasmo o sentido crítico frente al agobio de las industrias culturales.

La animación es una forma de lucha contra la pasividad y la homogeneización productiva por las industrias culturales contra el conformismo que afirman y reafirman; contra la psicología de la cursilería que crean y desarrollan y contra el poder trivializador de los medios que disponen algunas de las expresiones de las industrias culturales. Por otra parte, las actividades de animación procuran satisfacer necesidades culturales al margen de la industria cultural...

Pero todo lo que se puede hacer desde los programas de animación es apenas una respuesta pequeña y parcial... pequeña y parcial respuesta de quienes no se resignan a pensar que nada puede cambiar; pequeña y parcial respuesta de quienes creen que algo se puede transformar y se juegan para que así suceda.

Las prácticas culturales propias de ciertas sociedades tienden a desaparecer ante la uniformización y pasividad introducidas por los productos de las industrias culturales. Ciertas capas de la población... pierden todo interés, a pesar del aumento del tiempo de esparcimiento, por la práctica no profesional de las artes. Una parte de la juventud de numerosos países se identifica con las formas estereotipadas salidas de las industrias culturales y proyecta sus aspiraciones en sus actividades artificiales.

UNESCO.
Conferencia Mundial sobre Políticas Culturales, México, 1982.

5. La situación de desarraigo en las grandes ciudades

La realidad de lo urbano sin vida urbana, quizá sea lo más dramático y contradictorio de la situación actual de muchas ciudades. "La vida reducida caricaturalmente", dice Mario Gaviria, porque la ciudad es "algo más que habitar, trabajar, circular, cultivar el cuerpo y el espíritu... El homo urubanicus es algo más complejo que cuatro necesidades simplistas, las cuales dejan fuera el deseo, lo lúdico, lo simbólico, lo imaginativo, entre otras necesidades por descubrir". Y todo ello, porque "es más fácil construir ciudades que vida urbana" (17).

En los últimos decenios se ha ido configurando una civilización urbana, que ahoga la vida urbana. Y esto porque la ciudad ha dejado de ser un lugar para vivir, transformándose en un lugar para producir y consumir. Entonces, para cumplir con ese objetivo de trabajar y consumir, hay que "estar" en la ciudad. Cuando se "está", no se vive, y esto produce un fenómeno de decadencia y hasta de muerte de la vida urbana, puesto que aumenta el número de "habitantes" que no se consideran a sí mismos, como "ciudadanos" de la ciudad en que viven. Cuando se llega a esta situación, ¿qué participación se puede pedir al ciudadano para que intervenga en todo aquello que concierne a la vida de la ciudad? Cada uno es una mónada aislada, que superpuesta a otros cientos de miles de mónadas igualmente aisladas, todas ellas configuran la masa amorfa y gris de las ciudades.

Conviene destacar que la racionalidad en el proceso de industrialización (en cuanto es aplicación de la ciencia al proceso productivo) no fue igual en el proceso de urbanización, en donde la improvisación y la irracionalidad fueron la tónica generalizada. En la organización de las ciudades parece estar ausente toda medida racional de lo humano: "la brusca aceleración del desarrollo urbano y la aparición de las grandes metrópolis se insertan en un contexto general de liberalismo y de improvisación. Sin embargo, las condiciones de este desarrollo son tan uniformes que las improvisaciones se asemejan, de un país a otro, en el interior de las mismas coyunturas económicas, financieras y sociales" (18); el principio del laissez faire aplicado al crecimiento urbano produjo el dislocamiento y degradación de la ciudad.

Este desfase en el doble proceso —diferente pero imbricado— de industrialización-urbanización, condujo a la destrucción de las viejas ciudades y a la aparición de conglomerados deshumanizados, anónimos, hoscos, contaminados y hasta hediondos en algunas áreas ocupadas por sectores marginados. Las ciudades anteriores a la revolución industrial tenían una configuración que hacía posible establecer una serie de relaciones interpersonales basadas en los lazos familiares, la organización de los gremios, las asociaciones locales, las fiestas populares, las fiestas religiosas y otras manifestaciones culturales o folklóricas compartidas por la gente de una ciudad. La fisonomía urbana de las ciudades después de la revolución industrial, fue terminado con todo ello; poco a poco se fue dando lugar a un nuevo tipo de conglomerados urbanos en los que las ciudades son sacrificadas a los intereses de la economía.

Hoy, este crecimiento sin finalidad humana, se refleja en la situación de las grandes ciudades, en donde las personsa están como perdidas entre edificios, ruidos, autobuses, automóviles, imágenes y manipulaciones de toda índole. Entre la monotonía del cemento y el trepidar de las máquinas, el hombre ha ido quedando en un mundo circundante poco estimulante. Con frecuencia está solo en medio de una muchedumbre solitaria, separado psicológicamente de aquellos que constituyen su ámbito de relación y convivencia y sometido a las servidumbres de una vida urbana que le impone un modo de vivir tenso y traumático. En vez de "urbanistas" algunas ciudades parecen estar en manos de "urbanicidas" que han hecho desaparecer —aunque parezca paradójico— la vida urbana: la calle, la plaza, el barrio ya no son lugar de encuentro.

> *¿Qué es hoy el centro de nuestras ciudades, sino un humeante y ensordecedor amasijo de edificios administrativos, bancos, oficinas, aparcamientos, coches, almacenes? ¿Dónde se fue el corazón que, con su sístole y diástole, ritmaba la vida colectiva? La incomunicación nos encapucha, corta los hilos de la simpatía, de la solidaridad, de los espontáneos contactos confiados.*
>
> *Antonio Gala*

La crisis de la ciudad como psicopatología de la vida urbana

Muchas ciudades que en sus orígenes quizá fueron construidas a hechura humana luego se ha ido deshumanizando, al punto de configurar una serie de males o síntomas patológicos, frente a los cuales "se puede considerar a la animación socio-cultural, como una forma de medicina preventiva en la cual sería de locos no intervenir. Freud dijo un día que la psiquiatría transformaba la angustia de la neurosis en un sufrimiento humano ordinario. La animación socio-cultural puede impedir que el sufrimiento humano ordinario degenere en la enfermedad mental" (18). Esta cita de Simpson —uno de los más reconocidos expertos europeos en política y animación cultural— nos aclara cual es el papel que se le atribuye a la animación como correctora de la situación de desarraigo de las ciudades.

Algunos psiquiatras afirman que el 80% de sus pacientes sufren el llamado "síndrome o mal de la ciudad": angustia, neurosis, desequilibrios psíquicos y agresividad. En otros casos simplemente se "siente mal", sin ninguna sintomatología convencional. Y aunque estas enfermedades no se ajusten a los diagnósticos clásicos, hay acuerdo en señalar que se trata de trastornos producidos por una vida urbana enferma y enfermante: el torbellino de la vida ciudadana, el tironear de actividades variadas y diferentes que se realizan cotidianamente, la disminución de los encuentros interpersonales, el desarraigo, la soledad...

Como lo indica la medicina y la psiquiatría moderna, cada hombre —lo mismo que cada animal— tiene necesidad de un espacio vital o territorio mínimo, absolutamente personal. Este espacio es una especie de "burbuja" que le envuelve. Cuando aumenta el torbellino de la ciudad ya aparecen formas de vida urbana claramente mórbidas y la "burbuja" sufre una presión con grave riesgo de estallar. Dicho de una manera no técnica: el síndrome o mal de la ciudad se expresa básicamente en la ruptura de la burbuja.

Si bien es cierto que el tejido social en que está inmerso el hombre de la ciudad es mucho más intenso y más numerosas las relaciones sociales que en las pasadas épocas, no por ello las "muchedumbres solitarias" han dejado de constituir la nota característica del espacio racional de los habitantes de las grandes ciudades, convertidas en colmenas humanas.

En algunas ciudades la gente vive —mejor dicho sobrevive— al borde del ataque nervioso, pues no sabe cómo sacudir el cúmulo de ansiedad que la ciudad le produce. Y esto no es extraño que ocurra: las relaciones interpersonales que se dan en la ciudad imponen una frialdad emocional, al mismo tiempo que el ritmo de la vida urbana, con su sobrecarga de estímulos sensoriales, el aturdimiento del ruido, las dificultades para dormir y el bombardeo constante de la información, no configuran un espacio adecuado para el equilibrio psicológico. Este estado habitual de tensiones constantes entraña una alteración emocional; fácilmente las personalidades psicópatas o neuróticas dan rienda suelta a la agresividad con que la ciudad los carga; la deliencuencia y el crimen encuentran en esas circunstancias un buen caldo de cultivo. Cuando las tensiones y angustias sobrepasan ciertos límites, se producen psicosis de inseguridad propias de las grandes urbes. Pareciera que la frialdad del cemento penetra la cotidianeidad de cada persona con serio deterioro de lo específicamente humano.

Para decirlo en breve: el medio urbano favorece las enfermedades psíquicas al frustrarse en el ser humano la necesidad de un espacio vital configurado por una trama de relaciones interpersonales gratificantes. La patología urbana de muchas ciudades no permite ese espacio. Este se estructura sobre la base de relaciones superficiales, utilitarias y despersonalizantes. El entorno de la vida ciudadana comprime al hombre desde el exterior hasta hacer estallar la burbuja con consecuencias desastrosas en la estabilidad emotiva, al mismo tiempo que lo vacía de valores, crea estados anímicos y lo hace indiferente ante los otros.

La ciudad de la era industrial ha convertido a sus habitantes en criaturas anónimas, separadas, pasivas, deprimidas. Si la ciudad dificulta los encuentros personales profundos, no ayuda a sentir a la ciudad como cosa propia.

Como ocurre a menudo, los problemas parciales son síntomas de cuestiones más fundamentales. En este caso la calle —que ha dejado de ser un lugar de encuentro— no es nada más que una manifestación de un hecho más general: el deterioro o destrucción del espacio público.

La cotidianeidad de la vida ciudadana exige, para el normal desarrollo de la persona, en cuanto inserta en un tejido social, del espacio colectivo que sirva como ámbito para los encuentros interpersonales. No es extraño que en las ciudades se vayan diluyendo los vínculos comunitarios y, como consecuencia de ello, se pierda la conciencia de pertenencia a un determinado entorno (calle, barrio, pueblo o ciudad). En las grandes urbes el ámbito urbano de cada uno deja de ser una "obra" que de algún modo le pertenece, para transformarse en "algo" que se "produce" y se "consume", consecuentemente la ciudad le es ajena al ciudadano y... cada ciudadano se convierte también en algo ajeno. Sólo entre muchos, carece de un ámbito de identificación y de un proyecto colectivo del cual participar.

Podría decirse que los habitantes de las ciudades se desarraigan porque no se encuentran, porque hay dificultades para una convivencia íntima, para amistades profundas... Y al no existir lugares de encuentro, la gente vive autosecuestrada en sus casas, en sus zonas residenciales y en sus urbanizaciones. Ahora bien, la impersonalidad de la ciudad, producida por una multitud de relaciones burocratizadas o mediatizadas, hace muy difícil la socialización del individuo en el seno de comunidades vivas y orgánicas. Algunas ciudades se transforman en una yuxtaposición monstruosa de individuos y familias, viviendo para sí, existiendo superpuestos, coexistiendo en el anonimato. En esas circunstancias la gente se siente perdida y sin identidad. Por una parte, una masificación más o menos generalizada, por la otra un desarraigo más o menos traumático que se agrava en la medida en que la ciudad o pueblo se urbaniza y pierde vida urbana. Multitud y anonimato se refuerzan: la multitud configura un entramado de relaciones sociales que se hace cada vez más formal, frío y funcional, la soledad hace que la gente se sienta perdida, sin identidad, con la sensación de falta de pertenencia.

No queremos significar que haya una correlación necesaria entre proceso de urbanización y pérdida de vida urbana: cuando una ciudad crece —hasta ciertos límites por supuesto— no necesariamente tendría que producirse esos efectos, pero de ordinario, a mayor urbanización menor vida urbana, puesto que la vida urbana se hace muy difícil cuando van desapareciendo los ámbitos de encuentro. Superados ciertos límites, la ciudad disloca lo urbano de la vida asociativa y de la vida de relaciones; los vínculos colectivos de sus miembros se vuelven impersonales y cada ciudadano se siente reducido a una "cosa" fácilmente intercambiable dentro de la maquinaria colectiva de la ciudad. Sociológicamente está constatado que cuando mayor es la densidad de la población más impersonales son las relaciones sociales.

Frente a todos estos problemas que expresan la situación de desarraigo de las ciudades, la animación sociocultural aparece como una técnica sociopedagógica adecuada para la promoción de la vida asociativa ya perdida o en vías de desaparición, particularmente en las grandes ciudades.

Bibliografía citada

1. ENCKVORT, G. Van   El estatuto de los animadores, en Animación socio cultural. Ministerio de Cultura, Madrid, 1980.
2. GRUSHIN, B.   El tiempo libre, Problemas actuales. Pueblos Unidos, Montevideo, 1968.
3. FROMM, Erich   Psicoanálisis de la sociedad contemporánea, FCE, México, 1956.
4. MORIN, Edgard   L'industrie culturelle, en Communications, París, 1961.
5. CAMUS, Albert   El mito de Sísifo. Losada, Buenos Aires, 1953.
6. ROMANO, Vicente   Ocio y comunicación de masas, en Documentación Social, Nº 33, Madrid, 1980.
7. FROMM, Erich   op cit.
8. GORZ, André   La banalidad del pleno empleo, en diario El País, 29 de mayo de 1983.

9. PIGNOTTI, Lamberto — Il Supernulla. Ideología e linguaggio della publicitá. Cuaraldi Editore, Firenze, 1974.
10. FAURE, Edgard et al — Aprender a ser, Alianza, UNESCO, Madrid, 1973.
11. BEILLEROT, J. — La societé pédagogique. PUF, París, 1982.
12. SIMPSON, J. A. — Directrices de una política, en Animación socio-cultural, Ministerio de Cultura, Madrid, 1980.
13. Idem.
14. CUETO, Juan — La sociedad de consumo de masas, Salvat, Madrid, 1981.
15. MORIN, Edgard — El espíritu del tiempo, Taurus, Madrid, 1966.
16. CONSEJO DE EUROPA — Documentos de trabajo. Conferencia de Ministros responsables de Asuntos Culturales del Consejo de Europa, Estrasburgo, 1976.
17. GAVIRIA, Mario — Prólogo al libro El derecho a la ciudad de H. Lefebvre, Península, Barcelona, 1963.
18. GEORGE, Pierre — Panorame du monde actuel. PUF, 1968.
19. SIMPSON, J. A. — op. cit.

Capítulo 4

El marco ideológico-político de la animación socio-cultural

Casi nadie, hoy por hoy, se atreve a afirmar que las prácticas sociales —educación, trabajo social o animación— son neutras. Toda acción social tiene una intencionalidad, y esto es lo que la define en su significado más profundo.

No es posible construir o proponer una formulación conceptual y/o metodológica carente de elementos ideológicos o de supuestos filosóficos. Estos subyacen y condicionan tanto la formulación conceptual, como los modelos específicos de las prácticas concretas.

Como todas las técnicas sociales y pedagógicas, la animación socio-cultural adquiere su pleno significado desde los parámetros ideológico-políticos desde los que se conciben o realizan esas prácticas. Admitido este hecho —por demás obvio y evidente—, se comprende que de él se deriva la existencia de diferentes concepciones de la animación socio-cultural, al menos dentro del ámbito de una sociedad pluralista y democrática.

1. Diferentes concepciones de la animación socio-cultural.
2. El para qué de la animación desde el punto de vista de los objetivos estratégicos de la política cultural.
3. El para qué de la animación desde la perspectiva de quienes participan en estos programas.

1. Diferentes concepciones de la animación socio-cultural

Como cualquier otra forma o modalidad de intervención social, la animación socio-cultural en su práctica y en sus formulaciones teóricas presenta una gran variedad de concepciones. El tratamiento de este tema podría abordarse haciendo una presentación de las concepciones que se expresan a través de diferentes autores o instituciones. Pero este camino conduciría a un desarrollo muy amplio, demasiado erudito, a veces engorroso y poco utilizable por quienes están más cercanos a preocupaciones prácticas.

Nosotros vamos a recurrir a una tipología bastante conocida, que clasifica las diferentes concepciones en tres grandes categorías, según sean los propósitos político/ideológicos de las actividades a desarrollar, o los supuestos en que se apoyan. Estas concepciones podrían denominarse como:

- conservadoras
- modernizadoras/progresistas
- transformadoras/revolucionarias

Esta tipología tripartita es útil, pero un tanto simplificadora, ya que las realizaciones concretas no son formas puras que pueden encuadrarse sin más en cada una de estas formulaciones. Por otra parte, pueden darse incoherencias muy significativas entre lo propuesto y lo que en verdad se realiza. La retórica de ciertas propuestas, tiene muy poco que ver con lo que de verdad se realiza.

Con las limitaciones ya indicadas, veamos cuáles serían las características principales de cada una de estas concepciones.

a. Concepciones conservadoras

Dentro de una concepción conservadora de la política en general, y de la política cultural en particular, difícilmente se considere a la animación, como una forma de acción cultural prioritaria. No es difícil comprender por qué ocurre ésto: una política de corte conservador no tiene por que promover un modo de intervención socio-pedagógica que impulse la participación de la gente, a menos que la participación se limite a cuestiones poco significativas.

Cuando dentro de gobiernos conservadores se promueven o admiten programas de esta índole, lo que se pretende es amortiguar contradicciones y mantener el sistema de valores tradicionales. No es extraño que la mayoría de los casos en que gobiernos de derecha moderada han mantenido programas de animación, lo hayan hecho en el área de conservación de tradiciones —fundamentalmente en el campo rural marginal— y con un objetivo conservacionista/museal más que de dinamización socio-cultural de estas zonas.

Desde esta perspectiva política, a través de programas de esta índole, se procura el ajuste de individuos y grupos a la sociedad global, o bien, —y esta es otra forma de utilización con intereses conservadores—, la animación deviene en una forma de manipulación psicológica de los individuos y de manipulación sociológica de grupos y comunidades con la función de asegurar el mantenimiento del orden establecido, con el mínimo de cambios posibles en la esfera de las decisiones políticas, económicas, sociales y culturales.

Esta postura de utilización de la animación como amortiguador de contradicciones sociales, resulta una forma coherente de actuar desde una posición política de derecha. La animación socio-cultural, como cualquier otra tecnología social, puede ser utilizada con una "modalidad gatopardista": hacer que cambie algo para que no cambie nada, con lo cual la animación queda vacía de su contenido transformador.

Una política cultural conservadora, ha de estar preocupada por la cultural museal y por las formas que expresan refinamiento cultural y, en el mejor de los casos, que buscan realizar una tarea de difusión.

Desde esta perspectiva, la animación socio-cultural en cuanto constituye un instrumento o medio de transformación, es considerada peligrosa y subversiva; esta es una historia de denuncias que se repite constantemente. Por eso, cuando se decide promover actividades de animación, sólo se hace porque se las concibe e implementa con una perspectiva domesticadora o gatopardista. En algunos casos hasta se podría ir algo más lejos: se hace animación dejando sin algunas banderas a las propuestas culturales de la izquierda. Cualquiera sean los motivos o razones por los que se realiza una política cultural que incluya programas de animación, ésta siempre ha de jugar un papel funcional dentro del sistema establecido.

b. Concepciones, modernizadoras/progresistas

Cuando hablamos de una concepción modernizadora —y por tanto progresista— de la animación, hacemos referencia a la práctica cultural que pone el acento en los siguientes aspectos: conservar y difundir el patrimonio cultural, posibilitar a la mayor cantidad de gente posible el acceso y disfrute de los productos y bienes culturales y, en la medida de lo posible, promover a los creadores de cultura. Mediante esta política cultural se pretende, asimismo, cerrar la brecha o foso cultural que produce la desigual posesión de bienes culturales.

Esta concepción está expresada de una manera que podríamos denominar arquetípica, en la idea que Malraux tenía (cuando fue Ministro de Cultura de Francia en la década del 60), referente a las funciones de las "casas de cultura". A través de ellas se procuraba difundir los beneficios de la cultura al conjunto de la población, al mismo tiempo que se les permitía participar en los beneficios de la elite cultural.

Según esto, naturalmente, los esfuerzos se suelen concentrar en la perspectiva de la "cultura cultivada": conservar, acrecentar y difundir los productos culturales. También (aunque esto no es tan frecuente) éste enfoque de la animación suele apoyarse en una concepción antropológica de la cultura. Como es obvio, esto amplía considerablemente el abanico de actividades propias de la animación. Ahora bien, en cualquiera de estos casos y siempre dentro de una concepción modernizante de la animación, la actividad del Estado (o de otras organizaciones promotoras de cultura) se centra en torno a la idea de patrimonio cultural, entendido éste como objetos de cultura (monumentos, artes plásticas, obras literarias, musicales, etc.), producidos principalmente por profesionales de la cultura; pero lo central de esta concepción es la idea de la transmisión y difusión de los bienes culturales.

Una concepción modernizadora de la animación socio-cultural, apunta a una práctica cuyo objetivo estratégico es la democratización cultural. Se orienta a la realización de acciones que son **para** el pueblo, de manera ocasional **con** el pueblo y muy raramente serán acciones en donde la gente tiene su protagonismo en cuanto a decidir qué hacer, y cómo hacerlo.

Desde esta concepción —que hemos considerado como una concepción modernizante de la vida social y cultural—, la metodología y la práctica de la animación socio-cultural se consideran instrumentos útiles para conseguir la difusión de la cultura a fin de que la gente se aproveche del acervo común de la humanidad, o al menos, tenga posibilidad de acceder a él.

Para una concepción modernizadora de la animación, el rol institucional de esta forma de intervención, es el de hacer circular todo tipo de discurso cultural de la manera más eficaz y amplia posible. El animador es un mediador entre el arte, o si se quiere decir de manera más amplia, entre la producción de bienes culturales, y el pueblo al que facilita el acceso de esos bienes. Su función es la de trasvasar bienes culturales, es decir, poner el patrimonio cultural y artístico al alcance de un público cada vez más mayoritario.

Una política de democratización cultural, puede ser el punto de partida de una política de democracia cultural. Pero puede constituir también, el propósito último de la acción cultural.

c. *Concepción transformadora/revolucionaria*

En los países de mayor desarrollo económico (consecuentemente menos acuciados por la necesidad de cambios profundos), se habla de la animación como medio o instrumento de transformación social. En los países de América Latina se ha hablado más bien de una concepción revolucionaria de la animación. En uno y otro caso se designa una forma de realizar la política cultural y una práctica de animación que apuntan a un cambio profundo del estilo cultural.

En este caso, cuando la animación socio-cultural se inscribe como un instrumento útil para el logro de la democracia cultural, su concepción —determinada por la intencionalidad última— adquiere otro significado. Lo que se busca a través de la animación es desatar un proceso de dinamización que estimule la creación individual y ofrezca a cada individuo la posibilidad de ir ampliando su protagonismo en su propio desarrollo personal, social y cultural, en un contexto de participación conjunta que posibilite una toma de conciencia colectiva a través de realizaciones comunes.

Desde esta perspectiva, no es fundamental que el pueblo conozca el "museo imaginario" del que hablara Malraux, con el que la gente tendría posibilidades de apropiarse de parte del acervo artístico-cultural de la humanidad. Esto sería un gran logro cultural, pero no es lo esencial.

El para qué de la animación socio-cultural

La animación socio-cultural no sólo está relacionada con actividades de orden cultural, social y/o educativo; ella supone o implica una gestión teleológica. Si bien la animación se manifiesta y expresa por una serie de acciones concretas, estas actividades tienen una direccionalidad y están destinadas a alcanzar determinados fines. Esto es lo que configura el para qué de la animación.

Si queremos precisar estos objetivos de la animación, podríamos diferenciar distintos niveles en el logro del para qué. Distinguimos dos que nos parecen más significativos:

- el para qué de la animación socio-cultural desde el punto de vista de los objetivos estratégicos de la política cultural;
- y el para qué de estas actividades, teniendo en cuenta de manera principal los destinatarios de estos programas.

Conforme a lo explicado en el parágrafo anterior, hemos de advertir que no existe un para qué aceptado y aceptable para todos. La animación socio–cultural, como cualquier otra tecnología social o forma de intervención, tiene un carácter instrumental. Consecuentemente, adquiere su plena significación, situando las prácticas de la animación dentro de perspectivas más amplias, que vienen dadas por los parámetros ideológicos/políticos desde los cuales se da intencionalidad y fundamento a esas acciones.

2. El para qué de la animación desde el punto de vista de los objetivos estratégicos de la política cultural

Referente al para qué de la animación como una forma particular de acción dentro de la política cultural, convendría contextualizar esta finalidad de la animación en relación a los objetivos estratégicos de la política cultural. En otras palabras: ¿a qué objetivos estratégicos de la política cultural, puede contribuir la animación socio-cultural?

En Europa, en lo referente a los objetivos estratégicos, se hace una distinción muy difundida en la terminología del Consejo de Europa. Los objetivos estratégicos pueden plantearse en términos de "democracia cultural" o de "democratización de la cultura".

Hemos afirmado siempre —y aquí volvemos a insistir en este punto— que todos los esquemas son una reducción y simplificación de la realidad. Sin embargo, ayudan a ir al meollo de las cuestiones mediante la comprensión de los aspectos esenciales, a la vez que permiten tener una visión global e interrelacionada de los mismos. Esto, que tiene validez general, es aplicable de manera particular a la caracterización esquemática con la que procuramos hacer un paralelo entre democratización cultural y democracia cultural. Queremos ayudar a la mejor comprensión de ambos conceptos, pero el esquema debe ser utilizado conscientes de sus limitaciones y de su inevitable reduccionismo.

Las realidades y realizaciones concretas que encontraremos, serán una mezcla particular de estas formas arquetípicas de lo que sería la situación objetivo (en la terminología de la planificación estratégica), de la política cultural, ya sea que se plantee en términos de democratización cultural o de democracia cultural.

Pero hay más todavía (y con estas consideraciones reajusto y reelaboro lo que sobre este punto he publicado en trabajos anteriores): la democratización cultural (en cuanto forma de facilitar el acceso a los bienes culturales) y la democracia cultural (en cuanto procura generar procesos de participación en la vida cultural), no sólo deberían ser considerados como objetivos estratégicos de dos proyectos político/culturales diferentes, sino también como puntos de partida y de llegada de una política cultural. En efecto: sólo después de un serio trabajo de difusión cultural y luego de haber logrado niveles de acceso bien significativos (en particular aumento de la asistencia a las actividades culturales) es posible iniciar una política tendiente a la realización de una democracia cultural. Consiguientemente el esquema que presentamos a continuación es también un listado de propósitos y objetivos a alcanzar en diferentes momentos de un proceso. A su vez, podrían ser considerados como dos polos de un continuo conceptual que indica la direccionalidad de un proceso socio-cultural.

DEMOCRATIZACIÓN CULTURAL	DEMOCRACIA CULTURAL
• Pretende difundir los beneficios de la cultura entre la población, mediante una difusión cultural desde las instituciones culturales.	• Pretende asegurar a cada uno (individuos, grupos o pueblos), los instrumentos para que, con libertad, responsabilidad y autonomía puedan desarrollar su vida cultural.
• La práctica de la democratización cultural consiste en proporcionar conocimientos culturales y hacer participar de los beneficios de la élite cultural y de lo que ésta produce.	• La práctica de la democracia cultural consiste en promover procesos de participación y de vida asociativa, en la realización de las actividades culturales.
• Procura cerrar la brecha o foso cultural que produce la desigualdad en la posesión y acceso de los bienes culturales y corregir los desajustes funcionales que dentro del sistema social producen estas desigualdades.	• Procura que cada uno pueda conducir su vida y su cultura, con el fin de desarrollar el conjunto de sus potencialidades, con especial respeto a la propia identidad cultural y de aquellos que no la comparten.

LA CULTURA AL ALCANCE DE TODOS	**QUE CADA CUAL VIVA Y REALICE SU CULTURA**

• Oferta cultural reservada de hecho a los consumidores de la cultura.
• Público/espectador:
  • recepción-pasividad
  • consumo cultural
• Se apoya básicamente en el accionar de la burocracia cultural.
• Política cultural desde la cúspide
• Difusión de la:
  • cultura museal
  • cultura culta
• Los "templos culturales" son los ámbitos privilegiados de realización.
• Produce incremento del mercado cultural
• Se apoya en una estrategia para hacer posible la participación de la gente en los beneficios de la cultura.
	• Promoción de actividades culturales abiertas a todos
	• Participante/actor:
	  • participación-actividad
	  • productividad cultural
	• Impulsa la movilización cultural
	• Política cultural desde la base
	• Promoción de la:
	  • cultura viva
	  • cultura cultural y creativa
	• Las actividades se realizan fundamentalmente lo más cerca de donde vive la gente
	• Alienta el crecimiento de las actividades culturales
	• Se apoya en una estrategia de participación de la gente en la producción y disfrute de los bienes culturales

Todo ello produce: Todo ello produce:

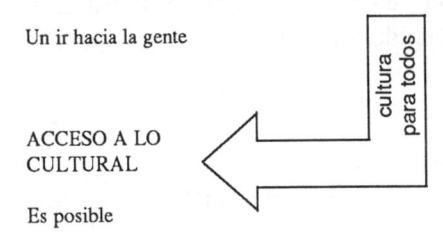

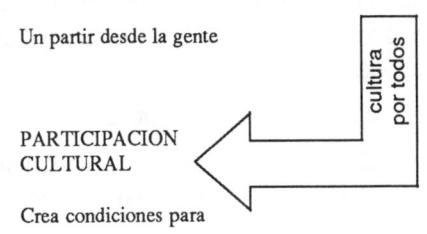

Un ir hacia la gente Un partir desde la gente

ACCESO A LO CULTURAL ← cultura para todos

PARTICIPACION CULTURAL ← cultura por todos

Es posible Crea condiciones para

LA DIFUSION CULTURAL LA TRANSFORMACION CULTURAL

Complementando lo anterior queremos mostrar lo que constituye la quintaescencia del rol de la animación y del animador, según se proponga como objetivo estratégico la democratización cultural o la democracia cultural. Podemos resumirlo en lo siguiente:

	DEMOCRATIZACION CULTURAL	DEMOCRACIA CULTURAL
ANIMACION	El rol institucional de la animación es el de hacer circular todo tipo de discurso cultural de la manera más eficaz posible.	El rol institucional de la animación es el de generar procesos de participación cultural de la manera más amplia posible.
ANIMADOR	El animador es un **mediador** entre el arte y el pueblo: su función es la de trasvasar bienes culturales.	El animador es una **catalizador** que ayuda a desatar un proceso de dinamización cultural.
Objetivo estratégico	Cultura para todos (que la cultura esté al alcance de todos)	Cultura por todos (que cada cual viva y realice su cultura)
	Acceso a la cultura.	Participación cultural
Sujeto del proceso	Receptor/espectador/consumidor	Participante/actor/productor

De este cuadro de síntesis, resulta claro que el rol del animador y de la animación, y la intencionalidad última de los programas y actividades socioculturales, serán diferentes según sea el objetivo estratégico al que apuntan.

Puede decirse, por consiguiente que, mientras la democratización cultural constituye un proceso que tiende a una mejor "distribución" de la cultura, y en lo social implica introducir formas de "mejorar las relaciones sociales", la democracia cultural va más allá: su realización supone "transformaciones estructurales" que fortalecen el tejido social mediante una mayor participación de la gente.

Para decirlo sintéticamente:

Con la **democratización cultural,**
    se pretende reformar y modernizar, cambiando parcialmente el orden existente
Con la **democracia cultural,**
    se tiende a transformarlo.

De todo cuanto se lleva dicho, queda claro que no existe una sola concepción o enfoque de la animación socio-cultural. Más aún: no sólo existen diferentes propuestas que vienen determinadas por el marco ideológico/político que orientan la práctica de la animación, sino también dentro de un mismo marco referencial ideológico/político, existen diferentes propuestas.

¿Qué tiene, pues de extraño la existencia de una pluralidad de concepciones? Si vivimos —sobre todo si sabemos vivir y convivir— en un mundo pluralista, hay que admitir como natural la coexistencia de diferentes concepciones y diferentes prácticas.

Este hecho dista mucho de ser asumido por todos y de ello surge una consecuencia importante: la incapacidad, no tanto de apreciar, sino de practicar esta pluralidad es una forma de totalitarismo cultural. Dentro de esta perspectiva, la única verdad cultural es la pluralidad de verdades culturales. Aún más: la creación cultural sólo se da en contextos políticos-culturales que proporcionan espacios para la pluralidad de alternativas y permiten el florecimiento de muchas tendencias y formas de acción cultural. De esta variedad surge el estímulo para la construcción individual y colectiva de nuevas relaciones sociales, de nuevos patrones culturales y de todas las formas de creación artística, sean profesionales o no.

Por eso —para ser honestos y rigurosos en las formulaciones— hay que decir expresamente que la realización de la democracia cultural es un horizonte utópico que no forma parte del proyecto histórico o proyecto político de los gobiernos de los países europeos a fines de los años 80. Ni se ven posibilidades de cambio en esa dirección a corto plazo, más bien lo contrario. Los documentos del Consejo de Europa se prestan a confusión en este punto: la democracia cultural se plantea o se presenta como si fuese el objetivo que se proponen los países que forman parte de dicho Consejo. En el Simposio de San Remo (1972) se dice de manera expresa: "la animación socio-cultural implica una política cultural, basada en una voluntad de democracia cultural". Estamos de acuerdo con ello: animación socio-cultural y democracia cultural son dos conceptos inseparables. Sin embargo, la democracia cultural en sus aspectos más sustantivos, ligados a la idea de la participación de la gente y, consecuentemente, a la creación de poder popular, no es un propósito explícito o implícito de ninguna política cultural europea.

Sin embargo, este objetivo aparece claro en algunas organizaciones y movimientos sociales que se dan en el ámbito de la sociedad civil. Los grupos alternativistas: ecologistas, pacifistas, feministas, defensores de los derechos humanos, objetores de conciencia, etc. dan prueba de ello. Se ha de indicar, además, que la idea de la democracia cultural está relacionada con la idea y la práctica de la autogestión.

3. El para qué de la animación desde la perspectiva de quienes participan en estos programas

Si nos situamos en la perspectiva, o mejor todavía, en las intenciones de quienes participan en estos programas, el para qué podría expresarse de diferentes maneras, aunque todas ellas tengan en común el señalar que se trata de procesos de desarrollo y actualización de las propias potencialidades. He aquí algunas de las formas de cómo esto ha sido dicho:

- la animación socio-cultural es una forma de suscitar un proceso vital de autorrealización y de sensibilización
- otros lo expresan en términos de estímulo para el desarrollo de la dimensión creadora que existe en cada uno de nosotros, de la iniciativa y de la responsabilidad
- es una forma de desbloquear la comunicación social, estableciendo calor e intimidad en las relaciones interpersonales; es una forma de mejorar la relación sujeto-objeto y de sujeto-sujeto
- también se ha considerado a la animación como un modo de adaptación a los cambios que plantea la evolución de la sociedad, y como modo de resistir a esos cambios (cuando son enajenantes) y de imponerle orientaciones
- para transformarse en agente activo del propio desarrollo y como forma de liberarse de la alienación implícita de una cierta forma de cultura.

Puede decirse, consiguientemente, que existe un para qué de la animación, visto desde el punto de vista, preocupación o interés de los participantes. Y que esto podría resumirse en la idea de **realización personal**, con todos los matices y dimensiones que resultan de lo dicho precedentemente.

Pero esto no es lo esencial. De lo que se trata es de que la gente sea capaz de expresar y producir cultura, reflexionar en común, discutir en común para crear en común.

De lo dicho se infiere que, desde esta concepción de la animación, el propósito de la misma es el de promover la participación de la gente en la vida cultural y en la búsqueda de nuevas formas de expresión cultural. Para ello se ha de fomentar todo tipo de expresión humana en un amplio abanico de realizaciones concretas de tipo social, cultural y educativo, de modo que se favorezca que el mayor número posible de personas participe de estas actividades.

Pero como lo cultural hace a la totalidad de la vida, el trabajo cultural del animador debe ayudar también a que cada persona sea capaz de transformar su cotidianeidad, en cuanto se enriquece como individuo, desarrolla su personalidad y asume un papel protagónico en la realización de su propia vida.

La participación de la gente, pensada en términos de proceso

Conviene tener presente (como ya se explicó), que el concepto central de la animación está ligado a la idea y la práctica de la participación de la gente. Sin embargo, el logro de una participación que sea significativa (desde el punto de vista cualitativo y cuantitativo), no es algo que está en el punto de partida de un programa de animación, sino en el punto de llegada. Por consiguiente, el logro de la participación supone un proceso. Se sigue de aquí, por simple lógica, que esto implica una serie de pasos o logros concretos. Helos aquí:

• **Informarse**: necesidad básica y elemental que condiciona la posibilidad de alcanzar los otros niveles que aquí señalamos (situarse, tomar posición, etc.). Estar informado es el medio primario para poder tener la visión y la conciencia personal de la situación (social, política, económica y cultural) en la que se está inserto y de la que se forma parte. Y esto no es fácil, porque en el mundo actual, como bien lo indica Morin, sufrimos a la vez sobreinformación, subinformación y pseudo-información. Parece, desde luego innecesario señalar la dificultad que existe para estar "bien informado" en medio de esta situación. ¿Cómo discernir estando abrumados, tanto por la explosión informativa como por el camuflaje informativo?

A esta información, es una de las tareas básicas a las que debe contribuir la animación. Que detrás de la maraña informativa las personas puedan tener la mínima información/comprensión de la realidad para situarse en el mundo que les toca vivir, para explicar la realidad en que viven, al menos lo suficiente para poder actuar transformadoramente sobre la misma.

• **Situarse**: para comprenderse y comprender. No basta informarse, tener los datos de la situación: hay que saber leer la realidad. Tarea harto difícil, puesto que vivimos en un mundo en el que la persona experimenta cada vez más dificultades para situarse en él, y mucho más para saber cuál es su puesto. Cada uno de nosotros tiene la sensación de estar aplastado por la complejidad de la sociedad actual, por el peso de las mega-instituciones, por la interdependencia planetaria de los problemas y por la rapidez de los cambios. No es extraño, pues, que las personas se sientan cada vez menos dueñas de sus destinos y experimenten la sensación de estar desbordadas por los acontecimientos.

No vamos a caer en la ilusión y exageración (para no decir simplemente en el ridículo) de pretender que la animación sirva para que la gente tenga plena lucidez de su puesto en el mundo. No, es mucho más modesto lo que se puede hacer y lo que se debe hacer a partir de los programas de animación: simplemente se trata de crear ámbitos de encuentros interpersonales, de intercambio de experiencias y de tareas conjuntas que ayudan a que el "uno" anónimo, se transforme en un "yo", "tú" y "él" personalizado. Pero esto no basta para situarse: es necesario que se inicie un proceso en el conocimiento de la realidad. Sólo así uno puede comenzar a "situarse", de lo contrario se está "inmerso". Es cierto que todos somos "seres en situación" por el solo hecho de existir, pero debemos ser conscientes en dónde y cómo estamos situados. Esto implica saber situarse en la circunstancia, porque se tiene una comprensión mínima indispensable para explicar el orden social existente, conocido como "lo dado", pero no aceptado como "lo que debe ser".

Este situarse tiene una doble dimensión: **comprenderse** para captar las necesidades más hondas del ser como persona y **comprender** en el sentido de saber entender a su tiempo y a su mundo. Y esto va más allá de la simple información y aún de la explicación del orden social existente: se trata de situarse históricamene como parte de un proceso de acción transformadora. Ello implica, por una parte, descubrir los factores de alienación y de opresión, y por otra, visualizar los procesos, caminos o vías de transformación posible. Es la "denuncia" y el "anuncio" del que habla Freire, implicando una y otro la adquisición de conocimientos y el manejo de un cierto instrumental teórico de interpretación de la realidad.

A la mayor parte de la gente no le preocupa mucho este "situarse", que es un situarse crítico. Tienen alguna conciencia de pertenecer a una cultura y a una nación, pero su conciencia de pertenencia a una clase social y a una sociedad determinada suele estar más diluida.

Al llegar a este punto conviene destacar un hecho muy significativo en la década que vivimos: cuando la sociedad de clases se diluye en la sociedad de masas, la gente (en su inmensa mayoría) se conforma con tener un trabajo (si la función es burocrática dentro del Estado, hasta tiene la posibilidad de cobrar un sueldo haciendo como que trabaja). A ello se añade la preocupación por comer, beber, divertirse... formar una familia... ser como todo el mundo en lo que hace a pasarlo lo mejor posible. Esta forma o modo de vida cotidiana, permite mantener y reproducir la situación actual. Nos hace conformistas, aprisionados por el "miedo a la libertad" como diría Froom, nos impide intentar nuevos caminos.

Por eso, comprender el mundo en que se vive es la condición indispensable —no suficiente, por supuesto— para realizar la vocación de libertad. No se puede ser libre en la incomprensión e ignorancia de la realidad en que se vive. Tampoco se está en mejores condiciones de ser libre por el solo hecho de tener conocimientos teóricos. Estos no sirven de mucho si están desvinculados de la realidad.

Por último, es interesante destacar que este situarse tiene una doble dimensión:

— que cada individuo como persona llegue a "saber de sí" para distinguir lo que está fuera y "más allá de sí", con el fin de objetivar su realidad.

— que este conocer su realidad en sus aspectos estructurales e históricos, le permita estar en mejores condiciones para actuar consciente y transformadoramente sobre esa realidad.

• **Tomar posición** frente y en la realidad en la que se está inmerso, significa el acto de denunciar todo lo que en esa estructura es deshumanizante, y el acto de anunciar la posibilidad de estructuras y situaciones humanizantes. Todo ello conduce al compromiso de hacerse responsable de su propio destino. Tomar posición es aceptar un desafío a través de un modo de presencia en el mundo; es un "descruzarse" los brazos del que sólo actúa como espectador. Significa optar y afrontar las responsabilidades que implica vivir en una sociedad y en una época determinada.

A nadie le es dado actuar transformadoramente sin haber elegido un lugar y un papel o responsabilidad en el momento en que le toca vivir, asumiendo una posición frente a los problemas e intereses contrapuestos que existen en nuestra sociedad. Por consiguiente, tomar posición tiene una dimensión política (no en el sentido partidista), sino en el sentido de hacerse consciente del tipo de sociedad en la que uno quiere vivir. Como bien lo explica Castilla del Pino, "el encararse seriamente con la realidad, no sólo lleva implícita la obligada toma de conciencia de lo que es esa realidad, sino también el compromiso, el tomar partido, el opinar cuando menos sobre el porqué de esa realidad que aquí se nos muestra y naturalmente, el proyectar quizá la necesidad del obligado cambio" (1). En programas de intervención social, esto lleva, como dice Carlos Nuñez a que "amplios sectores de las masas populares adquieran la capacidad de pensar por sí mismas. De esta manera podrían asumir convicciones propias y no estarán simplemente esperando de otros la "correcta" interpretación de los acontecimientos, para aceptarlos pasiva y dogmáticamente" (2).

De aquí en más el proceso significa "pasar a la acción". No conformarse con el estado actual de cosas y querer cambiar. Esto supone, con alguna frecuencia, una dificultad expresada en un cierto "miedo a la libertad": todo cambio, todo compromiso hecho acción conduce a hacer y actuar. Para algunos esto aparece como desequilibrante y amenazador para la seguridad personal. Implica un riesgo y un desafío que hay que asumir, transformándose (en militante) para transformar (las circunstancias o entorno más inmediato, pero apuntando a la transformación de la sociedad).

• **Movilizarse**: si después de informarse una persona se sitúa y toma una opción, no puede quedar en la pura contemplación intelectual. De todo cuanto se lleva dicho queda claro de que quien vio y optó, no puede resignarse pasivamente a ver lo que acontece, a ser un simple espectador; tiene que moverse, es decir, movilizarse.

Pero moverse, movilizarse, no es simple agitación, el no quedarse quieto en un torbellino activista. La movilización de quien ha tomado posición, es un quehacer y un actuar de quien sabe (al menos en sus aspectos sustanciales) cuáles son sus verdaderos intereses humanos y cuáles son las causas que impiden realizarlos.

En este contexto, el diálogo está en la base de la movilización; se trata de un diálogo, como lo expresara Freire, mediatizado por una realidad que hay que transformar. Sin embargo, la movilización es mucho más que dialogar y ponerse en estado de deliberación: supone y se expresa también en que la gente se manifieste externamente y de manera conjunta para hacer conocer sus intereses, preocupaciones, deseos, etc. No es que un programa de animación implique organizar manifestaciones (como superficialmente se podría deducir de las afirmaciones precedentes), lo que acontece es que una vez promovido un proceso de participación no sería extraño que la gente se expresase también en este tipo de manifestaciones.

• **Organizarse:** ya hemos dicho que el movilizarse no es tarea individual, sino labor conjunta. Este accionar con otros, si quiere ser medianamente eficaz, implica y exige la organización.

Ninguna labor de animación —por la índole misma de la metodología— es para replegar a los hombre sobre sí mismos (en el puro gusto egocéntrico de "cultivarse"), sino al contrario, lo que se pretende es hacer a los hombres abiertos a los otros, haciendo con los otros, fortaleciendo el tejido social. Pero donde quiera que haya hombres que pretendan realizar una tarea en común para alcanzar propósitos también comunes, necesitan organizarse.

Es preciso subrayar, para mejor situar los propósitos de la animación en relación a este punto, que lo deseable es que la gente participe a través de sus propias organizaciones, y sólo circunstancialmente (y provisoriamente) a través de las que se hacen o promueven como necesidad del programa. Por eso, cuando hay actitudes o prácticas paternalistas de parte de las instituciones promotoras de programas de animación, de hecho se dificulta (y a veces se impide) la organización de la gente, o se reduce a las organizaciones de base a simples ejecutores de programas decididos y concebidos por agentes externos.

• **Acceder y hacer la cultura.** No sólo se trata de adquirir saberes (si así fuere se tendría un concepto demasiado estrecho de la cultura, reducida a productos acabados), sino también principalmente, considerando a la cultura como algo viviente que se está haciendo.

Recordamos aquí lo dicho sobre la cultura constructiva y se entenderá mejor esta última dimensión del para qué de la animación. Hay que ir asumiendo un estilo de vida que significa participar en la creación cultural, ya sea por la vida de la profesionalización (que desborda los propósitos de la animación), o de las acciones que realizamos como simples ciudadanos o miembros de determinadas organizaciones, porque queremos tener algún protagonismo en todo aquello que concierne a nuestra vida, o cuando para mejorar la calidad de nuestra vida participamos en actividades y expresiones artísticas no profesionales.

Ya se dijo que la participación tiende a transformar y convertir al **público-espectador** en **participante-actor**, pero aquí se va más allá: se apunta a la reconquista de la vida cotidiana como ámbito de realización personal. La vida rebasa el aquí y ahora, pero se realiza en ese aquí y ahora de la existencia inmediata de la vida cotidiana, vivida de una forma que busca mejorar la calidad de la vida.

• **Participar activamente** en la realización de la propia vida; la existencia de cada uno no viene dada, hay que hacerla, de lo contrario uno hace "lo que se hace", no participa, lo participan. La persona se realiza en su calidad de "para sí", y no simplemente por ser "en sí". El ser humano es un hacerse en una perpetua conquista, y ese hacerse es participar en cada instante, todos los días y toda la vida en un devenir nunca acabado (a no ser por la muerte). Cuanto más se realiza una persona como tal, es porque tanto más asume —participa— en la tarea más importante e insoslayable que puede asumir una persona: el realizarse como ser humano.

Pero la participación se entiende también en otra dimensión que trasciende la propia realización personal, y que es exigencia de la misma: toda persona en su intervención en la vida cultural, social, económica y política, debe ser agente de transformación y protagonista de su historia, buscando soluciones a los problemas que confronta como individuo, ciudadano, trabajador y eventualmente como miembro de organizaciones.

No hay un realizarse como persona, en el sentido más pleno del término, si no existe un esfuerzo para que los otros se realicen también. Nadie que quiera vivir con plenitud como ser humano, puede sustraerse a esta responsabilidad de sumir la suerte de los otros. No se trata del compromiso "con el pueblo" o "con la humanidad", que es siempre un compromiso vago. "Un cambio revolucionario que se impondrá en un futuro inmediato", decía Saúl Alinsky, "es la desaparición de la ilusión de que el hombre puede gozar de su propio bienestar sin preocuparse también de los demás; mientras el hombre permanezca prisionero de este mito, el espíritu humano languidece" (3).

El sumun de esta participación consiste en la búsqueda de soluciones vitales realizadas de tal modo que vayan creando nuevas relaciones sociales como pre-figuración de una sociedad participativa que sea a la vez transformación de todo tipo de estructuras de dominación. Por ello, "la animación debe ser un esfuerzo incansablemente inventivo, capaz de suscitar donde quiera esa necesidad de la que todo hace presentir que está latente en nuestras conciencias insatisfechas" (4). Es la voluntad de vivir y de respetar toda forma de vivir (no sólo humana, sino también de los animales y de las plantas), con la misma fuerza con que queremos que respeten nuestra vida. El ser "uno con todo lo que vive", es sembrar la solidaridad y la esperanza, sobre un fondo de indiferencia inconfesada que nos invade y nos evade.

El para qué de la animación en cada situación concreta

En cada programa, proyecto o actividad concreta, el para qué de la animación se realiza de una manera particular. Esta manera de realizarse viene definida y expresada por una serie de factores:

- Los supuestos ideológico/políticos (o filosóficos), del organismo o institución que propicia el programa o promueve las actividades. Estas, de manera explícita o implícita, apuntan al logro de determinados objetivos.
- Los condicionamientos contextuales derivados de la situación:
  — del país, región, ciudad, pueblo o comunidad en donde se realiza el programa;
  — del grupo o sector social al que va dirigido; sus inquietudes, intereses y, sobre todo, su nivel de conciencia.
- La posición del animador o de los animadores: la opción ideológica/política de los mismos (no necesariamente coincidentes con la institución que promueve el programa); los métodos, técnicas y procedimientos que utiliza; la creatividad, imaginación y espíritu de iniciativa.
- La reacción de la misma gente, especialmente su grado de implicación y participación dentro del programa, y las necesidades, problemas y centros de interés que los mueven a participar, o que los lleven a no participar.

Si el para qué de la animación socio-cultural está estrecha e inseparablemente ligado a la idea y la práctica de la participación popular, esto tiene otras implicaciones conceptuales y operativas. Señalamos la que nos parece más importante: el sujeto de los programas de animación/promoción debe ser el pueblo organizado, y no las instituciones u organizaciones que promueven esos programas, salvo que sean organizaciones populares. A esto hay que tender, aunque en el punto de partida haya siempre instituciones promotoras de las actividades de animación.

Admitidas estas propuestas acerca del para qué de la animación, ésta aparece como un instrumento dinamizador del proceso social, cultural y educativo orientado a crear formas participativas, tendientes a que el pueblo se transforme en agente activo de su propia historia.

Desde el punto de vista de los contenidos que ofrece, la animación es siempre una práctica que procura servir para una mayor comprensión de la realidad cotidiana del pueblo. En ese sentido, la afirmación de la propia cultura, la apropiación de los elementos culturales que pertenecen al acervo cultural común de la humanidad, deviene o se transforma en un medio de promoción y liberación. Por eso la animación socio-cultural sólo puede cumplir con sus objetivos, en la medida que sea la negación de toda educación o cultura reproductora de las fuerzas de opresión. Y en la medida, también, que toda reflexión sobre la realidad se traduzca en praxis de transformación.

A la vista de cuanto llevamos expuesto, puede decirse, a modo de síntesis que el objetivo final de la animación socio-cultural es:

concientizar, organizar y movilizar al pueblo para transformarlo en agente activo de su propia promoción y, en la medida de lo posible, para hacerlo consciente de su rol histórico.

Así planteado el problema, la animación se relaciona con la propuesta de organización autogestionaria de la sociedad como objetivo estratégico u horizonte utópico. Pero para marchar en esa dirección, desde ahora hay que ir ampliando permanentemente las formas y espacios en los que la gente puede participar en la toma de decisiones en todos aquellos aspectos que le conciernen y que le afectan.

Desde la práctica de la animación, esto significa, implica y exige —lo repetimos una vez más—, una metodología de acción que busque constantemente medios de participación de la gente cada vez más amplios e intensos, con un máximo de respeto a la autonomía de los grupos de base.

Esto conlleva también implicaciones en el modo de actuar de los mismos animadores, es decir, en el enfoque metodológico. Pensamos que debe asumir las siguientes características:

- Privilegiar la óptica o punto de vista de las organizaciones de base a las que se atiende ofreciendo servicios, y no las del organismo promotor o patrocinador de tales servicios.

- La animación socio-cultural se ha de entender fundamentalmente como una forma de generar procesos de participación, apoyados en la realización de actividades específicas conducentes a ese propósito.

- Si se presta asesoría y/o servicios a las organizaciones de base, se ha de procurar ir transfiriendo las responsabilidades, de modo que sean éstas las que conduzcan el proceso, tanto en lo que hace al enfoque, como en la realización de las actividades concretas.

Consecuentemente, las tareas de animación/promoción se han de concebir no tanto como la programación, organización, articulación y realización de un conjunto de servicios, sino éstos han de ser la apoyatura material o elemento catalizador. Todo ello tendiente a la movilización de la gente implicada en el programa, a fin de que el mayor número de personas, sean capaces de participar en las opciones y decisionse que comprometen el presente y el futuro personal y colectivo.

Para decirlo en breve y a modo de síntesis: lo que se quiere destacar desde esta perspectiva, es que lo fundamental, lo central y lo prioritario, es generar procesos de participación popular. Esto implica, también, crear poder popular.

> *"La participación que se espera mediante los programas de animación socio-cultural no pueden definirse como participación en el orden establecido, sino como participación en su movimiento histórico, cuyo sistema establecido no es más que una fase, una etapa, un momento".*

Bibliografía citada

1. CASTILLA DEL PINO, Carlos — **Dialéctica de la persona, dialéctica de la situación.** Ed. Península, Madrid, 1975.
2. NUÑEZ, Carlos — **Educar para transformar, transformar para educar.** Hvmanitas, Buenos Aires, 1986.
3. ALINSKY, Saúl — **Manuel de l'animateur. Une action directe non violente.** Seuil, París, 1976.
4. RIGAUD, Jacques — **La cultura para vivir.** Sur, Buenos Aires, 1977.

II Parte

ASPECTOS METODOLOGICOS DE LA ANIMACION SOCIO-CULTURAL

Esta II Parte del libro la dedicaremos a los métodos, técnicas y procedimientos utilizados en la animación socio-cultural que, como es obvio, tiene muchos elementos en común con otras formas de intervención social. Siendo esto así, antes de meternos en el desarrollo de nuestra propuesta metodológica, haremos algunas precisiones para situar mejor y contextualizar todo el trabajo posterior. He aquí las observaciones previas que nos parecen más significativas:

1. Ante todo hay que tener en cuenta de que no existe **una** o **la** metodología de la animación. No está demás comenzar con esta advertencia, a modo de profilática de las pedanterías metodológicas de quienes hacen gala de ofrecer la mejor receta o consideran tener la única propuesta válida. La metodología que aquí presentamos, es una entre otras. No tenemos la pretensión ni la soberbia de afirmar que es la mejor; simplemente es la que hemos utilizado y elaborado —que utilizamos y seguimos reelaborando— a partir de nuestra práctica y de nuestra reflexión, y de la práctica y la reflexión de muchas compañeras y compañeros con quienes compartimos nuestro trabajo y nuestras inquietudes.

2. Todo método de intervención social —el de la animación entre otros— es en su formulación una reducción/simplificación de un proceso de actuación, dentro de un sector determinado y delimitado de la realidad social. Si el conocimiento, más que un "estado" es un "proceso", tanto más lo es el método que, como lo indica el origen de la palabra, es un "camino hacia algo". Pero ese camino, no es algo claramente establecido de antemano, es algo que se hace haciéndolo.

Cuando se elabora un método de acción, se establecen los medios y procedimientos para alcanzar algo; consecuentemente esto supone formalizar un proceso considerado como válido para lograr el objetivo propuesto. Sin embargo, la acción sobre la realidad, no tiene la simplicidad y claridad de un proceso formalizado. De ahí que el método que realmente se ha de aplicar, no puede formularse/realizarse, sino en el proceso mismo de actuación. Consiguientemente, puede afirmarse, que toda metodología de la animación es, en su aplicación y en última instancia, una **metodología emergente**, es decir que, a partir de lineamientos generales va surgiendo y concretándose a medida que se va llevando a cabo.

3. A pesar de las diferentes propuestas metodológicas, en el campo de la animación existe acuerdo en el siguiente aspecto: debe ser una metodología participativa y dialogante que, en todos sus momentos y acciones, ha de tender a generar procesos en los que se implica a la misma gente.

4. Por tratarse de una metodología participativa, es flexible y adaptativa. Esto significa que en cada aplicación concreta se adapta y se re-crea, en función del cambio de situación. Es decir, ofrece caminos alternativos, de acuerdo a las intervenciones y aportes de la misma gente, de sus intereses y preocupaciones, de sus luchas y capacidades, de sus falencias y limitaciones. Se adapta, también, teniendo en cuenta los cambios que acaecen en la realidad en donde se aplica el programa. Todo método en su aplicación, modifica a tenor de esos cambios, los pasos, ritmos y procedimientos.

Este adaptarse a situaciones no predecibles y a lo que surge de un trabajo colectivo, exige la capacidad de combinar una direccionalidad bien precisa y un aprender andar a la deriva, pero sabiendo del puerto al que se quiere llegar.

Ahora bien, este proceso de retroalimentación entre los aspectos estrictamente metodológicos y la realidad concreta en que se aplica, es parte esencial de la metodología de la animación que aquí proponemos. De ahí que plantear en abstracto el problema de "la mejor metodología" para actuar, puede equipararse a la pregunta que se le hizo a un campeón de ajedrez acerca de "la mejor jugada que puede hacerse". No se necesita ser un maestro de ajedrez para saber que no existe la mejor jugada, si se la considera fuera de la situación de un juego concreto y frente a un oponente concreto.

Después de estas cuatro puntualizaciones metodológicas, quisiéramos hacer algunas advertencias que hacen a los aspectos sustantivos de todo método de intervención social, cultural y pedagógico:

- nunca debe hacerse (o intentar hacer) una aplicación "al pie de la letra", de ningún método o técnica de actuación, puesto que ello conduciría a una práctica que ignora la realidad en su permanente movimiento y desarrollo.
- teniendo en cuenta la flexibilidad y adaptabilidad que debe tener todo método en su aplicación, los procedimientos de actuación deben estar diseñados de tal forma que se pueda alcanzar el objetivo central de la animación: generar procesos de participación a través de diferentes medios y actividades.

Digamos, por último, que el método que en última instancia aplicamos, es lo que hacemos recorriendo un camino para alcanzar determinadas metas y objetivos.

Nuestra propuesta metodológica, como puede leerse con más desarrollo en el libro **Metodología del trabajo social**, es concebida como una "práctica militante". Ella supone una forma de conocer, diagnosticar, programar, actuar y evaluar con la misma gente implicada en los programas, proyectos y actividades, pero sin quedar nunca aprisionado en reglas fijas. Ello, como diría Feyerabend, no sería realista y estaría viciado. No sería realista, "puesto que tiene una visión demasiado simple del talento de los hombres y de las circunstancias que los animan. Y estaría viciado, puesto que el intento de fortalecer las reglas levantará indudablemente barreras a lo que los hombres podrían haber sido" (1)

Bibliografía citada

1. FEYERABEND, Paul   **Contra el método.** Ariel. Barcelona, 1974.

Capítulo 5

Estudio-Investigación para la realización de actividades de animación

No se puede actuar con eficacia y coherencia en función de unos determinados objetivos que se desean conseguir, si no se tiene cierto conocimiento previo de la realidad sobre la que se va a actuar. No se trata de tener un conocimiento exahustivo de una realidad, sino de conocer tanto cuanto se necesita para disponer de los datos e información suficiente, a fin de organizar, de la manera más racional posible, el conjunto de operaciones y actividades que se realizarán con el fin de alcanzar los objetivos propuestos.

Como una guía que sirva a modo de referencia instrumental, dividimos el capítulo en las siguientes cuestiones principales:

Acerca del estudio de la situación sociocultural

1. Referencia a la situación global en la que se enmarcan las actividades socioculturales.
2. Caracterización de la situación cultural propiamente dicha.
3. Estudio de las necesidades culturales
4. Estudio de la demanda cultural
5. Jerarquización de necesidades y problemas
6. Inventario de los recursos disponiles

Acerca del estudio de la situación sociocultural

Tanto lo que se denomina "lo social", como lo que se llama "lo cultural", tienen un carácter global y omnipresente. Sin embargo, realizar un diagnóstico de la situación socio-cultural no significa que se han de estudiar todas las cuestiones sociales que conciernen a una determinada situación-problema, ni a todos los aspectos de la cultura en su dimensión material (vivienda, organización espacial, transporte, tecnología, objetos, etc.), y en su dimensión espiritual/simbólica (valores, costumbres, tradiciones, mitos, arte, leyenda, conocimientos, etc.). Esto, además de de ser imposible hacerlo, sería un despropósito realizar un estudio tan amplio para un programa de esta índole.

Para la realización de programas de animación socio-cultural, hay que estudiar la situación de aquel aspecto de la realidad sobre la que se va a actuar. Lo sustancial es diagnosticar necesidades, problemas y centros de interés relacionados con actividades propias de la animación. A partir de ese diagnóstico de situación, se han de programar las actividades y las estrategias de acción.

Ahora bien, para realizar este tipo de estudios, sugerimos tener en cuenta dos cuestiones prácticas:

— se ha de estudiar "tanto cuanto" se necesita para la acción; es un grave equívoco metodológico, estudiar cuestiones que luego no tienen relación alguna con lo que se va hacer

— hay que contextualizar el diagnóstico, dentro de la totalidad social en la que se da la situación-problema motivo de estudio.

Como guía, esquema o esbozo metodológico/instrumental que sirva para realizar la investigación y elaborar un diagnóstico, proponemos el estudio de los siguientes items, cuestiones o aspectos principales:

1. referencia a la situación global en que se enmarcan las actividades socio-culturales.
2. caracterización de la situación cultural

3. estudio de las necesidades culturales
4. estudio de la demanda cultural
5. jerarquización de necesidades y problemas
6. inventario de los recursos disponibles.

Todo ello debe ser expresado en un diagnóstico socio-cultural que, como explicaremos más adelante, es algo más que el informe de un estudio-investigación.

1. Referencia a la situación global en la que se enmarcan las actividades socio-culturales

Por lo que se refiere a este tema, dos interrogantes previos se nos plantean: ¿Por qué realizar este estudio? ¿Qué alcance debe tener? Respecto a la primera cuestión, hemos de recordar un principio metodológico fundamental:

> *los hechos, problemas y necesidades, no deben tomarse de manera aislada, sino contextualizados en la totalidad social de la que forman parte.*

Ninguna situación socio-cultural se da en el vacío, para comprenderla hay que estudiarla con todos los vínculos, relaciones y mediaciones que tiene con la totalidad social de la que forma parte. Para una acción socio-cultural, es imprescindible disponer de una información lo más completa posible de la situación que registra la sociedad en la que se va a realizar esa acción, con especial referencia a los aspectos contextuales que condicionan la realización de los programas culturales. O para ser más precisos, de los programas que se tiene el propósito de llevar a cabo. Esto significa que al acometer este estudio, se preste atención a su realidad económica, cultural, política, social y demográfica. No sólo hay que conocer lo que pasa, sino también cómo se ha llegado a esa situación, cómo se fue configurando en el tiempo y cuáles son las tendencias de cara al futuro.

En cuanto a la segunda cuestión (qué alcance debe tener este estudio a fin de disponer de la información necesaria para contextualizar lo que será el tema específico del diagnóstico socio-cultural) sugerimos los siguientes aspectos principales:

Información demográfica fundamental
- población total
- distribución por grupos de edades (niños, adolescentes, jóvenes, adultos y tercera edad)
- tasa de crecimiento
- densidad demográfica
- distribución geográfica (barrios, zonas, etc.).
- situación socio-laboral (profesionales, obreros, empleados, desocupados, etc.)

Factores económicos
- actividad económica fundamental
- nivel de vida media
- nivel de ingresos
- tendencias generales de la situación económica (crecimiento, estancamiento o deterioro de la situación)
- magnitud y estructura de la fuerza laboral

Factores sociales
- nivel sanitario:
  — mortalidad (general e infantil); causas
  — geografía sanitaria
  — condiciones de higiene
  — educación sanitaria
  — medicina social
  — nivel nutricional
- nivel educativo:
  — analfabetos
  — niveles de educación (tasas de escolaridad a diferentes niveles)
  — porcentaje de niños en edad escolar que no asisten a la escuela
  — deserción escolar (porcentajes, causas)
  — retraso escolar
  — existencia de programas de educación de adultos

- nivel habitacional:
  — tipos de vivienda
  — material de construcción
  — abastecimiento de agua y luz
  — espacios verdes
- niveles de información:
  — lo que se lee (diarios y revistas)
  — lo que se escucha (programas de radio preferidos)
  — lo que se ve (tiempo que se ve televisión y programas preferidos)
  En lo posible discriminar la distribución por áreas y sectores sociales de aquello que se lee, escucha o ve.
- caciquismo (si existe, tipo, etc.)
- racismo (principales manifestaciones)
- ostentación y despilfarro de los grupos de mayores ingresos
- problemas intergeneracionales (relaciones entre jóvenes y adultos)
- formas de control social, con particular referencia a aquellas que frenan las transformaciones culturales
- nivel comunitario de la participación social
- estructuras asociativas (asociaciones, grupos organizados, colectivos, etc)
- niveles de movilización o capacidad de intervenciones participativas

Factores psicosociales
- niveles de motivación (desmotivados, poco motivados, fuertemente motivados) en relación a las actividades socio-culturales
- situaciones de marginación socio-cultural.

Factores políticos que inciden de manera más directa en la situación socio-cultural
- propuestas culturales de las organizaciones políticas existentes
- ámbito de importancia y significación que se le atribuye a la cultura dentro de las propuestas políticas
- grado de participación y militancia política

No se trata de realizar un estudio muy extenso que conlleve a consideraciones generales de la totalidad y que, a la hora de actuar, agregue muy poco a la comprensión de las particularidades específicas del ámbito o sector de la realidad en donde se va a actuar. Tampoco hay que caer en el error contrario: hacer una presentación insuficiente o inadecuada de la situación global, y como consecuencia de ello, los diferentes aspectos que se estudian de una realidad específica, aparecen como situaciones atomizadas, fraccionadas o dispersas, como si fuera posible darles un significado en sí mismas fuera de su contexto.

2. Caracterización de la situación cultural propiamente dicha

Es preciso advertir que la noción "situación cultural" es un concepto abstracto y difícil de definir —y más aún de cuantificar— de ahí que sólo se pueda inferir de manera indirecta a través de algunos indicadores* que pueden considerarse como los más relevantes de la misma. Señalamos algunos:

Vida cultural

- cómo se informa a la gente sobre las actividades culturales que se ofrecen desde la Administración Pública y las diferentes organizaciones

- tipo de actividades que se desarrollan; contenido y orientación de las mismas; servicios socioculturales que se ofrecen (distinguir los diferentes tipos de organizaciones que hacen estas ofertas)

- actividades y manifestaciones culturales de mayor arraigo

- detección de las personas, grupos y colectivos que tienen una mayor participación en la vida cultural; es muy importante detectar las minorías activas y grupos de incidencia que pueden participar en los programas de animación

- tipo de ofertas culturales (discriminar por sectores de población)

- modo de concebir y desarrollar las actividades culturales

- tradiciones más significativas

---

* Si se quiere profundizar este punto, especialmente para los estudios de la situación cultural en programas más amplios que los de animación socio-cultural, se puede leer: **Les instruments statistiques du developpement culturel: experiences et politiques.** UNESCO, 1971.

- gustos y preferencias expresados por la gente
- manifestaciones culturales que influyen en la formación de los gustos actuales
- principales destinatarios de las actividades que se realizan.

Potencial cultural
- recuento de organizaciones e instituciones que promueven actividades culturales (gubernamentales o no gubernamentales)
  — estructura funcional de las mismas; capacidad administrativa
  — disponibilidades financieras
  — recursos humanos disponibles
  — sistemas de relaciones existentes entre las instituciones que desarrollan actividades culturales
- infraestructura y equipamiento cultural
  — bibliotecas
  — casas de cultura
  — teatros
  — museos
  — cines
  — centros sociales
  — centros recreativos y culturales
  — salas de exposiciones
  — salas de conciertos
  — otros centros desde los cuales se realizan actividades culturales.

Modos o estilos culturales
- modelos y patrones culturales dominantes
- valores culturales dominantes
- procesos culturales más importantes

(Estas cuestiones sobre estilos culturales, son más difíciles de estudiar).

Las pautas o indicaciones que presentamos para realizar el estudio de la situación global y la caracterización de la situación cultural, no son exhaustivas. Por otra parte, en cada estudio en concreto se pueden excluir unas y agregar otras según se considere pertinente o necesario de acuerdo al programa a realizar. Cualquiera sea el nivel de profundización o extensión del trabajo, toda esta tarea debe servir para elaborar un mapa socio-cultural del municipio.

3. Estudio de las necesidades culturales

El estudio de las necesidades culturales debe realizarse teniendo en cuenta la extensión que abarca el ámbito o sector en donde se va a realizar el proceso cultural, o simplemente una actividad cultural. Este ámbito operativo puede ser un grupo, una organización, un barrio, un municipio, comarca o región. Se ha de tener en cuenta, asimismo, el tipo de programa o de actividades que quiere llevarse a cabo, cuando de antemano se haya tomado ya una decisión de este tipo.

Para realizar el estudio de este aspecto de la situación cultural, se nos presenta la necesidad de precisar la siguiente cuestión previa: ¿qué son las necesidades culturales?... Si el concepto de "necesidad" ya no resulta fácil de precisar, mucho menos lo es la noción de "necesidad cultural". Responder a esta cuestión o intentar precisarla, implica ciertas elecciones dentro de una determinada escala de valores, ya que por necesidad se entiende el estado de un individuo en relación a lo que es necesario o simplemente útil para su desarrollo. Ahora bien, establecer qué es necesario y qué es útil, supone criterios conforme a los cuales evaluamos lo que es bueno, válido, hermoso, necesario, útil, y lo que es malo, feo, innecesario, inútil o simplemente lo que es indiferente.

La "necesidad cultural" no es un dato que está ahí y que hay que recoger, es una noción relativa, condicionada por nuestra ideología o cosmovisión, por observaciones personales, por impresiones frecuentemente subjetivas, y aun por situaciones coyunturales.

De la cuestión anteriormente planteada (qué se entiende por necesidades culturales), se deriva otra serie de problemas o interrogantes:
- ¿qué sabemos acerca de las necesidades culturales?
- ¿quién establece lo que es una necesidad cultural?, ¿cón qué criterios?
- ¿necesidades de qué tipo de usuarios?; ¿niños, adolescentes, jóvenes,

adultos, tercera edad?; ¿población urbana o rural?; ¿obreros, empleados, estudiantes, empresarios, profesionales?; ¿hay necesidades culturales que podrían ser propias de un sexo?
- ¿y las necesidades culturales de los "no usuarios", es decir, de los que no participan, ni demandan actividades culturales?

Con esto apenas hemos formulado algunas preguntas que revelan la variedad de factores que se entrecruzan en esta cuestión; mucho más complejos y variados de los que resultan de estos interrogantes. Por eso debemos tener cuidado de no simplificar y, por otra parte, saber que en la respuesta a esta cuestión influye nuestro marco de referencia (entendido éste ya sea como sistema de valores, ideología, filosofía o cosmovisión), a través del cual hacemos la lectura de la realidad.

A modo de pauta para la reflexión, proponemos una definición y una lista (con carácter puramente ilustrativo), de lo que serían los aspectos a estudiar sobre las necesidades culturales. Para salir de nociones abstractas y poco operativas, lo que hay que hacer en primer lugar, es explicitar qué se entiende por necesidades culturales. A modo de una definición de trabajo, diremos que por necesidades culturales entendemos todas aquellas que se relacionan con los procesos de autorrealización y de expresión creativa. Se nutren principalmente, de las actividades que favorecen la expresión, constituyendo a su vez, formas de iniciación o de desarrollo de los lenguajes creativos; de las manifestaciones lúdicas y de la creación de ámbitos de encuentro y comunicación que favorecen la vida asociativa.

Todo esto se ha de tener en cuenta para el estudio de lo que denominamos las "necesidades culturales", tan difícil de delimitar y casi inasible como noción. Nuestra propuesta para el estudio de las necesidades culturales, es una entre otras. Ni siquiera sugerimos que se utilice tal como aquí la presentamos; a partir de ella puede formularse y elaborarse otra lista de necesidades. En este libro tenemos que partir de las preocupaciones concretas en relación a una práctica. Y tenemos que hacerlo con plena conciencia de que trabajamos en un terreno sin perfiles bien definidos. Es probable que, en los próximos años, este campo esté conceptualmente más precisado y delimitado.

Como antes mencionamos, los tres ámbitos operativos principales en los que se puede promover y desarrollar programas de animación socio-cultural y en donde, consecuentemente, se deben realizar estudios de necesidades culturales son:
- un grupo

- una organización o institución
- una zona o área territorial

Con respecto a estos tres ámbitos de actuación, haremos una breve referencia a los aspectos fundamentales que hay que estudiar y de las técnicas a utilizar para conocer las necesidades culturales.

a. Estudio de las necesidades culturales de un grupo

Un estudio de este tipo es relativamente fácil de realizar en razón de que se trata de un ámbito de ordinario reducido y homogéneo. Se puede llevar a cabo simultáneamente con el estudio de la demanda cultural y, a partir de ahí, establecer la jerarquización de los problemas y el inventario de los recursos.

Cuando lo que se tiene previsto realizar son tareas de animación de un grupo, en principio no es necesario realizar un estudio previo: el mismo trabajo en y con el grupo puede ser la materia prima para llevar a cabo el estudio. En otras palabras: la práctica misma proporcionará el conocimiento de las necesidades y de la demanda cultural.

Una primera reunión —adecuadamente preparada, por supuesto— puede servir para que afloren los principales intereses y experiencias del grupo, que el animador necesita conocer. En lo posible este conocimiento debe ser devuelto al grupo de la manera más sistematizada, para elaborar propuestas conjuntas y concretas, teniendo en cuenta las necesidades y centros de interés de quienes constituyen el grupo.

Esta inserción somera en la realidad del grupo —que no debe ser superficial, por supuesto— suele ser suficiente para disponer de la información previa necesaria para iniciar las actividades o trabajos en y con el grupo*.

En general, tratándose de un grupo, hay que conocer las siguientes cuestiones fundamentales:

- cuál se la forma o formas principales que tienen los miembros del grupo de llenar el tiempo de ocio

---

* Lo que Pilar Crespo en su trabajo sobre **Metodología de la animación socio-cultural** trata en relación a los métodos centrados en el cambio dentro del grupo, es suficiente para estudiar las necesidades culturales de un grupo. (Ver Animación socio-cultural, en **Documentación Social** Nº 49, Madrid, 1982).

- en qué otras actividades desearían ocuparlo, si pudieran
- cuáles son los motivos principales por los que cada uno pertenece a este grupo
- cuáles son los objetivos del grupo
- qué quiere realizar el grupo en cuanto a actividades sociales y culturales;
- qué ha realizado, cuál es su práctica actual
- qué expectativas tiene el grupo en cuanto a la realización de un programa de animación socio-cultural.

Con respecto a las técnicas a utilizar en este nivel operativo, pueden ser suficientes las entrevistas individuales, las entrevistas grupales y la observación.

b. Estudio de las necesidades culturales de una organización o institución

> *Este estudio ha de realizarse sólo cuando se trata de una organización, que tenga el propósito de realizar un programa de actividades culturales destinado a sus miembros o asociados.*

En este caso, el estudio será bastante diferente según la índole de la institución que desea promover dichas actividades: una escuela, un centro social, una asociación de vecinos, una cooperativa, una caja de ahorros, una casa de la juventud, una institución cultural, etcétera.

También es importante saber qué amplitud, dentro del conjunto de las actividades de la institución, abarcan las actividades socio-culturales: ¿es la actividad principal?, ¿es algo complementario?, ¿es circunstancial?... Una vez establecido lo anterior, el siguiente paso a dar consiste en informarse acerca de qué tipo y frecuencia de actividades sociales y culturales lleva a cabo normalmente la institución y cuáles propone realizar.

De ordinario, esta última cuestión está más vinculada a la demanda de los miembros de la institución en materia de actividades culturales, que a las mismas necesidades. Pero lo mismo que en el caso del estudio de las actividades culturales de un grupo (ver algunos de los ítems que sugerimos), el hecho de formular algunas demandas permite inferir necesidades.

Para este ámbito de estudio, las técnicas a utilizar pueden ser:

- recurso de la documentación: actividades que se realizan, propuestas de actividades programadas y no realizadas, etc.
- entrevistas con los responsables de la institución y con los usuarios (habituales y potenciales)
- observación

También hay que describir y evaluar aquella parte o área (dirección, departamento, sección o comisión) de la institución que es responsable de manera directa del proceso de gestión de las actividades socio-culturales. Conviene estudiar fundamentalmente los siguientes elementos o aspectos:

- estructura organizacional y funcional de la institución
- aspectos normativos de la institución: disposiciones, reglamentos, etc., que regulan las actividades en general y las actividades culturales en particular.
- aspectos técnicos-operativos que hacen referencia a los principios rectores y a la modalidad de llevar a cabo las actividades culturales
- actividades socio-culturales que ha realizado la institución (si es posible, no sólo describirlas, sino también hacer una evaluación de las mismas)
- actividades que desearían realizar y no las han hecho (razones de la no realización)
- personal que se cuenta para realizar las actividades, con particular referencia a la cualificación del mismo.

Si las actividades culturales y sociales de la institución se desarrollan abarcando una determinada área —lo cual es bastante frecuente— hay que estudiar las necesidades culturales dentro del área de operación o de actuación. En este caso se trata de estudiar las necesidades en un ámbito territorial, tema del parágrafo siguiente.

c. *Estudio de las necesidades culturales de la población de un área: barrio, pueblo o ciudad*

Este estudio es bastante más complicado (que el de un grupo o institución), por dos razones principales:

- por la amplitud que abarca el estudio y, a veces, por la dispersión geográfica de la población;
- por la heterogeneidad del conjunto o colectivo destinatario del proyecto, lo que se traduce habitualmente en una gran diversidad de necesidades;

El problema básico que se confronta, es que dentro de un área existen diferentes tipos de usuarios o destinatarios potenciales de un programa, de ahí que habrá que establecer el estudio de las necesidades con arreglo a diferentes criterios:

- características individuales: edad, sexo, categoría profesional u ocupacional, grado de participación en actividades culturales, lugar y horario de trabajo, etc.
- grupos específicos, ya sea porque están conjuntados en organizaciones, o bien porque se trata de grupos informales que tienen necesidades comunes.
- ubicación geográfica: según sub-áreas o sectores (barrios, en caso que el estudio comprenda una ciudad, comarca en el caso de una región); lugar de residencia, posibilidades de acceso a los servicios culturales, equipamientos e infraestructuras disponibles, etc.
- existencia de áreas policulturales o poliétnicas, que hacen más complejo un estudio de este tipo, como consecuencia de la variedad de tradiciones y expresiones culturales, cada una de ellas con demandas y necesidades culturales propias.

Todos estos criterios —y otros que habrá de añadir según las circunstancias— ayudarán a estudiar las necesidades dentro de un área, procurando expresar la diversidad y heterogeneidad que en ella se encuentra.

En cuanto a las técnicas a utilizar, sugerimos las siguientes:
- estadísticas e informes que hagan referencia a la situación del área en aquellos aspectos que permiten inferir las necesidades culturales
- entrevistas individuales y grupales, estructuradas y no estructuradas
- observación participante, especialmente en actividades culturales
- técnicas de grupos nominales y foro de la comunidad
- censos de conducta
- informantes-clave
- grupos de creación participativa, etc.
- encuesta

4. Estudio de la demanda cultural

Si bien consideramos por separado la demanda de las necesidades culturales, en la práctica el estudio de ambos aspectos están estrechamente relacionados.

Para el estudio de la demanda cultural también se tendrá en cuenta el ámbito operativo: grupo, institución o zona. La cuestión es saber, según sean las circunstancias, qué se demanda culturalmente en cada uno de los niveles. Aquí entra todo lo referente a los gustos y preferencias expresados por la gente, a los que aludíamos en el parágrafo referente a la situación cultural.

La razón que justifica este estudio —que es diferente al de las necesidades— es obvia: pueden existir necesidades culturales sin que nadie demande programas o actividades que puedan satisfacerlas. De ahí que una vez realizado el estudio de necesidades se puedan hacer propuestas que estén condenadas a caer en el vacío, pues de poco sirve una oferta cultural si no existe una demanda de lo que se ofrece.

Sin embargo, para matizar la afirmación anterior, también se ha de tener en cuenta que la mayoría de la gente no demanda determinados bienes culturales porque no conoce esas posibilidades. Por otra parte, hay que advertir que la demanda cultural puede cambiarse en un doble sentido: aumentando la misma mediante la promoción cultural, o produciendo cambios cualitativos mediante la oferta de nuevos servicios o actividades culturales o por la creación de equipamientos e infraestructuras.

Tratándose de un grupo, es de suponer que la demanda cultural será bastante homogénea, no así cuando se trata de una organización o institución y, menos aun, cuando el ámbito de estudio es un área geográfica. Lo que se pretende con el estudio de la demanda es prestar atención efectiva a las distintas clases de público.

Es evidente que existen diferentes niveles y clases de demanda cultural, cada una de las cuales requiere tratamientos distintos. Existen, asimismo, sectores que suelen ser además bastante amplios, en los cuales la demanda cultural es prácticamente nula. Son precisamente estos sectores los que revisten particular interés para los programas de animación socio-cultural que, por su índole, pretenden "animar" lo que no está animado.

De todo lo dicho se concluye que el estudio de la demanda cultural (mediante la detección de los centros de interés de la gente, o de su indiferencia), debe realizarse teniendo en cuenta las distintas categorías de *usuarios culturales*:

- *Usuarios habituales*: se trata de la gente que tiene mayores preocupaciones culturales, desde los que son simples consumidores, hasta los que participan más o menos activamente en las actividades culturales.

- *Usuarios potenciales*: dentro de los cuales habría que distinguir diferentes sectores específicos de la población

- *No usuarios*, expresión con la que se designa el "no-público" de las actividades culturales.

Insistimos en la importancia de tener en cuenta, en todos los casos, los diferentes sectores específicos de la población en cuanto a la demanda diferenciada de cada uno de ellos, según sus tradiciones culturales, problemas, intereses y expectativas. Campesinos, trabajadores de la industria, maestros, profesionales, estudiantes, niños, adolescentes, jóvenes, adultos y ancianos, no pueden ser siempre destinatarios o participantes de las mismas actividades socio-culturales, concebidas y puestas en práctica de la misma manera, puesto que sus focos o centros de interés son diferentes.

Por último, queremos advertir que la demanda cultural de un sector o grupo determinado —y aun de todos ellos— puede no ser acorde con sus intereses. Como lo explicamos en otro libro*, al hacer la distinción entre la cultura del pueblo y la cultura popular, señalamos que ciertas manifestaciones de la cultura del pueblo están penetradas o condicionadas por aspectos o preocupaciones que no sirven a los intereses del pueblo.

Con esto queremos destacar que la demanda cultural no constituye, por sí misma, la regla de oro que ha de servir como referencia para programar y realizar actividades socio-culturales.

Sin embargo, es desde ella (de las demandas concretas que hace un grupo o colectivo concreto), que se ha de elaborar la estrategia de acción. Y esto por una razón fundamental: la demanda cultural expresa un nivel de conciencia, de centros de interés y de expectativas. Teniendo en cuenta esta realidad, considerada como punto de partida, debemos programar las actividades, conforme a un principio operativo fundamental que es el de "partir desde donde está la gente".

Digamos para terminar, que a pesar de las limitaciones inherentes a los estudios sobre la demanda cultural, éstos se realizan (o se deben realizar),

---

* **Cultura y liberación.**

porque la concepción moderna de la acción cultural, no se funda sólo en la transmisión de un patrimonio, sino fundamentalmente en que cada uno se convierta en protagonista de las actividades. Y esta participación debe ser vivida como actitud cotidiana inherente a la condición humana que se desarrolla en un contexto que atiende a las exigencias de la calidad de vida. Desde esa cotidianeidad de la gente, se han de establecer o proponer las actividades y las estrategias de acción.

5. Jerarquización de necesidades y problemas

No basta con haber obtenido un listado de necesidades y problemas, y de haber establecido de la forma lo más precisa y discriminada posible las demandas de la gente, es necesario establecer una jerarquización de los mismos. No todo tiene igual importancia, ni todo puede realizarse simultáneamente, ni todo genera igual efecto multiplicador en cuanto a la dinamización de la gente. Esta última cuestión reviste particular importancia para los programas de animación socio-cultural, en cuanto que estos pretenden generar procesos de participación popular.

Ahora bien, el problema práctico que se presenta al respecto es el siguiente: ¿con arreglo a qué criterios se ha de establecer la jerarquización de las necesidades y problemas?... En este punto hay que distinguir dos tipos de criterios:

- ideológicos/políticos (podría hablarse también de la cosmovisión subyacente o de la filosofía de un programa)
- técnicos/operativos (que implementen el marco ideológico/político), con arreglo a los cuales se establecen prioridades atendiendo a criterios de operatividad o posibilidades de implementación.

En la práctica ambos criterios están entrelazados, porque todo criterio ideológico-político debe tender o traducirse en formas operativas que conduzcan a su realización, y porque todo criterio técnico (que nunca es neutro), depende de un marco referencial más amplio, aun cuando éste no haya sido formulado de una manera explícita.

A la vista de las necesidades detectadas y de la demanda potencial existente, hay que estudiar y determinar cuáles son las más urgentes a satisfacer. Entendiéndose por "urgentes" en este contexto, aquellas que hay que atender primero y con más intensidad y cantidad de medios. Hay que escoger y a esto se le denomina: establecer prioridades. Los criterios de priorización pueden ser múltiples; he aquí algunos de ellos:

- un criterio puede ser la carencia de algo que se considera fundamental e importante satisfacer
- otro puede ser porque es capaz de movilizar recursos humanos e institucionales
- también puede considerarse prioritario todo aquello que tenga "efecto de demostración", es decir que, por su multiplicación/repercusión social desata procesos de participación de la gente
- en algunas circunstancias la solución de determinados problemas o necesidades se consideran prioritarios, porque existen recursos para esas demandas concretas
- por razones de equilibrio o compensación, con las que se quiere corregir situaciones de desigualdad o desequilibrio.

Una cuestión de gran importancia a tener en cuenta en relación a este criterio es la siguiente: la jerarquización de necesidades se hace a los efectos de mejor establecer prioridades en la fase de programación. Más aún: un buen ensamble entre diagnóstico y programación supone una total articulación entre:

- jerarquización de necesidades
- determinación de prioridades

6. Inventario de los recursos disponibles

Un programa o simplemente una actividad socio-cultural que se pretende realizar y que se considera necesaria y de gran importancia para un grupo o comunidad, puede desembocar en un fracaso, simplemente porque no se atendió a algo tan elemental (y decisivo), como los medios y recursos para llevarlo a cabo. No basta decidir qué hacer y cómo hacerlo: hay que disponer también de con qué hacerlo.

Como es aceptado de una manera bastante generalizada, se suelen distinguir cuatro tipos de recursos que, para la realización de un programa de animación, serían los siguientes:

Materiales: infraestructura y equipamientos; utilaje profesional.

Financieros: fuentes de financiamiento, disponibilidades financieras, modalidades de uso.

Técnicos: que comprende tanto las técnicas socio-pedagógicas como los procedimientos técnicos operativos.

Humanos: cantidad y cualificación de personal disponible (remunerado y voluntario) para realizar el programa.

a. Recursos materiales

Para cualquier tipo de acción socio-cultural, la infraestructura y los equipamientos son un medio, pero la carencia o déficit de los mismos, son una limitación u obstáculo para su realización. "Aunque en el orden de las ideas —nos dice Adolfo Maillo— lo fundamental sean las concepciones a las que ha de obedecer la animación socio-cultural, en el campo de las exigencias reales parece preferible que nos ocupemos de los recursos materiales, sin los cuales toda elucubración acerca de los objetivos y los fines queda reducida a poco más que bellos sueños" (1).

Decíamos que en lo referente a recursos materiales, hay que estudiar dos aspectos principales:
- infraestructura y equipamientos
- utilaje profesional

Infraestructura y equipamientos

Es por demás evidente que los locales y equipamientos constituyen un elemento básico para poder realizar programas de animación sociocultural. No se puede llevar a cabo ninguna actividad de animación, si no existe una plataforma material o un ámbito espacial en el cual ésta podrá desarrollarse.

Ahora bien, en esta fase de la investigación, sugerimos estudiar los siguientes aspectos o cuestiones:
- Locales y lugares que, de manera expresa, tienen un propósito de tipo cultural (casas de cultura, bibliotecas, galerías de arte, salas de exposiciones, museos, etc.).
- Locales y lugares que la gente utiliza corrientemente para encontrarse y realizar actividades.
- Espacios urbanos que por sus características naturales (plazas, parques, jardines, etc.), o estéticas (fuentes luminosas, monumentos, etc.), pueden aprovecharse para la realización de actividades culturales.
- Posibilidades de transformar bibliotecas y museos en centros de actividades de animación.
- Locales que por su carácter polivalente (colegios públicos o salones)

pueden utilizarse o acondicionarse para actividades socio-culturales).

Utilaje profesional

En este punto hay que estudiar los instrumentos o medios técnicos que es posible disponer con el fin de canalizar y dinamizar más eficientemente la participación de la gente. Para facilitar este relevamiento haremos un listado de los instrumentos más propios o específicos de la tarea de animación:

a. Para un auditorio restringido
- pizarras
- pizarras de fieltro
- proyectores de diapositivas
- retroproyector
- proyector de cuerpos opacos

} Son instrumentos de apoyo a la intervención y necesitan la participación personal del animador

b. Para un público más amplio:
- carteles
- impresos
- exposiciones

} Su difusión queda limitada dentro de un grupo o comunidad bien definida

c. Para información a gran escala:
- proyector cinematográfico
- video
- televisión en circuito cerrado

} Permite llegar a grandes públicos; requiere de grandes inversiones

b. Recursos financieros

Se trata de indicar las fuentes de financiamiento con que se cuenta para llevar a cabo un programa o, simplemente, un conjunto de actividades. Los tres grandes ítems a considerar son:

- presupuesto ordinario
- subvenciones
- pago del servicio por parte de los usuarios

Hay que establecer asimismo, la forma en que se irán obteniendo los recursos, asegurando el ritmo de operación del programa. Para ello hay que asegurar una permanente nivelación de gastos de ingresos.

Bibliografía citada

1. MAILLO, Adolfo **Un método de cambio social. La animación socio-cultural.** Marsiega, Madrid, 1979.

Capítulo 6

Pautas fundamentales para elaborar un diagnóstico socio-cultural

El diagnóstico como parte del proceso de la metodología de la animación.

Cuestiones fundamentales a tener en cuenta en la elaboración de un diagnóstico socio-cultural.

1. Naturaleza del diagnóstico
2. ¿Cómo hacer un diagnóstico?
3. La finalidad de un diagnóstico socio-cultural

El diagnóstico como parte del proceso de la metodología de la animación

Antes de entrar en la explicación de los elementos substanciales del diagnóstico social, queremos situar a éste dentro del proceso global del método de la animación socio-cultural.

Como es harto conocido, la estructura básica de procedimiento cuenta con cuatro fases o momentos principales; todas ellas se relacionan con el diagnóstico, tal como lo expresamos en el siguiente esquema:

1. Estudio-investigación
   que culmina o se sistematiza en un diagnóstico.
2. Programación
   que se apoya en los resultados del diagnóstico.
3. Ejecución
   que tiene en cuenta el diagnóstico para la estrategia operativa.
4. Evaluación
   que permite comparar la Situación Inicial expresada en el diagnóstico y la Situación Objetivo a la que se quería llegar.

A veces se habla de diagnóstico, incluyendo como parte de él todo lo referente al estudio e investigación. No está mal, pero ello se presta a cierta confusión, tanto conceptual como operativa, por dos razones principales: se puede hacer un estudio, sin que ello sea un diagnóstico, o dicho desde otra perspectiva: el diagnóstico es más que un estudio. Una persona puede ser un buen investigador social, pero ello no garantiza, ni significa que sepa hacer un diagnóstico social. Para esta tarea se necesitan también ciertos conocimientos del campo de la planificación, y, como es obvio, saber cómo se hace un diagnóstico. Esto parece ser una verdad de perogrullo, pero hay que decirlo por la razón antes indicada.

Cuestiones fundamentales a tener en cuenta en la elaboración de un diagnóstico socio-cultural

Para elaborar un diagnóstico, en el sentido estricto del término, hay que realizar previamente un estudio-investigación que proporciona toda la información pertinente para realizarlo.

Pero un diagnóstico es algo más que el informe final de una investigación. Y esto parece ser ignorado por algunos, que actúan como si bastase con hacer un estudio de una situación-problema, para realizar a partir de él, diferentes formas de intervención social. En un diagnóstico la información debe organizarse de tal manera que, no sólo refleje la situación-problema motivo de estudio, sino que sirva para las tareas de programación y como información básica para la estrategia de acción. Incluye, además, la consideración de ciertos aspectos que no siempre se estudian en la investigación de una situación-problema específica, como es, por ejemplo, el estudio de los recursos y medios disponibles, ya sea de tipo presupuestario, o de recursos humanos e institucionales.

Con el propósito de estudiar de una manera teórico-práctica todo lo referente al diagnóstico, analizaremos cuatro cuestiones fundamentales:

> **DIAGNOSTICO SOCIAL**
> - ¿Cuál es su naturaleza?
> - ¿Qué aspectos hay que considerar?
> - ¿Cómo hacerlo?
> - ¿Cuál es su finalidad?

1. Naturaleza del diagnóstico

Dos cuestiones previas para introducirnos en la naturaleza del diagnóstico. En primer lugar una referencia al origen etimológico del término. Esto nos puede servir como primera aproximación para precisar el concepto que queremos dilucidar. Proviene del griego **diagnostikós**, formado por el prefijo **dia**, "a través" y **gnósis**, "conocimiento", "apto para conocer". Se trata de un "conocer a través", de un "conocer por medio".

Una segunda cuestión que puede ayudarnos a comprender la naturaleza del diagnóstico social, es acerca del traslado del término de la medicina (donde fue utilizado inicialmente) al campo de las ciencias sociales. En medicina, con la palabra diagnóstico se designa los procedimientos utilizados para averiguar el estado de salud de una persona; para ello se ausculta a la persona y se recurre a la historia clínica y, en caso de enfermedad, procura determinar los factores que la han producido; de algún modo se establece también lo que le pasaría al paciente de mantenerse los factores que lo enferman. Hecha esta evaluación de la situación, se considerarán los medios o formas para lograr la curación.

Aplicado el concepto al campo de la política social, económica o cultural con el término diagnóstico se alude a una descripción (de una situación problema, de determinado ámbito, sector o región) sistematizada y elaborada con el propósito de servir de base para la elaboración de un plan, programa o proyecto. En este sentido, todo diagnóstico expresa una **situación inicial** que se pretende transformar mediante la realización de un proyecto que apunta al logro de una **situación objetivo**.

Si queremos ahondar en la naturaleza del diagnóstico, hemos de tener en cuenta otras cuatro cuestiones que nos parecen sustantivas:

a. el diagnóstico es una forma de investigación aplicada.

b. un diagnóstico adquiere un significado más pleno, en la medida que se hace una adecuada contextualización de la situación-problema.

c. el diagnóstico debe ser una unidad de análisis y de síntesis de la situación problema.

d. un diagnóstico nunca es algo terminado; es un "instrumento abierto" que siempre está haciéndose.

a. El diagnóstico como investigación aplicada

Cuando se habla de investigación, se suele distinguir entre la investigación básica y la investigación aplicada. Aunque haya algún autor que la objete como arbitraria, a nosotros nos parece útil, aun cuando tenga sus limitaciones.

La distinción de estos dos tipos de investigaciones, se hace de acuerdo a las finalidades con que se aborda una situación problema:
- para acrecentar los conocimientos.
- para aplicar los conocimientos.

En el primer caso se habla de **investigación básica**, denominada también pura o fundamental; en el otro se habla de investigación aplicada, constructiva o utilitaria.

Cuando se habla de investigación básica o pura se hace referencia a aquella que se realiza con el propósito de acrecentar los conocimientos teóricos para el progreso de una determinada ciencia, sin interesarse directamente en sus posibles aplicaciones o consecuencias prácticas; es más formal y persigue propósitos teóricos en el sentido de aumentar el acervo de conocimientos de una determinada teoría.

Por su parte, la **investigación aplicada** guarda íntima relación con la anterior, pues depende (en ciertos aspectos) de los descubrimientos y avances de la investigación básica y se enriquece con ellos. Se trata de investigaciones que se caracterizan por su interés en la aplicación, utilización y consecuencias prácticas de los conocimientos que se adquieren.

Se puede decir, asimismo, que la investigación aplicada busca el **conocer para hacer**, para actuar, ya sea con el propósito de modificar, mantener, reformar o cambiar radicalmente algún aspecto de la realidad social. Le preocupa la aplicación inmediata sobre una realidad circunstancial antes que el desarrollo del discurso teórico.

Todo diagnóstico, es siempre una investigación aplicada: se realiza con la finalidad de producir cambios inducidos y/o planificacods con el objeto de resolver problemas, satisfacer necesidades o actuar sobre algún aspecto de la realidad social.

b. La contextualización de la situación-problema dentro del diagnóstico

El problema en sí (que ha sido estudiado e investigado, expresado luego en un diagnóstico), debe ser contextualizado como un aspecto de la totalidad social de la que forma parte. En otras palabras: la situación inicial sobre la que se va a actuar, adquiere su significado más pleno, en la medida que se inserta dentro del contexto global de la que forma parte.

Se trata de la aplicación del principio holístico o totalizador, conforme al cual las cuestiones o problemas parciales, o los componentes de una realidad, deben ser estudiados desde la perspectiva del todo.

Ahora bien, en la realización de esta tarea, fácilmente se pueden cometer dos tipos de errores:

- excesiva preocupación por explicar la totalidad, con lo cual el diagnóstico queda perdido en las consideraciones generales sobre la situación contextual. A veces se dice lo que ya se conoce y no se agrega nada al conocimiento de una realidad concreta.

- inadecuada presentación de la realidad que no permite contextualizar el diagnóstico: una explicación de la realidad social atomizada, fraccionada o dispersa, difícilmente puede contextualizar problemas y necesidades dentro de un ámbito pertinente.

Extrema generalización en un caso, inadecuada contextualización en el otro, ya sea porque es insuficiente, o bien porque no se establece una adecuada relación entre problemas y contexto.

Pero en la realización de los diagnósticos sociales, se suelen dar otras insuficiencias:

- en ciertas circunstancias en la realización del estudio/investigación, se estudian fenómenos o hechos, o se recoge información, que luego no se utiliza en el diagnóstico.

- en la fase posterior (programación o elaboración del proyecto, según los casos), se dan "rupturas" o "saltos" entre los resultados del diagnóstico y la elaboración del proyecto. Esto significa que se decide hacer o proyectar actividades, sin relación a lo diagnosticado, o al menos, sin fundamentos en los datos recogidos y sistematizados.

c. El diagnóstico como unidad de análisis y de síntesis de la situación problema

EL diagnóstico debe ser una unidad de análisis y de síntesis de la situación-problema que sirve de referencia para la elaboración del proyecto. Consecuentemente, en el diagnóstico se debe hacer una descripción de los elementos y aspectos integrantes de una realidad que es motivo de estudio, pero al mismo tiempo hay que establecer la interconexión e interdependencia de los mismos, de modo que las partes queden estudiadas como constituyendo un todo estructurado e indisoluble.

Lo que en un momento es separado a los efectos del análisis (éste precisamente consiste en examinar las partes de un todo), luego hay que integrarlo para mostrar el lugar y papel de cada parte en el sistema de una totalidad, en la que existe una unidad dialéctica indisoluble de cada uno de los elementos. En otras palabras, de lo que se trata es de aplicar simultáneamente, dos métodos lógicos: el análisis y la síntesis.

d. El diagnóstico como instrumento abierto que siempre está haciéndose

Un diagnóstico debe estar abierto a incorporar nuevos datos e información, nuevos ajustes derivados de nuevas relaciones e interdependencias que se establecen a partir de los datos disponibles o de nuevos datos que se van incorporando.

Desde esta perspectiva, el diagnóstico constituye una fase o momento del proceso metodológico —y a la vez un instrumento operativo— que se va completando y enriqueciendo de manera permanente. Toda intervención de la realidad, y mucho más en el proceso de inserción-inmersión, genera una dialéctica y una dinámica que va planteando nuevos interrogantes, va reformulando problemas y va haciendo luz sobre cuestiones que no se habían considerando suficientemente, o simplemente eran lagunas del diagnóstico.

Y en la medida que el proceso de trabajo es verdaderamente participativo, la misma gente va a abrir nuevos horizontes de problemas que permitirán descubrir áreas o aspectos no explorados, señalar lagunas e ir rectificando y aportando nuevos elementos que enriquecen el diagnóstico.

Este carácter de "instrumento abierto" o de "herramienta de trabajo no terminada" que tiene todo diagnóstico social, conduce a una reelaboración permanente del mismo, enriquecido a su vez, por la dialéctica equipo técnico-pueblo, tanto más cuando más se logra un proceso de investigación-acción participativa.

2. ¿Cómo hacer un diagnóstico?

Para elaborar un diagnóstico el médico ausculta a la persona, estudia-investiga su situación ya sea con la simple observación o bien recurriendo a mayor o menor cantidad de análisis complementarios que es de suponer han de servir para hacer el diagnóstico (con frecuencia algunos análisis son innecesarios; se realizan por razones ajenas a la necesidad del diagnóstico). El médico, al hacer su tarea se apoya en un conjunto variado y complejo de conocimientos, pero deja una parte a la intuición, a la habilidad personal y a la experiencia.

¿Qué aspectos hay que considerar en la elaboración de un diagnóstico?

Como ya lo indicamos, un diagnóstico social se elabora a partir de los datos y la información recogida en la fase de estudio-investigación. Esto se hace, mediante un ensamble articulado de cuatro aspectos principales, que comportan diferentes niveles de análisis: los antecedentes, el problema en sí, el pronóstico y el contexto. Veámoslo brevemente:

CONTEXTO: enmarcando la situación-problema que se estudia, en la totalidad social de la que forma parte, con particular referencia a los factores relevantes que influyen en la situación.

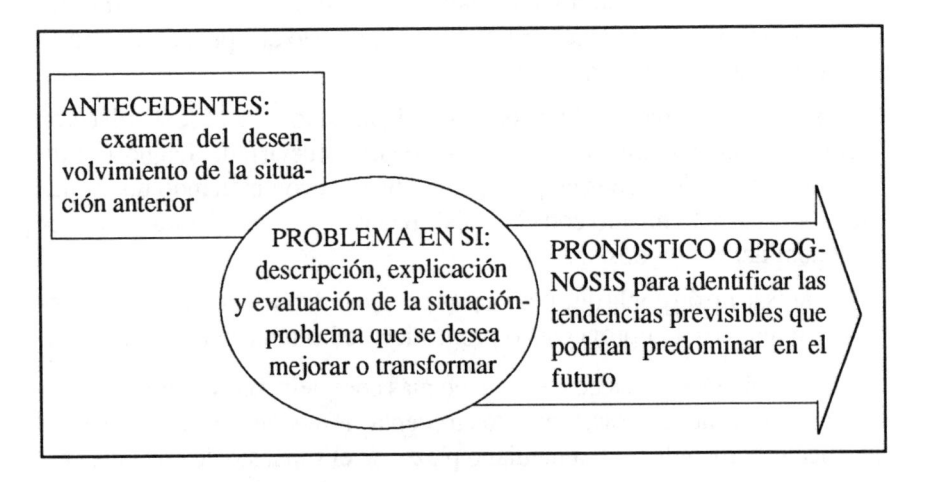

ANTECEDENTES: examen del desenvolvimiento de la situación anterior

PROBLEMA EN SI: descripción, explicación y evaluación de la situación-problema que se desea mejorar o transformar

PRONOSTICO O PROGNOSIS para identificar las tendencias previsibles que podrían predominar en el futuro

A partir del conocimiento de estos aspectos, articulados e integrados entre sí, es posible saber en dónde estamos, qué pasa en torno a una situación-problema, de dónde viene esa situación y cuál es la predicción que podemos hacer respecto del futuro inmediato y a corto plazo.

Para decirlo en breve: un buen diagnóstico debe ofrecer un cuadro de situación que permita "juzgar mejor qué hacer y cómo hacerlo".

Ahora bien, habida cuenta de lo explicado precedentemente, un buen diagnóstico comprende las siguientes tareas:

131

> * *Sistematización de la información y de los datos sobre la situación-problema de una determinada realidad sobre la que se va a actuar, de cómo se ha llegado a ella y cuáles son las tendencias.*

Todo diagnóstico comporta una descripción, explicación, predicción y un juicio crítico o evaluativo de la situación motivo de estudio. En cuanto que el diagnóstico, además de estudiar el problema en sí, analiza cómo se ha configurado esa situación y predice la tendencia que seguirá el problema detectado (si no se actúa), supone la realización simultánea de un análisis sincrónico y diacrónico. No basta con saber qué pasa en un momento determinado (el problema en sí), es necesario conocer cómo se ha llegado a esa situación y cómo se fue configurando en el tiempo: esto explica algunos de los fenómenos que se están produciendo. Pero ello no es suficiente, se debe prever cuál será el futuro si de mantienen las tendencias e inercias del pasado y del presente. Con esto queremos decir, que no basta "fotografiar" la realidad en un momento determinado; hay que captarla en su devenir: lo que ha sido (desenvolvimiento anterior a esa situación), y lo que puede ser si no se interviene para modificarla.

Estudiar lo que ha pasado (lo que suele llamarse los antecedentes del problema), es relativamente fácil hacerlo y, con frecuencia, todo diagnóstico de situación revela, al menos en parte, cómo ha ido evolucionando una situación. No ocurre lo mismo con el análisis de las tendencias futuras que suele denominarse prognósis*.

Esta es la razón por la que nos vamos a detener a considerar algunas cuestiones referentes a la prognósis o pronóstico de las tendencias previsibles.

El estudio de este aspecto es mucho más complejo, pues se trata de prever las situaciones futuras, teniendo en cuenta las tendencias presentes y las perspectivas inmediatas y a mediano plazo, en el supuesto de que no se realicen acciones o intervenciones sobre la situación problema.

Toda prognósis se expresa mediante la construcción de escenarios futuros. Estos deben basarse en datos ciertos y objetivos que excluyan la arbitrariedad, o lo que es mas frecuente, que no confundan los deseos con la realidad, o que no se proyecte ni el pesimismo, ni el triunfalismo que puede animar la situación presente.

---

* El uso de la palabra "prognósis" ha quedado más o menos consagrado en la jerga de los planificadores. Sin embargo, el término más castellano sería "pronóstico", ya que el otro es un anglicismo.

No cabe duda que el conocimiento predictivo es limitado (ni la prospectiva ni la futurología, ofrecen certezas, sino probabilidades). La libertad y la creatividad humana; lo aleatorio y lo circunstancial hacen imposible una predicción cierta. Sin embargo, las tendencias significativas pueden preverse.

En cuanto a estudio del contexto, lo fundamental es situar lo que se quiere hacer en relación a los problemas fundamentales del país (eventualmente de la región, provincia o ciudad). En este punto lo que hay que hacer es realizar una caracterización de lo que se considera como más significativo dentro del contexto que consideramos.

A partir de estos datos e informaciones, y del análisis de los mismos, se elabora un **juicio o evaluación de la situación**. Esto es:

> ** Se intenta establecer la naturaleza y magnitud de las necesidades y problemas, y la jerarquización de los mismos, en función de dos tipos de criterios: ideológico/políticos y técnicos: que expresan el modelo o situación deseada.*

Aquí deben quedar en claro algunas cuestiones principales: en primer lugar hay que tener presente que un diagnóstico no es un mero inventario de problemas y necesidades expresados en formulaciones vagas y genéricas. Decir por ejemplo, que hay un problema de vivienda, o de salud, no es decir nada que sirve para diagnosticar una situación de cara a actuar sobre ella. Hay que establecer la naturaleza y, en lo posible, la magnitud del problema o necesidades que hay que satisfacer.

Pero aun cuando se haya establecido la naturaleza y magnitud de los problemas y/o necesidades no basta; es necesario jerarquizarlos. Esta tarea consiste fundamentalmente en otorgar a cada una de ellas, una importancia relativa. Se trata de una labor estrechamente ligada a la tarea que hay que realizar en la fase de programación: el establecimiento de prioridades, teniendo en cuenta los problemas clave detectados y las prioridades que se derivan de la propuesta política.

Prácticamente todas las personas jerarquizamos y establecemos prioridades en todos los órdenes de la vida para decidir lo que vamos a hacer (o no hacer), de acuerdo a una escala de valores y a requerimientos de la propia realidad. En la realización de un diagnóstico, estos criterios son de dos tipos: políticos/ideológicos y técnicos: los primeros vienen determinados por opciones derivadas de posiciones ideológicas y políticas que permiten confrontar una situación observada (situación inicial) con una situación deseada (situación objetivo) de acuerdo a fines políticamente priorizados. Las prioridades también se elaboran de acuerdo a criterios técnicos a partir de los resultados que resultan de la investigación y que deben ser congruentes con los fines perseguidos por las políticas sociales que se derivan del marco ideológico/político referencial. En otras palabras, el establecimiento de prioridades es una decisión política, pero para ser realista y viable debe apoyarse en criterios técnicos valederos.

Cuando se elabora un diagnóstico, hay que estar muy atento a recoger información que permita determinar la viabilidad política del programa, proyecto, servicio o actividad que se quiere realizar. Por eso el diagnóstico comporta asimismo:

>*El conocimiento de los factores más relevantes que se presume han de actuar, de manera positiva, en relación a los objetivos o finalidades propuestos dentro del programa o proyecto que se desea realizar.*

Si se quiere llevar a cabo un gran programa, proyecto, actividad o servicio, hay que tener en cuenta que, en relación a lo que se quiere hacer, coexiste una pluralidad de actores sociales que tienen diferentes intereses, a veces contrapuestos, otras coincidentes. Ello conduce a la necesidad de identificar a las personas, grupos, instituciones y sectores sociales directa o indirectamente involucrados o afectados por la realización del programa o proyecto.

Este ha sido un aspecto poco considerado en la elaboración de los diagnósticos. Más aún, frecuentemente no se lo consideraba, ya que se partía del supuesto —bien desmentido por la realidad— de que lo que cuenta es lo que ha decidido el sujeto planificador. Con los aportes de la planificación estratégica y de algunas corrientes de la sociología política, esta postura ha quedado superada. Hoy está claro que programar actividades y actuar sobre la realidad social, supone un conjunto de acciones que se realizan con el propósito de alcanzar determinados objetivos. Ahora bien, en relación a lo que se quiere alcanzar a través de un programa, proyecto o actividades, existen otros sujetos o actores-sociales que toman posición actuando de manera favorable, negativa, neutra o indiferente. Todo esto conduce a que, en algunas ocasiones, se produzcan desencuentros como consecuencia del choque de intereses contrapuestos.

Este análisis de las relaciones de fuerzas e intereses implicados en el proyecto que se quiere realizar, hay que consignarlo expresamente en el diagnóstico. Si descuidamos la consideración de estas cuestiones se harán proyectos o programas que operan en el vacío, o si se quiere, se hacen formulaciones ingenuas, como si los planes se hiciesen "sobre un lecho de rosas comandado por el cálculo científico-técnico"; en la realidad existen "otros hombres con distintas visiones objetivos, recursos y poder, que también hacen un cálculo sobre el futuro" (1). Siguiendo a Carlos Matus, pero adaptando sus sugerencias a los propósitos de este trabajo, diremos que esta cuestión —que en lo sustancial es un análisis de viabilidad política— comporta las siguientes cuestiones:

- identificar y precisar cuáles son las fuerzas sociales implicadas en la decisión, materialización y consecuencias del proyecto;
- precisar cuáles son los intereses de las fuerzas sociales relevantes, respecto del proyecto (importancia y valor que asignan al proyecto);
- estimación del poder de esas fuerzas sociales;
- análisis de las fuerzas propias y de las que pueden ser aliadas de cara a la realización del proyecto o programa.

Pero en un diagnóstico debe haber algo más. No sólo hay que conocer la realidad y los actores sociales implicados con lo que se quiere hacer, también hay que saber con qué se cuenta para hacer, para llevar a cabo las intervenciones sociales previstas. Para ello el diagnóstico:

> *Incluye también, la determinación de los recursos y de los instrumentos operacionales con los que se puede actuar, en función de la resolución de problemas y/o la satisfacción de necesidades o carencias detectadas.*

Podemos conocer la situación-problema, tener conocimiento de cómo surgió y cómo podría ser en el futuro habida cuenta de las tendencias de la situación actual. Sin embargo, un diagnóstico para ser operativo debe trascender ese marco, ir más allá de la situación problema: para ello hay que saber con qué recursos se cuenta y qué instrumentos operacionales se tienen para actuar.

En otras palabras: en el diagnóstico hay que incluir los problemas y necesidades, pero también hay que saber con qué se cuenta para atender esas necesidades y para proceder a la resolución de los problemas.

3. La finalidad de un diagnóstico socio-cultural

Un diagnóstico no se hace sólo para saber qué pasa. Se elabora con dos propósitos bien definidos, orientados ambos a servir directamente para la acción:

- servir de base para programar acciones concretas, ya sea expresadas en un plan, programa o proyecto, o simplemente con el propósito de realizar actividades;
- proporcionar un cuadro de situación que sirva para las estrategias de actuación.

Siempre se ha hablado de la primera de las finalidades indicadas, muy pocas veces se piensa en el diagnóstico como un elemento importante y significativo que puede ayudar a sortear los obstáculos y dificultades que obstruyen la realización de determinado proyecto, o conjunto de actividades.

Cuando hablamos de **servir de base para acciones concretas**, estas "acciones" pueden ser de un plan, de un programa, de un proyecto, simplemente de un conjunto de actividades más o menos articuladas entre sí. En otras palabras: a partir de los datos del diagnóstico, se diseñan las operaciones y acciones que permiten enfrentar de manera permanente (con la mayor racionalidad y organización posible) los problemas y necesidades detectados en el diagnóstico.

Pero el diagnóstico ha de ser también fundamento de las estrategias que han de servir a la práctica concreta, conforme a las necesidades y aspiraciones manifestadas por los propios interesados (pueblo, comunidad, grupo, organización, etc.) y la influencia de los diferentes factores que inciden y actúan de manera positiva o neutra, en el logro de los objetivos propuestos.

La planificación debe ser flexible para poder adaptar los procesos a las decisiones que reclama cada coyuntura, pero para ello el diagnóstico (siempre realizándose o actualizándose), debe servir para orientar la toma de decisiones con el fin de mantener o corregir el conjunto de las actividades en la dirección de la situación-objetivo.

Todo diagnóstico debe servir, en consecuencia, para mantener el rumbo del **arco direccional**, entendiéndose por tal, como el camino o línea que se debe seguir entre la situación-inicial y la situación-objetivo.

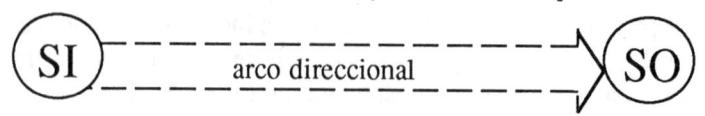

(SI)─ ─ ─ ─ ─ arco direccional ─ ─ ─ ─ ─▶(SO)

Pero como una cosa es la lógica de la formulación y otra la lógica de la realización (influida esta por las condiciones coyunturales), el arco direccional es sólo el camino propuesto que, de antemano, sabemos que no será el camino real. De ahí que, entre la situación-inicial y cada situación-intermedia, se da un **arco de coyuntura**, que es el camino efectivo que se hace en cada situación o momento.

Aquí, la cuestión sustancial es que el arco de coyuntura, aun cuando sea un rodeo (y hasta podría ser en un momento un andar en dirección contraria: dar un paso atrás para poder dar luego dos adelante), no pierda el rumbo, o lo que es lo mismo, no pierda de vista la situación-objetivo y, en lo inmediato, quede sin referente direccional.

Para este control direccional de los "arcos de coyuntura" (camino que se hace entre dos situaciones), los datos del diagnóstico han de servir de base para la acción táctica (adecuación de lo programado a cada situación coyuntural o a los hechos no previstos), y como reaseguro de la propuesta estratégica.

Bibliografía citada

1. MATUS, Carlos   **Política y plan.** Iveplan, Caracas, 1982.

Capítulo 7

Programación
de actividades socio-culturales

Una vez terminado el estudio, elaborado el diagnóstico sobre la situación socio-cultural, y teniendo en cuenta el modelo normativo o situación-objetivo que establece la política cultural de la institución u organización que va a realizar el programa de animación socio-cultural, ya se tienen los elementos necesarios para programar una serie de actividades expresadas en proyectos específicos.

Decimos "programar actividades" y no "planificar la cultura", ya que en sentido estricto la cultura no se planifica; en todo caso lo que se puede hacer es definir las condiciones que permiten un desarrollo cultural. O sea: organizar actividades, disponer adecuadamente de medios y recursos, asignar responsabilidades y trazar una serie de etapas y pasos para lograr determinados objetivos.

Para un trabajador cultural, que realice tareas como animador nos parece necesario que tenga un conocimiento básico, sobre las siguientes cuestiones relacionadas con la programación:

1. ¿Qué es programar?
2. Principales criterios o pautas para la elaboración de planes, programas o proyectos.
3. Instrumentos metodológicos de la planificación.
4. Comenzar por organizar la mente.
5. Guía para programar actividades.
6. Decisión racional y acción racional: la lógica de la formulación y la lógica de la realización.
7. Acerca de la concepción antropológica en que se apoya la práctica de la planificación.
8. De la planificación normativa a la planificación estratégica.

1. ¿Qué es programar?

Planificar es decidirse por la racionalidad y la intencionalidad en contra de los azares y las fatalidades.

Pierre Massé

Programar —que etimológicamente significa la acción de escribir por adelantado—, en su sentido más simple consiste en decidir anticipadamente lo que hay que hacer. Se trata de prever un futuro deseable (cuyos objetivos se presume racionalmente decididos) y señalar los medios para alcanzarlos. En otras palabras: programar es una forma de adopción de los procesos decisionales que pretenden orientar acciones a realizar.

Esta tarea de programación se apoya en los resultados del diagnóstico (situación inicial o modelo analítico), en la que se describe o explica lo que hoy se denomina una "situación problema. Y tiene como referencia la situación definida como "aquello a donde se quiere llegar" (situación objetivo o modelo normativo).

- La situación inicial se expresa en un diagnóstico; proporciona datos e información acerca de la realidad sobre la que se va a actuar, con su consiguiente análisis e interpretación. Es el punto de partida (lo que existe en el momento de iniciar un programa o proyecto).

- La situación objetivo indica la situación que se desea alcanzar (a lo que aspiramos llegar realizando lo que hemos programado).

Entre esta situación inicial y la situación objetivo habrá una serie de cambios situacionales que llevarán una direccionalidad de acuerdo con los objetivos y metas propuestos. Ese cambio tendrá también un ritmo condicionado por los recursos y medios disponibles y las situaciones contextuales en las que se desarrollan las actividades del proyecto o programa.

De un modo elemental, y como primera aproximación, puede decirse que programar es la acción consistente en utilizar un conjunto de procedimientos mediante los cuales se introduce una mayor racionalidad y organización en un conjunto de acciones y actividades, previstas de antemano, con las que se pretende alcanzar determinadas metas y objetivos, por medio de la utilización de instrumentos preferibles, habida cuenta que los medios y recursos son escasos y limitados.

Esto podemos graficarlo de la siguiente manera:

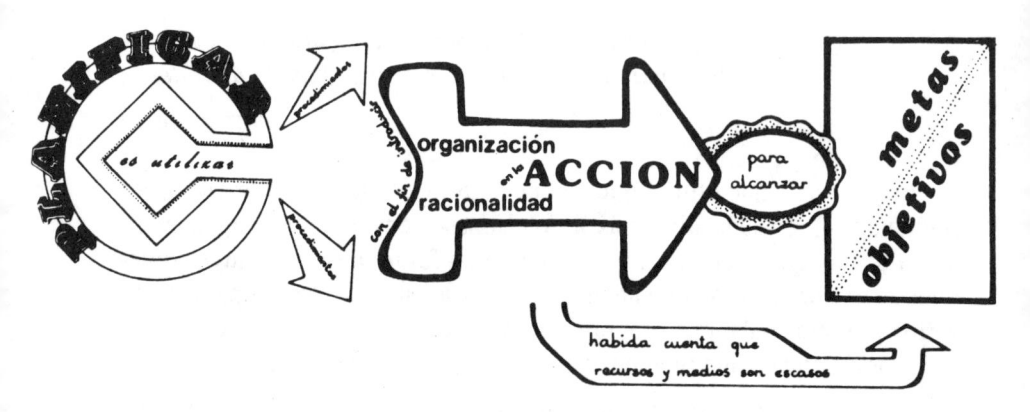

Cabe advertir —para evitar la fetichización de los procedimientos utilizados en la planificación— que lo que se programa no es una prefiguración exacta de lo que se hará. En la práctica, esto es en la realización concreta, esta previsión de intervenciones no transcurre sin contradicciones. Las propuestas de acción racional para el logro de determinadas metas y objetivos de una unidad operativa que programa actividades, ha de chocar inevitablemente con los particularismos e intereses de otros actores sociales que imponen limitaciones a lo programado (también puede ocurrir que ayuden a la realización de lo propuesto o que sean neutros). Pero lo cierto es que en la realización de una programación influyen otros agentses que no es el sujeto planificador.

Si tenemos en cuenta estas circunstancias condicionantes, diremos que programar es establecer una serie de líneas orientativas que intentan dar una dirección a un conjunto intencional y orgánico de actividades y operaciones. Todo ello con el propósito de impulsar el cambio situacional en una dirección tendiente a alcanzar la situación-objetivo.

2. Principales criterios o pautas para la elaboración de planes, programas o proyectos

Cuando se trata de elaborar un plan, programa o proyecto —cualquiera que sea el contenido del mismo— es necesario trabajar con arreglo a determinados criterios o pautas operativas, que la teoría y práctica de la planificación ha ido estableciendo.

Estas pautas, que para algunos son equivalentes a los principios de la praxiología (la ciencia de la acción eficaz), pueden resumirse en los siguientes criterios o cánones básicos:

a. Definir y enunciar claramente los objetivos y metas

Los objetivos de un programa o proyecto pueden definirse como los enunciados de los resultados esperados o como los propósitos que se desean alcanzar dentro de un período determinado a través de la realización de determinadas acciones articuladas en proyectos o actividades. Para decirlo en breve: se trata de explicitar lo que se quiere hacer o conseguir por medio de la ejecución de un plan, programa o proyecto (según sea el caso).

A menos que los objetivos de un programa o proyecto estén muy claramente definidos, no es posible programar un conjunto de actividades coherentemente estructuradas entre sí de cara al logro de determinados propósitos. Realizar acciones y actividades sin objetivos es andar a la deriva y...para eso no hace falta programar.

Es por esta razón que definir y enunciar claramente los objetivos y las metas (enseguida veremos las diferencias entre unos y otros), es la condición esencial y básica para la elaboración de planes, programas y proyectos. Veremos las cuestiones fundamentales que hay que tener en cuenta para su formulación.

- Con la definición de objetivos se responde a las siguientes preguntas:
  - ¿qué queremos hacer?
  - ¿qué cambios deseamos lograr frente a la situación problema (o situación inicial) sobre la que vamos a actuar?
  - ¿a dónde queremos llegar, qué propósitos se desean alcanzar dentro

de un límite de tiempo?, o lo que es lo mismo, ¿cuál es la situación objetivo a la que se desea llegar?

Decíamos que para programar hay que enunciar claramente los objetivos. Sin embargo, aun teniendo objetivos formulados de una manera concreta e inequívoca, estos pueden quedar en simples enunciados, en propósitos plausibles, pero... no son operativos. Para superar esta limitación hay que establecer de una manera concreta y precisa cuánto se quiere hacer o alcanzar de los objetivos, en qué tiempo y en qué lugar. Esta traducción y precisión cuantitativa de los objetivos, referida a un espacio-tiempo determinado, es lo que se llama meta.

Si bien en el lenguaje coloquial "objetivo" y "meta" son términos intercambiables (se puede hacer un uso indistinto de ambos), en el lenguaje de los planificadores tienen alcances diferentes: los objetivos son expresión cualitativa de ciertos propósitos, y las metas traducción cuantitativa de los mismos. Afirmar, por ejemplo, "disminuiremos el analfabetismo" es un modo de enunciar un objetivo, pero ello no basta para llevar a cabo un programa o proyecto. Es preciso determinar con la mayor precisión posible los resultados específicos que se pretende lograr en relación a los objetivos. Para ello hay que definir tres cuestiones principales:

- cuánto............... en qué proporción
- cuándo............ en qué plazo   } se pretende hacer "algo"
- dónde............... en qué lugar

Traduciendo el objetivo antes enunciado en una meta, podríamos expresarlo de la siguiente manera: "disminuiremos el analfabetismo en la provincia de Córdoba, del 14% al 8% entre el 1º de mayo de 1990 y el 31 de diciembre de 1992". El objetivo así definido, especificado en términos de magnitud, tipo y tiempo, es lo que se denomina meta. En otras palabras una meta convierte o refleja en términos precisos, las propuestas cualitativas de un objetivo, consiguientemente debe articularse con él y expresarlo operativamente. Para poder medir en qué medida se progresa hacia las metas, se recurre a los indicadores.

Entre el objetivo general y las metas, suelen darse objetivos específicos o intermedios. Ahora bien: cada una de las metas debe estar asimilada (en el sentido de relacionada y articulada), al objetivo específico. Y cada uno de los objetivos específicos, al objetivo general.

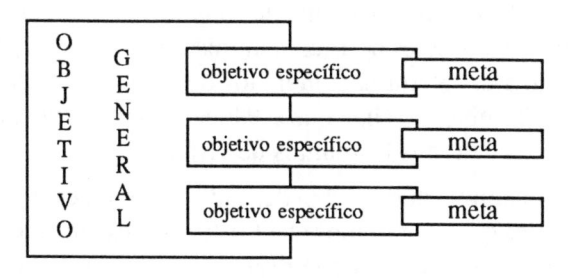

```
O    G
B    E     ┌─────────────────────┐    ┌──────┐
J    N     │ objetivo específico │────│ meta │
E    E     └─────────────────────┘    └──────┘
T    R     ┌─────────────────────┐    ┌──────┐
I    A     │ objetivo específico │────│ meta │
V    L     └─────────────────────┘    └──────┘
O          ┌─────────────────────┐    ┌──────┐
           │ objetivo específico │────│ meta │
           └─────────────────────┘    └──────┘
```

En la práctica de los programas de animación sociocultural, los objetivos y las metas se establecen por la convergencia o confrontación de los tres agentes que intervienen en este tipo de programas: la gente, los técnicos y la autoridad político-administrativa:

- la gente expresa los problemas y necesidades que, desde el punto de vista de sus intereses, preocupaciones o expectativas, son considerados lo más importante. Y, cuando no se tiene conciencia de los condicionamientos estructurales de su situación (que es lo más corriente), la satisfacción de esos problemas y necesidades suele ser para la gente, el objetivo del programa; no ocurre lo mismo cuando se trabaja con gente que visualiza los problemas no en sus efectos sino en sus causas; en este caso los objetivos trascienden los problemas y necesidades inmediatos.

- los objetivos propuestos por los animadores, de acuerdo con las conclusiones a que han llegado como consecuencia del estudio y diagnóstico realizado.

- los fines perseguidos por los agentes que tienen el poder de decisión dentro del organismo patrocinante del programa (autoridad política y/o administrativa); sea ésta gubernamental o no gubernamental.

Cuando no hay coincidencia —y existe un verdadero juego democrático—, puede plantearse la necesidad de una confrontación entre los diferentes puntos de vista. Esta discusión puede ser más o menos técnica, o con mayor o menor juego de presiones por parte de organizaciones y personas de la comunidad. El resultado de esta confrontación con los agentes decisionales puede ser una mezcla de razones técnicas y políticas. Lo lamentable sería que este intercambio se reduzca a simple y vulgar politiquería.

De cualquier forma, lo que sí es necesario para evitar ciertos obstáculos que pueden dificultar la ejecución del programa o proyecto, es tener en cuenta estos tres criterios simultáneamente a la hora de establecer prioridades y asignar recursos. Dejar fuera a alguno de ellos es un error: ni la gente, ni los técnicos, ni los responsables político-administrativos tienen, por sí solos la razón, en cuanto a la determinación de los objetivos. Si se quiere trabajar conjuntamente, los objetivos hay que establecerlos mediante una combinación racionalizada de todos los puntos de vista.

Digamos, por último, que el haber definido claramente los objetivos y las metas, no significa que aseguramos que las decisiones tomadas sean correctas. Sólo significa que sabemos qué resultados queremos obtener.

b. Proponer objetivos y metas realistas (viables, pertinentes y aceptables)

No tiene sentido establecer objetivos óptimos, cuyo cumplimiento sea completamente improbable. Las propuestas maximalistas suelen ser poco operativas. De ahí que el saber proponer objetivos y metas realistas constituya un aspecto fundamental y decisivo en la tarea que el animador sociocultural realiza en esta etapa del proceso. No basta con determinar qué se quiere hacer y cómo hacerlo, hay que establecer la viabilidad del mismo, la pertinencia de lo que se hace y la aceptación, por parte de las diferentes fuerzas sociales, de lo que se pretende realizar.

Todo programa debe ser viable y operativo en un doble sentido: en cuanto que los objetivos y metas sean alcanzables, y también en cuanto que los medios e instrumentos sean adecuados. Esto quiere decir que el programa debe ser realizable y operable dentro del marco de posibilidades que ofrece el contexto social, político, institucional y humano para el que fue concebido y elaborado.

De ordinario, cuando se habla de viabilidad y factibilidad de un proyecto, se hace referencia únicamente a las cuestiones financieras. Sin embargo, en los programas de animación —sin restar importancia a lo financiero— lo que cuenta fundamentalmente es la viabilidad social, cultural y política. Ciertos proyectos que buscan expresamente (por la forma de llevarlos a cabo) cambiar la estructura de participación y decisión, implican de hecho, o en forma potencial, un choque de intereses de grupos, sectores o clases (en esto se revela la viabilidad social) e implican también cambios mentales, actitudinales y de conducta (en esto se expresa la viabilidad cultural). Pero la viabilidad viene dada, sobre todo, por la mayor o menor aceptación política que tiene el proyecto. Esta viabilidad política depende, pues, de la voluntad y capacidad de quienes tienen el poder de decisión política y de la aceptación (o rechazo) de las diferentes fuerzas sociales implicadas.

Para ser realista en la acción, no hay que confundir lo posible, lo probable y lo deseable. Siempre hay que adecuar lo deseable a lo posible en cada coyuntura y lo posible de cada circunstancia debe apuntar a hacer realidad lo probable (del mediano plazo) y lo deseable (del objetivo estratégico). Lo posible, hoy, viene condicionado por los recursos humanos, financieros, técnicos y materiales de que se dispone y por el contexto político, social y cultural donde tales objetivos se pretenden alcanzar.

En cuanto que los objetivos deben ser pertinentes, esto debe entenderse en un doble sentido: por una parte, los objetivos deben ser de tal naturaleza que sean apropiados para resolver la situación-problema que los origina y que se quiere resolver. Por otra parte, han de ser pertinentes a los propósitos o finalidades últimas del programa o proyecto.

También deben ser aceptables para las diferentes instituciones, sectores, grupos y/o personas implicadas en relación a la realización del programa o proyecto. Ninguna realidad social es un conjunto homogéneo: en ella existen fuerzas sociales con intereses propios, no siempre coincidentes, y personas libres que también tienen sus propios intereses y apreciaciones.

Todo esto conduce —considerado el problema desde una perspectiva más global— a lo que se llama la factibilidad de un proyecto (posibilidad de realizarlo), y que está condicionado por seis factores principales:

- **político**: que exista una voluntad/decisión política de hacerlo, es decir, un apoyo decidido de la más alta autoridad política de quien depende que algo se haga o no;
- **económico**: que el proyecto sea rentable;
- **financiero:** que se disponga del dinero necesario para realizarlo;
- **institucional**: que existan las instituciones u organizaciones necesarias para su realización;
- **técnico**: disponibilidad de usar y aplicar la tecnología necesaria para su realización;
- **socio-cultural**: que no existan barreras socio-culturales capaces de obstaculizar su realización; en esto influye también el grado de aceptación o consenso social de parte de los sectores involucrados.

c. *Establecer prioridades para el logro de los objetivos*

No se puede intentar resolver todos los problemas al mismo tiempo, no porque no se quiera, sino porque tal propósito es inalcanzable, habida cuenta que los recursos y los medios son escasos. En consecuencia, no todas las metas y objetivos establecidos tienen igual importancia al comparar unos con otros. De ello surge la necesidad de establecer un orden de preferencia o, dicho en términos más técnicos, establecer un orden de prioridades. Estas preferencias se expresan jerarquizando objetivos mediante una diferente asignación de recursos a sectores y/o áreas comprendidas en un plan o programa.

En esta tarea, lo político-ideológico y lo técnico están íntimamente entrelazados. Lo ideológico-político constituye el marco referencial del que nace el modelo de sociedad deseado y desde el cual surgen los criterios o pautas para establecer las prioridades. Desde una perspectiva técnica, el otorgar preferencia a un determinado objetivo o meta se explica por el hecho de que esa necesidad o problema se encuentra en una posición más deficitaria y peligrosa, porque sirve mejor al logro de los fines propuestos, o bien porque logrando determinado objetivo se produce un efecto multiplicador capaz de movilizar recursos humanos e institucionales.

d. Hacer elecciones compatibles y complementarias entre los objetivos

Como los recursos siempre son escasos y limitados, los objetivos son múltiples y los medios e instrumentos que pueden utilizarse son muy variados, la tarea de programar actividades confronta, entre otros, este problema:

- ¿cómo escoger entre diferentes objetivos haciendo una elección compatible y complementaria?

Antes de responder a esta cuestión (y para una mejor comprensión de la misma), conviene tener en cuenta que dentro de un programa o proyecto, los objetivos pueden ser:

- **alternativos o competitivos**: cuando son excluyentes entre sí (elegir unos implica dejar otros sin realizar);
- **complementarios o combinados**: cuando el alcanzar alguno de ellos (bienes producidos o servicios prestados), es necesario para el desarrollo de otro u otros; o bien aumenta las posibilidades;
- **independientes**: no tienen relación entre sí (no hay ni complementariedad, ni alternatividad).

Consecuentemente, hay problemas, cuando entre los diferentes objetivos se dan relaciones de competitividad o de complementariedad. Se trata de problemas diferentes. Los objetivos son **competitivos** entre sí cuando el escoger uno implica sacrificar el otro (en todo o en parte). El carácter **complementario** de los objetivos viene dado cuando el alcanzar un objetivo exige que otro haya sido alcanzado en alguna medida; dicho en otras palabras: hay objetivos cuyo logro condiciona la obtención de otros. Este carácter de competitividad y/o complementariedad que presentan los objetivos se resuelve con arreglo a la jerarquización de fines u orden de prioridades establecidos.

Cuando los objetivos son excluyentes (decidir por el objetivo "x" significa excluir el objetivo "z"), una vez optado por uno u otro, el problema está resuelto. La cuestión sobre la que queremos llamar la atención, es la de hacer compatibles y complementarios los diferentes objetivos. Es cuando hay que escoger tanto de "x" y tanto de "z", o asegurar que se realice en parte o todo el objetivo "x" para que pueda lograrse "z". Para resolver el primero de los problemas, se da una mezla de criterios políticos y técnicos, en cambio el segundo es fundamentalmente técnico.

e. Articular coherentemente los diferentes aspectos

Este principio o pauta hace referencia a la articulación que debe existir entre todos los aspectos de la formulación del diagnóstico y la programación propiamente dicha. Y dentro de la fase de programación, la coherencia implica la adecuación de los medios a los fines. A veces se programan acciones que no se apoyan en un diagnóstico de situación o se promulgan leyes o resoluciones que establecen líneas de acción que no son resultado de una planificación.

Sin embargo, las pautas de coherencia adquieren todo su relieve e importancia en la fase de programación, comportando tres aspectos principales:

- coherencia entre **metas propuestas** y **recursos disponibles** (stock que se ha previsto para la realización de una actividad); con frecuencia el plan debe prever los insumos-flujos que va exigiendo el proceso de implementación del programa; esta previsión se hace mediante la disponibilidad interna de los insumos o bien por la previsión de los mismos desde el exterior;
- coherencia en lo que afecta a **requerimientos de fuerza de trabajo**:

para alcanzar las metas propuestas, el plan requiere, en las diferentes fases, determinadas cantidades y cualificaciones de mano de obra; esta coherencia consiste en asegurar la fuerza de trabajo que exige cada una de las metas propuestas. Esto puede llevar a la necesidad de organizar programas de formación, o bien, en países de rápido crecimiento demográfico o de amplios sectores en paro, utilizar técnicas que requieran mayor utilización de mano de obra por unidad de capital;

- coherencia **financiera**, que consiste en prever y disponer en tiempo oportuno del flujo monetario indispensable para la ejecución de las diferentes etapas de cada proyecto o actividad. Cuanto más precisas son las previsiones, menores son los riesgos de embotellamiento o estrangulamiento que, por falta de disponibilidades financieras en tiempo oportuno, retrasan la marcha de realización de un programa o proyecto. Frecuentemente estas imprevisiones tienen también efectos en cadena en el conjunto del programa, especialmente cuando se trata de una constelación de proyectos interrelacionados.

f. Asignar y usar los recursos, en cantidad y tiempo oportunos, para cada fase o actividad del programa o proyecto

La coherencia entre las metas propuestas y los recursos disponibles, supone que éstos tienen que asignarse a cada una de las actividades en tiempo oportuno. Esta forma de prever y disponer del flujo monetario indispensable para la ejecución de las diferentes etapas de cada proyecto y/o actividad, algunos lo llaman "programación financiera".

Ahora bien, cuanto más precisas son las previsiones, menores son los riesgos de embotellamiento o estrangulamiento que, por falta de disponibilidades financieras en tiempo oportuno, retrasan la marcha de realización de un programa o proyecto. Frecuentemente estas imprevisiones tienen efectos en cadena (de tipo negativo) en el conjunto del programa, especialmente cuando se trata de una constelación de proyectos interrelacionados. Y si se trata de un proyecto, de actividades articuladas y dependientes unas de otras.

El problema de asignación de recursos está estrechamente vinculado a las disponibilidades financieras o flujos de caja, de modo que se pueda disponer de los recursos de manera continua, según las necesidades de cada momento, a todo lo largo del tiempo que requiere la realización del programa o proyecto. Podríamos graficar la operacionalización de esta pauta, de la siguiente forma:

Momento				
Actividad				

g. Determinar los instrumentos y medios adecuados a los fines

Algunas veces, los llamados "programas" no son otra cosa que una declaración de fines y propósitos generales, sin que exista una indicación precisa y adecuada de los medios de acción capaces de atacar los problemas identificados en el diagnóstico y alcanzar los objetivos propuestos.

Puestos ya en la tarea de programar, lo más importante no es establecer fines, sino encontrar y determinar los medios y los instrumentos necesarios que sirven para alcanzar esos fines, expresados en objetivos y metas.

Es preciso subrayar, que para que los instrumentos y medios sean adecuados, es necesario que reúnan algunos requisitos:

- **ser necesarios**: a veces se escogen instrumentos y medios que no son necesarios, ya sea porque se podría prescindir de ellos, o bien porque no contribuyen significativamente al logro de los objetivos;
- **ser suficientes**, en el sentido de que se bastan para alcanzar los objetivos y metas propuestas;
- **ser potentes**, en cuanto tienen la capacidad de atacar la situación-problema y de sortear los obstáculos y limitaciones que se presentan;
- **ser eficientes**, es decir, que tengan la capacidad para cumplir con las metas establecidas, o sea, la capacidad para obtener los resultados propuestos en cuanto a la cantidad y calidad, y dentro de los plazos propuestos.

- ser **eficaces**, en cuanto que los medios utilizados son los más idóneos en relación a los objetivos y propósitos que se buscan.

No hay que confundir en lo referente a instrumentos y medios lo que es "eficacia" y lo que es "eficiencia". El desarrollo de la ejecución de un proyecto puede ser eficiente (cumplir con el logro de las metas), y al mismo tiempo no ser eficaz ya que no se logran los objetivos propuestos. Se hacen las cosas previstas, pero no se cambia significativamente la situación inicial, ya sea porque no se resuelven los problemas o bien porque no se satisfacen las necesidades.

h. Establecer el tiempo y ritmo de realización del programa

Se trata de precisar, cuándo y dentro de qué límites de tiempo, se debe realizar cada una de las actividades. También se ha de establecer el tiempo total de ejecución del proyecto. Según la índole de éste, se indicarán períodos específicos para cada parte del trabajo, dejando una cierta holgura o tiempo flotante que ha de servir para reajustar las fechas conforme a los requerimientos de la coyuntura.

Debemos tener en cuenta que el tiempo a emplear para la ejecución total de un programa y de sus diferentes etapas, depende de las metas que se han propuesto y de los recursos disponibles; esto es precisamente lo que condiciona el ritmo y la velocidad de ejecución. En los programas de animación, el tiempo y el ritmo se establecen teniendo en cuenta, también, las características de la gente que participa en el programa: su capacidad de innovación, el deseo o la resistencia a cambiar, su nivel de conciencia y su nivel de organización. Todos ellos son factores condicionantes de ritmo de ejecución.

Además en el tiempo de realización, incide de una manera fundamental el respaldo político que dicho programa tiene (o del que carece). Otro factor que condiciona el ritmo de ejecución es la posible resistencia por parte de los grupos o sectores cuyos intereses y privilegios se ven afectados por la realización del programa, y toda una serie de circunstancias coyunturales ajenas a las posibilidades de previsión por parte del planificador. De ahí que, estrechamente ligado a todas estas cuestiones, se plantee el problema de la estrategia y táctica de acción.

Desde un punto de vista técnico-operativo, el establecer el tiempo y ritmo del programa se expresa en la llamada calendarización de actividades o cronogramas de tareas. Esto supone:

- indicar el tiempo de realización de cada actividad a través de una secuencia operativa, que expresa las diferentes tareas y actividades que avanzan mediante una serie de pasos sucesivos; en esta tarea de estimar la duración de cada actividad, es oportuno hacer un cómputo de tiempo de "lo más pronto posible" y "lo más tarde permisible" para comenzar y terminar cada actividad;
- distribuir y articular las actividades compatibilizando los diferentes aspectos; esto puede expresarse en un cronograma que permite visualizar el conjunto de las tareas a ejecutar y de las previsiones a efectuar;
- asegurar un ritmo de ejecución, estableciendo una trayectoria que indique los tiempos; esto debe hacerse en consonancia con la capacidad operativa, o sea, conforme a la disponibilidad de recursos humanos, financieros, técnicos y materiales, y contando con las resistencias y dificultades que puede encontrar el programa, tanto de grupos como de sectores cuyos intereses puedan ser afectados por la realización del mismo.
- indicar holguras de tiempo y camino crítico, dejando claro cuáles son las actividades flexibles (existe holgura en cuanto al comienzo y finalización de las mismas), y cuáles son inflexibles (las llamadas actividades críticas), debido a que una demora en cualquiera de ellas retrasa al conjunto del proyecto.

Como resultante de todo esto la duración total del proyecto ha de quedar establecida mediante la suma total de las duraciones de las actividades pero, como la mayoría de actividades tienen una holgura, el tiempo total no puede ser simplemente la suma total de las duraciones-topes o de tiempos "lo más tarde permisibles". De ordinario, el cálculo de duración total del proyecto se hace sobre la base de una estimación probable que es más o menos intermedia entre duraciones estimadas "lo más pronto posible" y "lo más tarde permisibles".

3. Instrumentos metodológicos de la planificación

Los componentes o instrumentos de la programación, son las herramientras con que cuenta el sujeto planificador para la elaboración de un plan, programa o proyecto. Suelen distinguirse tres tipos de instrumentos principales:

a. Teórico-conceptuales: se trata de una mezcla de tres componentes no siempre explícitos, que se derivan de otras tantas opciones que ya han sido tomadas cuando se realiza el trabajo de programación. Estas opciones son de carácter ideológico, político y teórico.

La cuestión no es si estos factores están o no presentes, sino el grado de conciencia que se tiene de la ideología y de la teoría que se está utilizando y del modelo político (no siempre explícito) que se propone realizar. En última instancia, todo esto da el verdadero sentido e intencionalidad a la tarea del planificador, aun cuando sea tecnócrata pretendidamente neutro.

En los elementos téoricos-conceptuales habría que considerar también los supuestos antropológicos en los que se apoya la tarea de la planificación. En general, podríamos decir, que la planificación partió del supuesto de la racionalidad del quehacer humano. Que el hombre sea "animal racional", o si se quiere decirlo de otra manera, que sea *"homo sapiens"*, es una afirmación que necesita de muchas matizaciones: los supuestos de la racionalidad del ser humano, tal como se venía entendiendo, son harto discutibles. Las acciones no racionales ocupan un lugar tan importante como las racionales en el quehacer y pensar de los seres humanos.

b. Mecanismos político-administrativos: que son el conjunto de disposiciones legales y mecanismos operativos (organismos técnicos y administrativos) por medio de los cuales se institucionaliza y pone en marcha el proceso de planificación.

A este respecto cabe señalar como un hecho generalizado, la separación institucional entre la elaboración y la ejecución de planes. Y esto ocurre, entre otras cosas, porque los organismos de planificación no están insertos en el proceso de toma de decisiones. En otras palabras: existen organismos de planificación, pero no existe un sistema de planificación. Por otra parte, la disociación que se da de hecho entre la elaboración del plan y la ejecución, pone de relieve que la planificación suele utilizarse más como *ornamento* que como *instrumento* sustancial de la acción de gobierno.

En la práctica el manejo de la política económica y social ha prescindido de los planes pre-establecidos. Por una parte, se han elaborado los "planes-libros", por otra, estaban las decisiones de los responsables políticos que no suelen tenerlas en cuenta... Felizmente, estos "planes-libros" ahora son casi inexistentes.

c. Metodológicos: entre los instrumentos que se consideran como propios de la programación, en general se incluyen tanto algunos que sirven (parcialmente) para elaborar el diagnóstico, como otros que son más estrictamente instrumentos de programación. Se suelen indicar los siguientes:
- la demografía cuantitativa;

- el sistema de indicadores sociales;
- la contabilidad económica nacional;
- los modelos dinámicos;
- las proyecciones en perspectiva
- la elaboración de proyectos.

4. Comenzar por organizar la mente

Decíamos que programar es un procedimiento para introducir organización y racionalidad en la acción con el propósito de alcanzr determinados objetivos. De alguna manera, en la vida cotidiana y aun en las acciones más individuales, se suele intentar organizar las actividades con una cierta racionalidad. Ya lo había dicho en versos Rudyard Kipling:

Seis honrados servidores
me enseñaron cuanto sé:
sus nombres son Cómo, Cuándo,
Dónde, Qué, Quién y Por qué.

Para nosotros estos "honrados servidores" que ayudan a organizar la mente son diez, ya sea haga uso individual o institucional de los mismos. Helos aquí:

QUE	se quiere hacer	Naturaleza del proyecto
POR QUE	se quiere hacer	Origen y fundamentación
PARA QUE	se quiere hacer	Objetivos, propósitos
CUANTO	se quiere hacer	Metas
DONDE	se quiere hacer	Localización física (ubicación en el espacio)
COMO	se va a hacer	Actividades y tareas / Metodología
CUANDO	se va a hacer	Calendarización o cronograma (ubicación en el tiempo)
A QUIENES	va dirigido	Destinatarios o beneficiarios
QUIENES	lo van a hacer	Recursos humanos
CON QUE	se va a hacer / se va a costear	Recursos materiales / Recursos financieros

Ser capaces de dar respuestas adecuadas no significa que esto sea programar. Aquí lo planteamos como punto de partida y como modo para ir organizándonos mentalmente de cara a la realización de determinadas actividades. Estas diez preguntas, hasta podríamos considerarlas, simplemente, como una forma de sistematización del sentido común. La respuesta a las mismas proporciona las condiciones mínimas de compatibilidad, coherencia, organización y racionalidad para la toma de decisiones.

5. Guía para programar actividades

No siempre la exigencia del trabajo demanda elaborar un proyecto. Sin embargo, siempre es necesario programar actividades. Esto puede hacerse de maneras muy variadas, pero en general, es conveniente utilizar "guías" que permitan ordenar y articular coherentemente las diferentes fases del trabajo a los efectos de su ejecución.

Aquí proponemos una guía que puede prestar algún servicio en este sentido y que, además, puede adaptarse a cualquier tipo de programación de carácter social o cultural.

SITUACIÓN	INICIAL	Objetivos	Objetspecíficos	Metas	Actividades	Obstáculos	Tiempo		Recursos		Costos			Funciones administrativas (participación Institucional) QUIEN:					SITUACIÓN	OBJETIVO
							Por actividad	Por personas	Materiales	Humanos	Total	A gestionar	Planifica	Organiza	Coordina	Dirige	Controla		

No hay mucho que explicar acerca del uso de esta guía, porque cada columna indica lo que hay que hacer y el conjunto de ellas (consideradas de izquierda a derecha) explican su secuencia lógica. Una recomendación práctica nos parece oportuna: habida cuenta de los ajustes que se deben ir haciendo mientras se elabora, (es decir, mientras se va llenando la guía-cuadro), es recomendable que se haga el trabajo utilizando un lápiz, de tal manera que se pueda borrar y reformular con facilidad. Posteriormente, mientras se desarrolla el proyecto, habrá que seguir haciendo nuevos reajustes.

6. Decisión racional y acción racional: la lógica de la formulación y la lógica de la realización

> *Pensar es fácil. Actuar es difícil. Actuar siguiendo el pensamiento propio es lo más difícil del mundo.*
> **Goethe**

Hemos criticado, la concepción racionalista/iluminista de la racionalidad en la que suele apoyarse la concepción y la práctica de la planificación. Ahora queremos presentar la noción de racionalidad en la que nos apoyamos, y distinguir luego —siempre en esa búsqueda de realismo en la tarea de planificar— entre la lógica de la formulación y la lógica de la realización.

Siguiendo a Edgar Morin, diremos que la racionalidad es "la aplicación de los principios de coherencia, a los datos proporcionados por la experiencia" (8). Relacionado con la planificación, la racionalidad consiste en introducir coherencia a una serie de acciones conscientes, encaminadas a la consecución de determinados objetivos.

A la luz de la definición propuesta por Morin, cabría indicar los diferentes elementos que componen la racionalidad propia de la ciencia.

- Los datos de la experiencia (hechos, fenómenos, etc.)
- Los métodos y técnicas para estudiar esos datos.
- El marco teórico referencial que orienta el discurso teórico, ofreciendo un sistema de clasificación y de categorías de análisis, permitiendo, además, incorporar los hechos y las hipótesis, dentro de un cuerpo general que posibilita la unificación sistemática del conocimiento científico.
- El paradigma que, como supuesto metateórico, configura una cons-

telación de valores, creencias, problemas y técnicas que proporcionan un modo de organizar la lectura de la realidad.

Aplicada esta noción de racionalidad, ya sea a la toma de decisiones como a la acción racional, queremos destacar que, si bien la toma de decisiones racionales es una condición necesaria para una acción racional, ello no es suficiente para que la práctica sea racional. En efecto, un conjunto de toma de decisiones racionales (una planificación bien hecha, por ejemplo), no necesariamente implica y asegura una acción racional.

Y si traemos a colación esta circunstancia (de que una decisión racional no necesariamente se traduce en una acción racional), se para evitar la ilusión (que no es otra cosa que una forma de fetichización metodológica), de tomar la planificación como una varita mágica, que opera eficazmente por sí misma. Los planes, por muy bien elaborados que estén, no tienen una "ejecución" o "realización" asegurada. Formular un plan, no es realizar un plan, del mismo modo que proyectar una casa, no es hacer una casa.

Estas simples consideraciones, aun cuando muy lejos de ser exhaustivas, claramente nos revelan que:

- una cosa es la **lógica de la formulación** (que se da cuando se elabora un plan, programa o proyecto);

- otra, la **lógica de la realización** que debe aplicarse a situaciones contingentes y aleatorias que configura ese "coctel desconocido entre lo previsible y lo imprevisible" que se da en toda realidad concreta.

Por poco que se ahonde en esta circunstancia, es por demás evidente que la regularidad abstracta y apriorística de la planificación clásica, no sirve de mucho cuando es "alterada" y "perturbada" por las acciones, interacciones y retro-acciones de toda acción social.

De esto se concluye, la necesidad de que la concepción y la práctica de la programación, integre como procedimiento que le es propio, los elementos contingentes de la coyuntura y los conflictos de intereses entre los diferentes actores sociales, dentro de una estrategia global de acción.

Ninguna tecnología social o procedimiento de actuación, opera en su aplicación conforme a una planificación perfectamente racional, "no sólo porque los prejuicios alejen a los hombres de los dictados de la razón, sino porque faltan datos del problema que debe resolverse por raciocinio experimental". Dicho de otro modo: toda práctica o práxis social, tiene una posibilidad limitada de racionalidad, porque frente a la magnitud y complejidad de los problemas, la capacidad humana de plantearlos y resolverlos tiene evidente limitaciones. Por otra parte, dirigir y ordenar el pensamiento presenta menos dificultades que dirigir la acción, en donde entran otros factores diferentes de la pura formulación racional. Planear es más fácil que ejecutar.

Se ha dicho que los que se ocupan de la planificación del desarrollo o actúan como responsables en la ejecución de programas, aceptan los condicionamientos que las leyes físicas establecen a sus planes, pero, en cambio, es poco frecuente que se sometan a los condicionamientos de las actitudes y comportamientos, ya sea individuales, grupales o colectivos. La planificación sería un poco más útil, si los agentes encargados de formular planes —con saludable humildad— aceptaran las limitaciones impuestas por la psicología humana o por los condicionamientos culturales.

Sin embargo, a pesar de todo lo que se ha subrayado esta exigencia para quienes elaboran los planes y para quienes los ejecutan, suele haber una cierta falta de realismo al apoyarse en presunciones o supuestos falsos o insuficientes acerca de la conducta humana, o en no atender por su significación e implicaciones, los aspectos psico-sociales y culturales de los procesos sociales.

Ya aludimos, también, a la necesidad de contextualizar la tarea del planificador, en la totalidad social en la que se pretende realizar un plan o programa. De manera especial hay que tener en cuenta, entre otros muchos aspectos, dos cuestiones: que existen en la realidad social otros actores que también hacen sus planes o programas, y que, a veces, el despilfarro, las pugnas mezquinas, la voluntad de ganar espacios de poder y la rebatiña de prebendas y ventajas, predomina sobre la racionalidad.

Reconocidos estos problemas propios de la planificación, cabe preguntarse: ¿qué hacer para incorporar todos estos condicionamientos y para disminuir o acortar el hiato o brecha que existe entre la formulación y la realización de planes?

Intentaremos responder a esta cuestión, a tres niveles:

- en primer lugar vamos a hacer referencia a las cualidades que deben tener —para superar estas dificultades— los agentes que actúan sobre la realidad social;
- luego nos parece oportuno hacer alguna referencia acerca de la concepción antropológica en que se apoya la práctica de la planificación;
- por último, como cuestión sustantiva, haremos referencia a la planificación estratégica o situacional, como nueva formulación científi-

ca y técnica, frente a la planificación normativa que ha tenido vigencia entre nosotros.

Estas reflexiones nos llevan a esta pregunta: ¿qué hacer para una mayor y mejor articulación entre las decisiones racionales y las acciones concretas, que pretenden realizarse de acuerdo a esa racionalidad? Proponemos una respuesta, aunque sea parcial. Para nosotros lo sustancial está en el desarrollo de una serie de cualidades que denominamos la **eficiencia creativa**.

En cuanto a las cualidades que deben tener los agentes que actúan sobre la realidad social

Para que se dé una mayor articulación e integración de las acciones pretendidamente racionales, con las formulaciones de la programación (que por definición son búsqueda de racionalidad), es necesario desarrollar toda esa serie de cualidades propias de la llamada **eficiencia creativa**, a saber:

- Habilidad para **percibir y tratar** los problemas, conductas, comportamientos, actitudes y necesidades de las personas concretas que tienen que ver con el programa, proyecto o actividades que se realizan.
- **Flexibilidad y estabilidad** en la direccionalidad de las acciones, cualidad que se expresa en una doble dimensión: por una parte, en la capacidad de ajustarse rápidamente a las situaciones cambiantes, y por otra, haciendo esta adaptación de modo tal, que la incidencia de los factores externos no haga perder los objetivos estratégicos.
- **Adaptabilidad** que hace referencia a la capacidad de evolucionar dinámicamente, en función de los cambios de situación en los que se desenvuelven las diferentes acciones programadas.
- **Sinergia**, como forma de potenciación de un programa, consistente en organizar, articular y coordinar las diferentes acciones y/o actividades, a fin de que cada una de ellas, refuerce la acción y potencialidades de las otras.
- **Fluencia** que es la capacidad de aprovechar los nuevos emergentes o situaciones para seguir avanzando hacia el logro de la situación/objetivo.
- **Capacidad de análisis**: apreciación sistemática y crítica que se hace dividendo un problema en sus partes, relacionando todas y cada una de ellas entre sí y con la totalidad.

- **Capacidad de síntesis:** integrando los elementos o partes que constituyen una totalidad.

Cada situación-problema que se confronta tiene, en su especificidad, algo de inédito. Nunca es simple copia o repetición de otra situación. De ello se desprende que, para resolver problemas y para una acción racional, más que mucha experiencia (que también es útil) se necesita de capacidad creativa. Esta capacidad es la que permite, en cada caso, encontrar el "viable inédito".

Decimos **viable**, porque para resolver las situaciones-problema que se presentan, no vale cualquier respuesta de acción; esta debe ser viable, esto es, realizable. Y decimos **inédito**, porque toda nueva circunstancia tiene algo de irrepetible, en cuanto que las distintas variables de la misma, se combinan de manera singular y diferente en cada caso concreto. De esto se infiere la importancia de la capacidad creativa, para la eficiencia y racionalidad de la acción. Precisamente, porque sólo siendo creativo es posible dar respuesta a la pluralidad de situacionse que se confrontan, y esto conduce a una mejor articulación entre "lo decidido" y "lo realizado".

7. Acerca de la concepción antropológica en que se apoya la práctica de la planificación

Sobre estas cuestiones quisiera ahondar en algunas consideraciones. Ante todo me parece útil poner en evidencia un aspecto que condiciona la tarea de los planificadores: la concepción antropológica subyacente. En la elaboración y formulación teórica-técnica-operativa de la planificación tradicional, se parte de la noción de **homo sapiens** (en cuanto se supone la racionalidad del hombre como nota distintiva) y de **homo faber** (el hombre técnico que hace cosas).

Sin embargo, esta es una concepción reductora del hombre; no ve sus otras dimensiones: la de **homo ludens** con lo que se excluye la fiesta, el humor, la broma, el amor, el sentimiento, y la de **homo demens** y con ello se prescinde de todo lo que tiene el hombre de poesía y arte, de sueño y delirio, de locura y horror.*

---

* Estas distinciones las tomamos de Edgar Morin en el análisis que realiza del hombre mutilado/disociado, que lleva a la política unidimensional y a una visión del mundo reductora.

Cuando una forma de intervención social se apoya en una concepción antropológica, reductora y mutilada, ello incide luego en su propia práctica. Si a ello se agrega el pensamiento unidimensionalizado de buena parte de los economistas (campo profesional del que proviene la mayor parte de los planificadores), no es extraño que la planificación haya descuidado la diversidad y multidimensionalidad de la realidad.

No sólo hay un manejo insuficiente de variables (no siempre es posible incluir un número adecuado), el error principal proviene de creer —y ese es el reduccionismo de los planificadores— que las variables que manejan son suficientes para actuar sobre la realidad. Se ignoran, de hecho, otras variables (por lo general no económicas) que actúan y retroactúan sobre la realidad social. La consecuencia de todo esto, es un pensamiento mutilado que conduce a una práctica mutilada.

8. De la planificación normativa a la planificación estratégica

Para mejor comprender el contenido, significado y metodología de la planificación estratégica, nada mejor que comenzar con una comparación con la planificación normativa, que ha sido lo que podría llamarse la forma clásica de planificación.

Aun cuando existan matices y modalidades, lo sustancial de la **planificación normativa** es la utilización de una serie de "procedimientos normativos" en los que interesa de manera particular la formalización del proceso (determinar de manera precisa las acciones necesarias para alcanzar ciertas metas y objetivos), estableciendo los tiempos parciales y totales de una trayectoria que conduce desde el modelo analítico (resultado del diagnóstico) al modelo normativo (a lo que se quiere llegar según lo establece el sujeto planificador).

La planificación es un modo de actuar **sobre la realidad**, a partir de lo que decide el sujeto planificador.

En la **planificación estratégica** (la nueva propuesta como teoría y práctica de la planificación), se utilizan "procedimientos estratégicos", en los que interesa de manera particular, la direccionalidad del proceso (mantener el arco direccional para alcanzar determinadas metas y objetivos) y ajustar tanto cuanto sea necesario, y según la intervención de los diferentes actores sociales, la trayectoria del proceso de planificación en su realización concreta.

Se parte de una situación inicial (resultado del diagnóstico) y se establece una trayectoria (arco direccional) hacia la situación objetivo (a lo que se quiere llegar mediante el consenso entre diferentes actores sociales). Desde esta concepción y práctica, la planificación es un modo de actuar **emergiendo desde la realidad,** teniendo en cuenta el modelo político de comportamiento que resulta de la actuación de los diferentes actores sociales que no tienen iguales objetivos, ni trayectorias de estrategias de actuación similares.

Uno y otro modelo de planificación tiene en común tratar de someter a la voluntad humana el curso y dirección de los procesos sociales, por una serie de procedimientos que suponen la aplicación de la racionalidad. Se diferencian por las formas de actuación. Con todos los riesgos de simplificación (la práctica presenta variantes en el énfasis de uno y otro aspectos) podríamos hacer la siguiente comparación:

PLANIFICACION NORMATIVA	PLANIFICACION ESTRATEGICA
• básicamente es un problema técnico	• básicamente es un problema entre personas
• enfatiza lo tecnocrático, haciendo de la planificación una tecnología que orienta las formas de intervención social.	• destaca la importancia de la política
• el centro de la planificación es el "diseño" y suele expresarse en un "plan libro"	• el centro de la planificación es la "dinámica de conducción"; no se cristaliza en un plan, habida cuenta del permanente seguimiento que hace de la coyuntura política, económica y social.
• la definición de objetivos resulta del diagnóstico	• la definición de objetivos resulta del consenso social entre los diferentes actores sociales implicados
• importan las decisiones del sujeto planificador que está "fuera" de la realidad, considerada como objeto planificable	• importa la confluencia de las decisiones de los diferentes actores sociales que, de una u otra forma, están interesados o implicados, el sujeto planificador "está dentro" de la realidad y coexiste con "otros actores" sociales

- no tiene en cuenta, de manera significativa, los oponentes y los obstáculos a la realización del plan

- el punto de partida es el "modelo analítico" que explica la situación problema, expresado en un diagnóstico

- el punto de llegada es el "modelo normativo", que expresa el diseño del "deber ser"

- la dimensión normativa se expresa en un "deber ser", del que se deriva un esquema riguroso, formalizado y articulado de actuación

- procura conciliar el conflicto y el consenso como dos factores actuantes en los procesos sociales y que condicionan la realización del plan

- el punto de partida es la "situación inicial", expresada en un diagnóstico

- el punto de llegada es la "situación objetivo" que expresa la realización en el tiempo de la "imagen objetivo" que configura el "horizonte utópico"

- la "situación objetivo" se articula con el plano estratégico del "puede ser" y en plano operacional con la "voluntad de hacer"; no existe un esquema rígido de acción sino una preocupación por la direccionalidad

Se parte del supuesto:

Se parte del supuesto:

- de que el sistema social es objeto de orientación del planificador

- el sujeto que planifica está "sobre" o "fuera" de la realidad planificada

- el sujeto que planifica tiene el monopolio del plan

- el sujeto planificador tiene capacidad de controlar la realidad planificada

- de que el sistema social está integrado por personas que tienen su propia escala de valores y establecen lo que es conveniente e inconveniente, bueno o malo como objetivo a alcanzar

- el actor que planifica está inserto y forma parte de la realidad que planifica, coexistiendo con otros actores sociales que, de algún modo, también planifican

- no hay monopolio en la elaboración del plan, sino coexisten varios planes, algunos coincidentes, otros posibles de concertar y algunos en competencia

- los actores que planifican, no controlan por sí solos la realidad planificada

En este intento de presentar los aspectos e ideas centrales de la planificación estratégica, hemos de ahondar en otras consideraciones acerca de lo ya dicho sobre la situación inicial (punto de partida) y la situación objetivo (punto de llegada).

La **situación inicial** es una situación-problema que se expresa en un diagnóstico. Proporciona datos e información acerca de la realidad sobre la que se va actuar, con su consiguiente análisis e interpretación, incluyendo la interpretación que hacen de esa situación, otros actores sociales. Es el punto de partida, lo que existe en el momento de iniciar un programa o proyecto que tiene el propósito de transformar esa situación.

Por su parte, la **situación objetivo** es el marco de referencia que indica la situación que se desea alcanzar (a lo que aspiramos llegar realizando lo que hemos programado) y de la que se deriva la direccionalidad de las acciones.

Entre esa situación inicial y la situación objetivo habrá una seria de cambios situacionales que llevarán una direccionalidad ajustada a las circunstancias o problemas de coyuntura, pero teniendo siempre presente los objetivos y metas propuestos. Ese cambio tendrá también un ritmo condicionado a los recursos, a los medios disponibles y a las situaciones contextuales en las que se desarrollan las actividades del proyecto o programa.

Toda planificación, en cuanto formulación teórica, podría decirse que es geométrica. La realidad, en cambio, siempre es irregular y, para actuar sobre ella y desde ella, tenemos que asumirla en su irregularidad (compleja, multidimensional y dinámica). Este es el desafío de la planificación y de toda práctica social: articular la lógica de la formulación con la lógica de la realización, con la preocupación expresa por:

- maximizar el aprovechamiento de oportunidades y alternativas que aparecen en el proceso social, mientras se realiza el plan o programa,
- minimizar los riesgos, dificultades y contingencias que obstaculizan el desarrollo del plan, al mismo tiempo que se establecen las previsiones para superarlos.

La planificación estratégica o situacional es un intento de superar estas dificultades y limitaciones. Desde ese marco teórico, conceptual y operativo, abordamos de aquí en más, todo lo referente a la planificación.

III Parte

LA PRACTICA DE LA ANIMACION SOCIO CULTURAL

Una vez realizados los estudios pertinentes (situación socio-cultural, estudio de las necesidades y de la demanda cultural, jerarquizacion de las necesidades y problemas, inventario de los recursos disponibles, etc.), expresado todo esto en un diagnóstico socio-cultural, se procede a la programación de actividades (a ello nos hemos referido en la II parte).

Estas dos etapas tienen sentido en la medida que se llega y se realiza la fase de ejecución; lo que aquí llamamos la práctica de la animación, se trata del momento del hacer, de llevar a cabo una serie de actividades.

Ahora bien, **¿qué aspectos comporta y qué problemas confrontan en la etapa de la ejecución de un programa de animación socio-cultural?**

Estas son las cuestiones que vamos a tratar en la parte II, pero antes es necesario hacer una precisión: **¿qué es "aquello" que hace que una acción social y/o cultural, se transforme en una actividad de animación?**...

Digamos ante todo, que diferentes contenidos pueden servir de base o soporte a las actividades propias de la animación. Sin embargo, lo sustancial de esta técnica socio-pedagógica, **no viene dando por lo que se hace, sino por la forma de llevar a cabo la actividad.** Una misma actividad puede ser o no una forma de animación socio-cultural, pero esto no depende de "lo que se hace", sino de "cómo se hace". En otras palabras, en la práctica de la animación, la actitud con que se llevan a cabo las actividades, el modo de desarrollarlas y la forma de emprender el trabajo, son cuestiones más importantes que el contenido de las acciones. De ahí la feliz fórmula acuñada en una de las reuniones del Consejo de Cooperación Cultural del Consejo de Europa: "una misma actividad puede estar o no orientada hacia la animación y una misma preocupación por la animación puede manifestarse en actividades múltiples".

> Hay animación socio-cultural cuando se promueven y movilizan recursos humanos, mediante un proceso participativo que desenvuelve potencialidades latentes en los individuos, grupos y comunidades.

Según esta concepción, la metodología y práctica de la animación socio-cultural, no pretende "llevar" la cultura al pueblo como propósito sustancial, sino descubrir y desarrollar las formas prácticas de facilitar a los sectores populares la forma de apropiarse y elaborar un saber instrumental que les permita expresar, estructurar y dinamizar sus propias experiencias.

Habida cuenta que la animación socio-cultural se distingue precisamente por la manera de llevar a cabo unas tareas concretas, lo sustancial es encontrar formas y proyectos que realmente "animen" a los ciudadanos a participar en actividades culturales y sociales. El objetivo último es el de potenciar las expresiones y actuaciones básicamente autónomas del pueblo, no sólo en el campo de la expresión artística, sino en lo cultural en el sentido más amplio del término. Ahora bien, para el logro de estos objetivos, no sólo hay que proporcionar los instrumentos que permitan realizar esas expresiones, también hay que crear los ámbitos o espacios para que las actividades de la gente puedan desarrollarse.

Metidos de lleno en el problema de la práctica de la animación socio-cultural, vamos a examinar tres cuestiones principales:

- aspectos o momentos de las tareas de animación
- problemas operativos de la práctica de la animación
- actividades que pueden ser soporte de la animación

Capítulo 8

Aspectos o momentos de las tareas de animación socio-cultural

Se pueden distinguir cuatro momentos o aspectos principales en las tareas de animación socio-cultural. Estos "momentos" no constituyen etapas de un proceso lineal, ni las fases de una estructura lógica de procedimiento; se trata de tareas que pueden incluso simultanearse, pero que forman parte de un proceso global.

He aquí los cuatro aspectos o momentos que comportan las tareas de animación.

1. Fase de sensibilización/motivación
2. Detección de las minorías activas o grupos de incidencia
3. Capacitación de animadores voluntarios
4. Promoción y apoyo de organizaciones de base. Puesta en marcha de actividades.

1. Fase de sensibilización/motivación, con el fin de crear un clima de interés para la participación en actividades socio-culturales

¿Por qué sensibilizar?, ¿qué necesidad tenemos de ello? Y, además, ¿por qué y para qué motivar?... Para responder a estas cuestiones y saber hasta qué punto son pertinentes estas tareas, basta con reflexionar acerca de qué opina la mayoría de la gente sobre eso que se denomina "la cultura" o "lo cultural".

Y si queremos ahondar más en esta situación, podemos preguntarnos también sobre el grado y nivel de acceso que tiene la gente al goce y disfrute de los bienes culturales. Si vamos todavía más al fondo de la cuestión y nos interrogamos sobre el grado de participación en las actividades culturales, quizás tengamos ya un esbozo de respuesta a todas estas preguntas... Esta última cuestión nos confronta con el problema central de la metodología y práctica de la animación, en cuanto que ésta busca generar procesos de participación.

Es bien sabido que entre amplios sectores de población, el sentimiento generalizado frente a las "actividades culturales", es de que se trata de "algo no interesante", más bien aburrido, y de lo que se puede prescindir. La cultura y lo cultural (tal como se entiende generalmente) se considera como si fuese un fenómeno segregado que no sirve mucho para la propia vida.

Si a esto se añade el hecho de que mucha gente no lee nunca o casi nunca un periódico, ni se preocupa por estar informado acerca de los problemas de la sociedad en que vive, no es extraño que todo lo que se refiera a la cultura sea considerado como un trasto inútil que pueda tirarse al desván sin consecuencias de ningún tipo. En el mejor de los casos podrá servir para llenar algunos momentos de ocio o una parcela de fin del fin de semana, como si de un "adorno" para la vida se tratase.

En nuestra sociedad existe un foso entre lo que se llama "el mundo de la cultura" y la inmensa mayoría de la gente metida en las preocupaciones de la vida cotidiana. La animación socio-cultural no tiene por finalidad principal ser el puente o canal entre esos dos mundos. Aunque haga algo de esto en determinadas actividades, ese propósito no es lo sustancial. Hacemos esta advertencia para que no se crea que esta fase de sensibilización/motivación consiste en transmitirle al pueblo la producción cultural de una minoría. Dicho de otro modo, no se trata de llevarle "cultura" al pueblo, sino de que lo cultural se exprese como preocupación en la cotidianeidad de la vida de la gente y configure un estilo de pensar, de ser y de actuar más humanizado.

Pero lo cultural, lo hemos dicho reiteradamente, no está separado de lo social. Y aquí llegamos a una cuestión que puede ser clave para el trabajo de animación; se trata de lo siguiente: la gente puede vivir más o menos mediocremente, preocupada por sus cosas, hasta con una gran dosis de egoísmo. Sin embargo, en el fondo del corazón de los seres humanos, existe un deseo sincero de sentirse socialmente útil de alguna manera... Este es un potencial que el animador tiene que saber desatar.

Volviendo al tema del desinterés por lo cultural, diremos que existe una escasa demanda cultural y un bajo nivel de participación social (expresado principalmente en la vida asociativa). Los consumidores de cultura —entendido este consumo como adquisición de saberes necesarios para incrementar la calidad de la vida— son muy escasos. No se necesita de mucha perspicacia sociológica para constatar el hecho de que el consumo más generalizado es el de la "cultura enlatada" de las industrias culturales, frecuentemente vendida en sus productos más triviales. Tampoco hay que hacer demasiado esfuerzo para comprender que ello no constituye siempre un factor de elevación humana. Por el contrario, puede decirse que, con frecuencia, constituye un elemento que sirve para la invasión y domesticación cultural.

Así, pues, en esta primera fase, lo que se intenta es superar la apatía frente a las actividades culturales. Para ello hay que crear una valoración positiva por lo cultural y por la participación en la vida asociativa como forma de afrontar problemas comunes. Poco se puede hacer si la gente no comprende que "cultivarse" no es una tarea ajena a la vida, y que el trabajo social —entendido el término en sentido amplio— es una tarea propia de toda persona por el solo hecho de vivir en sociedad. Hay que entender que la convivencia exige de acciones solidarias, si se quiere hacerla gratificante y productiva. Mientras no se logre esto, la cultura y lo cultural seguirán siendo considerados como algo que no forma parte de las necesidades fundamentales, y la vida asociativa no se considerará como algo importante para el desarrollo personal.

De ahí la importancia de esta primera fase que denominamos de sensibilización/motivación de la gente hacia la necesidad de participar en actividades culturales y sociales, o lo que es lo mismo, hacer que comprenda que la cultura y la participación en la vida social son aspectos que conciernen a la propia vida, no tanto como saberes o simples relaciones sociales, sino más bien como formas de existir y situarse en el mundo.

> *Sensibilizar es tensar y despertar a los que viven una cotidianeidad mediocre. Motivar es hacer o decir cosas conducentes a despertar un determinado interés. Entendiendo por interés la atención privilegiada que se presta a "algo" que se percibe como subjetivamente valioso y que tiene significación para la propia vida.*

Ningún proceso de sensibilización/motivación se desarrolla en abstracto. En cuanto actividad tendiente a "hacer tomar conciencia a un público determinado por una realidad que le concierne" y de despertar un determinado interés por la cultura, esta labor supone saber conectar con los centros de interés de la gente y realizar un proceso para que los involucrados en estos programas, se informen, se sitúen y tomen posición.

En efecto, es necesario que:

- la gente se informe de la realidad: para ello hay que comunicar y socializar una serie de información, datos y hechos; la investigación-acción participativa, podría ser el instrumento metodológicamente adecuado a estos propósitos;
- la gente se sitúe, al menos con una cierta comprensión de las estructuras económicas, sociales, culturales y políticas en las que están insertos;
- cada persona, situada históricamente como parte de un proceso, vaya tomando posición dentro de la realidad en la que está inmersa.

Todo esto no se hace por un interés básicamente intelectual de "conocer por conocer", sino de un "conocer para poder actuar transformadoramente" sobre la propia realidad. Esto supone pasar de una vida pasiva, a una vida asumida.

Es por ello que las actividades de sensibilización/motivación, deben "conectar" con las situaciones reales de la gente con la que se trabaja o con los sectores involucrados en un programa; no se sensibiliza, ni se motiva en abstracto, decíamos antes. Si lo que se propone o lo que se hace para sensibilizar/motivar a una persona, a un grupo o a un colectivo, no tiene nada que ver con la satisfacción de sus necesidades, puede resultar una tarea bastante inútil e ineficaz. Los motivos que tienen fuerza de convocatoria son muy diversos, pero en cada individuo, grupo o comunidad concreta, hay que saber encontrar cuáles son los círculos de intereses predominantes.

Ahora bien, admitir esto implica la necesidad de una estrategia de sensibilización/motivación que, de una manera vaga y general podría formularse diciendo que **hay que partir de donde está la gente**. Dicho de una manera más precisa: el ineludible punto de arranque y de referencia constante ha de ser la misma gente involucrada. Por ello, cuando se decide emprender actividades, se ha de tener en cuenta:

- los intereses espontáneos, las aspiraciones manifiestas y las necesidades y problemas que se expresan en lo que dice y hace la gente, y en la forma de como vive;
- las acciones posibles a emprender habida cuenta del nivel de conciencia real*.

Desconocer esta realidad hace imposile toda estrategia pedagógica de promoción/animación y se corre el riesgo de proponer actividades desconectadas de los que son sus destinatarios. Cuando se comete este error no hay sensibilización, ni motivación, ni interés, por realizar este tipo de actividades. No hay, pues, ni creación ni actitudes, ni creación de comportamientos capaces de iniciar un proceso. Más aún, hasta pueden darse formas de manipulación y de invasión cultural, al margen de las intenciones y propósitos de quienes realizan estas actividades.

Hemos de señalar también que "lo cultural", o las actividades más estrictamente culturales, no pueden estar desvinculadas de "lo social"; por el contrario, están indisolublemente unidas. Si no se tiene en cuenta "lo cultural" y "lo social" simultáneamente, se corre el riesgo de caer en una especie de "utopismo pedagógico-cultural", que consiste en actuar como si lo cultural y lo pedagógico pudieran promoverse y desarrollarse prescindiendo de los intereses, preocupaciones y aspiraciones que están más estrechamente ligados a la situación socio-económica de un colectivo concreto. De ahí, que casi siempre, las tareas de animación tienen esa doble dimensión: la social y la cultural; no en vano se habla de animación socio-cultural. Por lo general

---

* Se entiende por conciencia real, tal como la define Goldman, aquella que posee un individuo o grupo en un momento dado, independientemente de la adecuación de la misma a sus condiciones materiales de existencia. Se diferencia de la conciencia posible: máximo rendimiento o comprensión de la realidad social de la cual es capaz un individuo o grupo, dadas sus condiciones materiales, de existencia en un momento histórico particular.

todo lo que sea animación cultural tiene que estar combinado con otro tipo de actividades íntimamente ligadas a lo social. Cuando así se hace, se ofrecen mayores posibilidades de generar un proceso de sensibilización/motivación.

Pero hay más todavía: para que las tareas de sensibilización/motivación tengan mayores posibilidades de cumplir su cometido, el ideal es que el trabajo de animación se realice de modo que el organismo promotor tenga como contraparte en el trabajo alguna organización de base; mejor si son varias y diferentes. Optimo si son las mismas organizaciones las que las promueven y asumen la realización de las actividades.

2. Detección de las minorías activas o grupos de incidencia

Una vez realizada la tarea de sensibilización/motivación, o bien durante la realización de la misma, hay que ir detectando las minorías activas y los grupos de incidencia (que en algunos casos pueden ser los mismos). De lo que se trata es detectar aquellos conjuntos de ciudadanos que por sus inquietudes, intereses, situaciones, preocupaciones, actividades, etc., inciden de manera significativa en los procesos y en la vida social y cultural de un colectivo o sector social, o en el conjunto de una comunidad.

La detección de las minorías activas y grupos de incidencia, se puede hacer a partir de diferentes fuentes o momentos:

- cuando se realiza el estudio o investigación sobre la situación sociocultural;
- al estudiar la demanda cultural de parte de diferentes grupos y sectores sociales;
- como resultado de los contactos que el animador (o el equipo de animación) tiene con la gente y organizaciones;
- por el modo de actuación o intervención de determinadas personas en actividades socioculturales, etc.

Una vez detectados hay que tomar contacto de una manera formal con las personas, grupos o instituciones. Cuando se realiza esta fase del trabajo no hay que entusiasmarse de buenas a primeras con cualquiera de los grupos u organizaciones más activas, aun cuando den la impresión de hacer un buen trabajo. Tampoco hay que pensar que podemos contar con ellas sin más. Una actitud o conducta de este tipo de parte del equipo de animación (o del animador) sería potencialmente peligrosa, como propensión a la manipulación o la imposición.

Este contacto puede realizarse de tres maneras principales:

- a través de entrevistas;
- mediante convocatorias abiertas realizadas por los responsables del programa de animación;
- recurriendo a un fichero de instituciones socioculturales.

Establecido el contacto, antes de encontrarse con la gente, hay que preparar adecuadamente las propuestas que se realizarán y las diferentes alternativas que se ofrecerán. En esto hay que tener una gran flexibilidad: las propuestas tienen que presentarse como un "borrador tentativo" que sólo constituyen un punto de partida. A partir de esas propuestas, se establece el tipo de implicación de la gente, del grupo o institución; las posibilidades son múltiples: desde acuerdos sobre cuestiones puntuales hasta la realización de programas concretos.

3. Capacitación de animadores voluntarios para que dispongan de los instrumentos y conocimientos necesarios para la promoción de actividades socio-culturales

No basta que la gente esté motivada/sensibilizada, es necesario incentivar y hacer eficaz esa participación mediante la capacitación de aquellos que están en condiciones de participar más activamente.

Detectados los grupos de incidencia, se puede tener una oferta generalizada de cursos, talleres y seminarios. Otra alternativa que se puede presentar es la de elaborar con alguno/s de esos grupos, un programa de formación conforme a los intereses, expectativas, necesidades y motivaciones de los propios interesados.

Esta tarea de formación es insoslayable. No basta con saber quiénes son y dónde actúan esas personas, es necesario capacitarlas proporcionándoles los instrumentos técnicos/operativos y ciertas habilidades específicas para el trabajo de animación.

Aquí no hacemos referencia a la capacitación de quienes realizan una labor de animación que tiene un carácter más o menos profesional. Sino de toda persona que, por la actividad que lleva a cabo y por su actuación, es capaz de motivar y movilizar a otros; en una palabra, que es capaz de motivar a la participación a aquellos ciudadanos o sectores sociales no activos en la vida comunitaria. Lo fundamental es proporcionar un mínimo de capacitación técnica, a todos aquellos que son capaces de realizar acciones de animación.

En relación con la labor de capacitación para la animación se destacan dos aspectos principales que si bien son diferentes, se consideran complementarios:

- por una parte hay que proporcionar a la gente los instrumentos necesarios, para que sean capaces de animar y dinamizar, incrementando la participación y la capacidad de organización y de actuación;
- por otro lado, estos animadores voluntarios deben disponer de un cierto acervo cultural que les permita tratar con cierta solvencia aquellas cuestiones que, por su actualidad y significación, sirven de ayuda para actuar con mayor conocimiento de causa.

La animación socio-cultural presupone la capacitación de la mayor cantidad de personas dentro de la gente involucrada. Esta capacitación comprende tanto el manejo de las técnicas instrumentales, como el manejo de ciertas claves para la comprensión de la realidad. De lo que se trata es de formar y potenciar a los líderes naturales, los animadores voluntarios y a la gente en general.

A nuestro juicio, en una primera fase, los contenidos de la capacitación referidos a los aspectos técnicos instrumentales, no consiste en capacitar para que ellos sean canales de transmisión de la cultura al pueblo; de lo que se trata es de que la gente disponga de un mínimo de elementos e instrumentos técnicos-operativos que hagan posible o favorezcan una actividad socio-cultural autónoma, acorde con sus necesidades concretas que, en algunos casos, se traducirá en el rescate de las clases mediatizadas, subalternas o aplastadas por la presencia cultural e ideológica de las clases dominantes.

En cuanto a las técnicas instrumentales cuyo dominio nos parece indispensable para poder impulsar y organizar las actividades socio-culturales desde la propia gente, señalamos las siguientes:

* *técnicas de trabajo con grupos*
* *técnicas de comunicación social*
* *técnicas para el estudio y conocimiento de la realidad*
* *técnicas de comunicación oral*
* *técnicas de organización, programación y administración*

Desde luego, no se trata de alcanzar un dominio completo de estos procedimientos o técnicas, sino de aumentar la eficacia práctica mediante la aplicación de las mismas a toda una serie de actividades que toda persona tiene que realizar en cuanto desarrolla una acción pública, ya sea en el ámbito cultural, social, educacional, sindical o político. En efecto, ¿quién no tiene que trabajar en y con grupos?, ¿quién no tiene que participar en reuniones de trabajo?, ¿quién no tiene que utilizar o producir alguna forma de comunicación por los llamados *mass media*, o a través de alternativas populares que se crean? ¿quién no tiene que hablar alguna vez en público?, ¿quién no tiene que organizar, programar o administrar alguna actividad?... Es fácil constatar que se trata de actividades corrientes y de tareas y acciones que realizan todos aquellos que tienen alguna forma de actuación social, en el sentido de trabajo sociocultural. Por tanto, si la gente no sabe utilizar bien y por sí misma todo este instrumental, nunca se verá libre de mesianismos, tutorías y, en el mejor de los casos, de paternalismos más o menos sutiles.

Sin embargo, hemos de advertir que los instrumentos, las técnicas y los procedimientos por sí solos no bastan. Es necesario disponer de ámbitos o espacios apropiados para la realización de las actividades socioculturales. Y esto abarca desde el ámbito de la libertad, que es la *conditio sine qua non* de toda posibilidad cultural, hasta el ámbito físico en donde las actividades se realizan, pasando por todos los espacios imaginables para el desarrollo de las mismas, en los cuales el pueblo se erije sujeto creador y protagonista de su propia cultura.

Pero no basta con el manejo de instrumentos y de técnicas; para que el animador sea capaz de "animar", le es indispensable tener una serie de conocimientos que pertenecen al ámbito de las ciencias humanas, y una cierta apropiación de lo que llamamos el "acervo cultural" que hace a la problemática fundamental del mundo actual. Además debe desarrollar una sensibilidad —una especie de radar— que le permita captar los grandes problemas que bullen en cada momento histórico. Acerca de estos problemas debe tener información seria, no simples opiniones tópicas.

¿Por qué damos esta importancia a que el animador voluntario sea una persona que tenga un conocimiento amplio del mundo que le toca vivir? No se trata de que sea un "listillo" bien informado, ni un erudito con muchos saberes. Tiene que saber en qué sociedad y en qué mundo vive, y debe tener criterios para interpretar esa sociedad y ese mundo, y que todo esto es condición indispensable —no suficiente, por supuesto— para realizar la vocación de libertad. No se puede ser libre, si no se comprende la realidad en que se vive, ni se puede lograr una verdadera participación permaneciendo en la ignorancia acerca de los grandes problemas que condicionan la vida, aun en el ámbito de las pequeñas comunidades.

4. Promoción de organizaciones de base y puesta en marcha de actividades socio-culturales con la participación de la gente

Sensibilizar, motivar, concientizar, movilizar…, sin pasar a la acción, es quizás la mejor metodología de la frustración o de las pseudo participaciones… Los momentos anteriores, deben conducir a la realización de actividades, ya que un principio básico de la animación es el de "aprender haciendo".

Ahora bien, cuando se emprende la tarea de promover, organizar y desarrollar actividades socio-culturales, hay que tener en cuenta cuatro aspectos básicos:

- Partir de los problemas y situaciones en que se halla la misma gente. Un principio básico de la pedagogía de la animación, es el principio de la "cercanía vital", que significa el contacto directo con la realidad viviente en la que se trabaja.
- La necesidad de articular estos programas (siempre que sea posible) con las organizaciones de base a fin de que las propuestas que se hagan, tengan particularmente en cuenta los intereses y la óptica de las mismas. No porque ellas sean capaces de hacer necesariamente las mejores propuestas, sino porque hay que partir de esa realidad y porque, como principio operativo, es la misma gente a través de sus organizaciones, quien debe asumir el protagonismo en la realización de los programas.
- El tercer aspecto a considerar, es el de no proponer nunca programas normalizados; como bien se sabe las actividades que sirven de sustentación a los programas de animación son muy variadas. Para cada realidad, para cada circunstancia y para cada grupo en concreto habrá que elaborar propuestas específicas.

- También habrá que tener en cuenta la multiplicidad de iniciativas y de instituciones (gubernamentales y no gubernamentales) que promueven y realizan actividades sociales, culturales y educativas. No tiene sentido —frente a la magnitud de las tareas que siempre quedan por realizar— superponer proyectos (salvo cuando sean alternativos). Si no se tiene en cuenta a las otras organizaciones y a los otros actores presentes "en el terreno" se pueden gastar energías y esfuerzos para promover lo que ya se está haciendo o se puede desaprovechar lo que podría ser un trabajo conjunto.

Otro punto o cuestión que merece un tratamiento aparte es lo que algunos denominan el problema de transferencia. ¿En qué consiste esta cuestión?... Para quienes concebimos la animación socio-cultural como una metodología cuyo objetivo principal es promover la participación popular, el problema central que se confronta desde un punto de vista práctico/operativo, es el de cómo propiciar y lograr la organización de la población destinataria del programa. Dentro de la multiplicidad de cuestiones que implica la promoción de la participación, queremos destacar aquí el problema de la transferencia, el cual comporta dos aspectos principales:

- el traspaso gradual de las responsabilidades del programa, proyecto o actividades, a las mismas organizaciones de base (este traspaso lo hace el organismo o institución que lo ha promovido u organizado).
- otro aspecto, es la transferencia de conocimientos técnico/operativos (socialización de conocimientos científicos y de técnicas sociales) que permiten que la gente pueda actuar de manera efectiva y eficaz.

De lo que se trata es de crear y desatar un proceso en el cual los animadores del programa trabajen en una dirección que conduce a producir el "harakiri de cada animador", es decir, su propia autoeliminación, en el sentido de no ser necesarios para continuar el programa o proyecto. Esto es lo ideal: que la gente se dinamice tanto, que llegue un momento en que no haga falta el animador. Lamentablemente, por lo que se puede ver en la práctica, esto no siempre se logra. Sin embargo, lo que nunca puede dejarse de lado, pues se trata de un principio básico de la animación es lo siguiente:

> *tender a que aumente la participación de la población destinataria del programa, al mismo tiempo que disminuye la intervención de los animadores.*

Desde luego parece innecesario destacar que esto no se logra con buenas intenciones. No basta decir, o tener el propósito de llevar a la práctica la transferencia de responsabilidades a las organizaciones de base, éstas tienen que estar interesadas en hacerlo y capacitadas para poder realizarlo.

Para evitar equívocos o caer en fórmulas vagas, queremos hacer otra precisión: no se trata de la "participación de la gente", en general, sino de la participación orgánica de los sectores populares involucrados en estos programas. Esto supone, la participación a través de sus propias organizaciones, prioritariamente a través de las ya existentes y cuando sea necesario, mediante la promoción y surgimiento de nuevas organizaciones. Todo ello con el fin de propiciar mejores niveles de participación popular.

No siempre será posible que las mismas organizaciones asuman el programa o la realización de actividades. La participación es un objetivo estratégico que aparece como preocupación expresa de la animación socio-cultural; es una parte esencial de su estilo de trabajo, pero en determinadas circunstancias sólo se alcanzará parcialmente y también se fracasará. Lo que no puede dejar de hacerse nunca es plantear el problema de la transferencia de responsabilidades a los mismos destinatarios; esto debe ser parte de la formulación y estrategia del programa.

Resulta bastante difícil para la mentalidad burocrática de ciertos administradores de la cultura y para los sentimientos y actitudes paternalistas de algunos animadores, iniciar un programa en el que cada proyecto esté diseñado para que, una vez generado un proceso participativo, el animador tienda a desaparecer. No para "abandonar" responsabilidades, sino para "transferirlas", ya que éste es el único medio para lograr una efectiva participación.

Y decimos "efectiva participación", ya que participar no es sólo consultar a la gente, delegarle responsabilidades o que los beneficiarios del programa puedan sugerir actividades y criticar lo que se hace. No, participar tiene un sentido más amplio; equivale a intervenir directamente en el proceso de decisiones dentro de sus propias organizaciones, lo que conduce, a su vez, a abrir espacios de participación y nuevos canales de expresión de los mismos sectores populares.

Dicho todo esto queremos introducir dos matizaciones: lo anterior no excluye que los animadores (u otros trabajadores de la cultura) continúen prestando sus servicios y asistencia técnica cuando la gente ha tomado un mayor protagonismo en las actividades. Instructores de teatro, canto, música, danza, etc., seguirán siendo necesarios y también, pueden serlo los animadores más ligados al área social. Una segunda matización, es en torno al hecho de que en determinadas circunstancias, los animadores deben tener un rol protagónico tal (como gestores, defensores de situaciones de injusticia, etc.) que de algún modo asuman responsabilidades propias de la gente. No se trata de que los animadores sean portavoces de los sectores populares. Sin embargo, hay que reconocer que existen situaciones de marginalidad, mayorías silenciosas y voces calladas, en cuyos casos, no es extraño que los animadores se transformen en la "voz de los que no tienen voz", procurando que esa situación sea transitoria: hay que tratar que cada uno tenga su voz.

Todas estas consideraciones tienden a formular realistamente el problema de la participación; no se llega a la participación de manera espontánea o natural. De ahí que convenga tener en cuenta, algunas cuestiones principales en relación a la participación:

- la participación es un objetivo estratégico, lo que supone que es un punto de llegada y no de partida; para llegar a ese objetivo debe darse un proceso, hay que recorrer un camino, producir un tránsito en el que cada persona se transforme de espectador en actor y se vaya evolucionando de una participación "tutelada" a una participación "autónoma".
- no siempre se logra la plena participación, pero a ella hay que tender, promoviendo las iniciativas populares "desde la base" y fomentando el surgimiento y consolidación de las organizaciones autónomas.
- hay que tener en cuenta que las organizaciones de base atraviesan por diferentes fases de dinamismos: hay períodos muy activos, otros de estancamiento, a veces de retroceso (incluso existen organizaciones de base que desaparecen). Estas variaciones dependen muy parcialmente de lo que hace el equipo promotor, más bien están fuertemente influidas por dos factores: la situación general del país o región y la situación de la misma organización.
- no siempre las organizaciones de base reflejan los verdaderos intereses de los sectores populares, ni sus dirigentes son necesariamente representativos de los intereses del pueblo; esto hay que tenerlo en cuenta para no mitificar a las organizaciones de base y a sus líderes; unos y otros serán más o menos representativos según las circunstancias, pero no son representativos por sí mismos.

A veces las actividades de animación pueden producir un impacto (mayor o menor) en la población destinataria, pero sin ir más allá de la fase de sensibilización. Sin embargo, en todos los casos no hay que perder de vista que la animación es fundamentalmente una tarea para desbloquear y desatar un proceso de participación, de expresión y, en lo posible, de creatividad cultural. Es precisamente el estímulo a la creatividad el mejor camino a través del cual se puede lograr la participación. El animador tiene que desatar todo ese potencial y riqueza que tiene la gente en experiencias, ideas, iniciativas, propuestas, creaciones, etc. que surgen en su cotidianeidad como respuesta a los problemas y necesidades que confronta, y a través de los cuales expresa su manera de ver, de pensar y de hacer el mundo.

Que la gente participe, que la gente tenga un rol protagónico en todo lo que le concierne: ésta es la finalidad última y central de la animación sociocultural. Como pedagogía y educación colectiva, la animación tiene que hacer comprender —y los animadores enseñarlo con su testimonio— que quien se cruza de brazos y pretende ser neutral, nunca conserva las manos limpias; están manchadas por la apatía, la indiferencia y, sobre todo, por la insolidaridad.

Formuladas estas reflexiones sobre los momentos en las tareas de animación, cabe preguntarse ahora por los problemas operativos: ¿cuáles son las actividades que se pueden promover a través de un programa de animación sociocultural?, ¿cómo se concreta la práctica de la animación?... Estas son las cuestiones que vamos a abordar en el próximo capítulo.

Capítulo 9

Problemas operativos de la práctica de la animacion socio-cultural

> *Conocer la realidad sobre la que se va a actuar y programar lo que se va a hacer, no basta para llevar a cabo un programa, proyecto o actividades; es preciso solucionar una serie de cuestiones eminentemente prácticas, que forman parte y culminan todas las fases anteriores de la metodología de la animación.*
>
> *Este esfuerzo involucra una serie de decisiones que se toman fundamentadas en el conocimiento y la experiencia. Cada decisión, que a su vez implica la elección de alternativas, debe considerarse como un sub-problema dentro del problema global de la práctica.*

1. Las personas implicadas
2. Lugares y espacios en donde se realizarán las actividades
3. Cuándo realizar las actividades
4. Las actividades específicas
5. Los métodos y técnicas a utilizar
6. Los medios o instrumentos técnicos

En el terreno de la acción, la práctica de la animación socio-cultural, exige resolver —no de forma teórica, sino operativa— seis problemas principales:

1. **De personas:**
   - a quienes   va dirigida (destinatarios de los programas o actividades)
   - con quienes   se realiza (responsables de promover, organizar y realizar las actividades)
2. **De lugar:**
   - dónde   ámbito espacial escogido para realizar las actividades
3. **De tiempo:**
   - cuándo   ámbito temporal (hora, día o época del año en que se han de realizar las actividades)
4. **De actividades:**
   - qué   actividades específicas que servirán de sustento a los programas de animación
5. **De métodos:**
   - cómo   procedimientos y técnicas a utilizar para la organización y realización de actividades
6. **De medios técnicos:**
   - con qué   utilaje profesional.

A lo largo de este capítulo, analizaremos cada una de estas cuestiones en sus aspectos prácticas y operativos.

1. Las personas implicadas

Sin lugar a dudas, las personas involucradas constituyen el factor más importante de un programa de animación socio-cultural, ya se trate de las personas a quienes está destinado el programa, o bien aquellas que se han de ocupar de promover y dinamizar las actividades.

De acuerdo a lo que ya indicamos en la presentación, en lo referente a las personas implicadas haremos la siguiente distinción:

- los destinatarios .... a quienes o para quienes están destinadas las actividades.
- los responsables de la animación.. quienes promueven, organizan y realizan las actividades.

Esta distinción es particularmente válida en el momento de iniciar las actividades, pero el ideal es que tienda a desaparecer. ¿Por qué eso es lo deseable? Si se tiene en cuenta que el objetivo estratégico de estos programas es que todos estén implicados y todos participen, esta diferenciación entre responsables de promover y organizar los programas y los destinatarios de los mismos, tendría que ir diluyéndose. Tanto más esto será posible, cuanto mayor sea la transferencia de responsabilidades de los organismos promotores hacia las organizaciones de base... En la práctica, lo corriente será que nos encontremos con responsables de programas y destinatarios (que tendrán mayor o menor implicación en los programas).

*a. Destinatarios de los programas
de animación... A QUIENES*

Comenzamos por ocuparnos de aquellos a quienes van dirigidas las actividades. Para no utilizar una denominación (público) que tiene una fuerte connotación de "espectador" o "receptor", en principio —y por principio— preferimos hablar de destinatarios.

No se trata de un juego de palabras o una simple preferencia semántica. Si nos inclinamos por el término "destinatario" y no el de "público" es porque uno de los principios o características básicas de la animación es que todos, en la medida de lo posible y según los casos, tengan una participación activa en los programas que se realizan. Pero esto, como ya se explicó, es una meta, un punto de llegada de un proceso amplio y complejo que apunta a producir un tránsito de un público-espectador a un participante-actor. De ordinario entre los destinatarios de un programa de animación, habrá mucha gente a la que no le interese participar, otro sector tendrá una actitud de seguidores pasivos, algunos "se animarán" y habrá, también, quienes por sí mismos comiencen a "animar a los otros".

Por definición, la "animación" está destinada a los que no están "animados", social y culturalmente hablando. Pero este sector de "no participantes" es muy amplio y variado. De ahí que cuando se decide realizar un programa de animación, hay que tener en cuenta cuáles son los destinatarios específicos, ya que según esa especificidad, requerirán acciones y tratamiento diferenciados. No es lo mismo trabajar con campesinos u obreros de la ciudad; ancianos, adultos, jóvenes o niños... y así podríamos hacer muchas clasificaciones de sectores específicos y situaciones concretas muy diferentes.

Precisamente la no normalización de las prácticas de la animación a la que aludíamos antes, se produce a causa de la variedad de matices que pueden tener estas actividades y la diferencia de destinatarios o participantes de estos tipos de programas. Un punto fundamental de la estrategia de la animación socio-cultural es el de saber diferenciar y diversificar la oferta cultural para responder mejor a las necesidades de los diferentes grupos y sectores sociales.

Teniendo en cuenta todo lo mencionado anteriormente, resulta evidente la necesidad de tomarse el tiempo suficiente para informarse —y mejor todavía para conocer— quiénes son los destinatarios del programa. Esto hay que hacerlo, aun cuando se trate de organizaciones de base que han pedido asesoramiento o asistencia técnica para la realización de un programa de esta índole y sean ellos quienes asuman las responsabilidades. Las razones las hemos señalado de diferentes maneras: nunca se debe concebir y aplicar un programa con propuestas que no tengan en cuenta la realidad o contexto en donde se realizará.

Ahora bien, en el estudio/investigación se obtiene una serie de conocimientos de esa realidad, pero ¿qué ha de saberse en concreto de los destina-

tarios? Si esto no se estudió, habrá que disponer de información de, por lo menos, los siguientes aspectos:
- edad
- sexo
- condición social y situación económica media
- profesión u ocupación de la mayoría, o del grupo más representativo.
- estudios que han realizado y nivel cultural medio
- expectativas y preocupaciones culturales dominantes (o carencia de ellas)
- religión o pertenencia a sectas u otros grupos
- posición política
- aficciones e intereses, especialmente, los espontáneos y manifiestos
- asociaciones a que pertenecen; grado de participación en las mismas
- tipos y formas de participación (o no participación) de la gente frente a los problemas colectivos
- preocupaciones dominantes en esa coyuntura y su posible incidencia en el programa.

No se trata de realizar un estudio exhaustivo de cada uno de estos puntos, pero es necesario disponer de alguna información sobre ellos. De lo contrario se corre el riesgo de intentar actividades desconectadas de la realidad, consecuentemente inútiles y poco eficaces.

Demás está decir que toda esta información acerca de los destinatarios, debe estar contextualizada, como se explicó en la parte referente a la elaboración del diagnóstico.

b. Los responsables de la animación...CON QUIENES

Dentro de un programa o de actividades de esta índole, existen personas responsables de realizar, o mejor todavía, de animar la acción sociocultural. Quienes realizan estas tareas no deben actuar como líderes, ni dirigentes, ni "managers" de la cultura, sino simplemente como animadores.

Sin embargo, dentro de los responsables de las actividades culturales también suelen ser considerados otros dos agentes del desarrollo cultural:

- los investigadores que realizan los estudios necesarios y pertinentes para llevar a cabo estas actividades con un buen conocimiento de la realidad, y
- los administradores destinados a garantizar el buen uso de los recursos destinados a estos programas.

En la práctica no suele recurrise a los investigadores (los estudios suelen hacerlos los mismos animadores), pero no se prescinde de los administradores. Estos tienen una importancia fundamental, tanto para el buen funcionamiento de los programas como para hacerlos pesados e ineficaces. En algunos casos los administradores culturales se transforman en gemelos difíciles de distinguir de los animadores, y en otros en burócratas "incultos" que con su mentalidad contable traban y dificultan las actividades culturales. Entre estos estilos de actuación cabe una gran variedad de comportamientos de parte de los administradores culturales.

Existen diferentes clasificaciones sobre los tipos de animadores socioculturales. Aquí nos interesa la clasificación que se puede hacer* según el modelo de referencia operativa del animador, en el que se clasifican de acuerdo al tipo de tareas que realizan:

- animador que atiende preferentemente a lo estético, ya sea en el sector de la creación/expresión artística, de la difusión artística o de los mediadores culturales;
- animador que privilegia la educación/formación extraescolar (dominio de la acción educativa que tiende a compensar ciertos handicaps sociales mediante la educación y formación extraescolar);
- animador que atiende fundamentalmente problemas sociales (dominio de la acción social, orientado a la promoción de la vida asociativa y a la prestación de algunos servicios sociales);
- animador que promueve, organiza y/o asesora la realización de actividades culturales (actúa básicamente en el dominio de la acción cultural): tiende a poner a una población en condiciones de expresarse, ya sea de manera individual, grupal o colectiva, a través de la realización de actividades socio-culturales.

---

* Ver nuestro libro **El perfil del animador socio-cultural**. ICSA-Hvmanitas, Alicante, 1987.

2. Lugares y espacios en donde se realizarán las actividades

Se trata simplemente de los equipamientos y de los espacios (lugar o lugares) que pueden servir para la realización de las actividades socio-culturales y que hay que escoger según las circunstancias. Sobre este punto no hay una respuesta de validez general. Existen algunos criterios acerca de los factores o circunstancias que se han de tener en cuenta para la elección de lugar en dónde realizar las actividades. Los más importantes son los siguientes:

- la índole de la actividad cultural que se va a realizar y que, en algunos casos, determina o condiciona el tipo de espacio escénico;
- si la actividad está centrada en un grupo o en la colectividad;
- el tipo de destinatarios

Todo esto, además, está condicionado por la existencia (o no) de determinadas infraestructuras y equipamientos útiles para la realización de actividades culturales.

Sin embargo, ya sea que esta infraestructura sea insuficiente, o, por el contrario, que se cuente con todo lo necesario para que la gente disponga de espacios y ámbitos para realizar actividades culturales; la experiencia de los programas de animación, pone de relieve la necesidad de tener en cuenta las siguientes pautas operativas:

a. La necesidad de realizar las actividades en el lugar más cercano posible a donde se desarrolla la vida de la gente (aplicación del principio de "cercanía vital" del que hablamos en otra parte). Esto significa que, en la medida de lo posible, las actividades socio-culturales se han de realizar en torno a puntos claves de la vida social: escuela, asociación de vecinos, centros sociales, bibliotecas, clubes, etc. también podrían indicarse la empresa o la fábrica, y en otro orden, las calles y los lugares públicos. En suma: se trata de ir a donde la gente se encuentra y vive su vida. Algunos han llamado a esto "tendencia a llevar la cultura a la calle", nosotros preferimos hablar de la búsqueda de espacios para que la cultura se exprese en los ámbitos de significación vital para la misma gente.

b. Desde el punto de vista de los programas de animación, los lugares deben ser tales que favorezcan el ejercicio de la participación y la dinamización de los procesos culturales.

c. Conviene que los locales en donde se realizan los actos culturales, no tengan connotaciones específicas que, por sus características, sean excluyentes de algún sector de la población, aunque éste sea minoritario.

En nuestra sociedad las industrias culturales ofrecen para un mercado único e indiferenciado, una serie de productos culturales uniformes (homogéneos y homogeneizantes) que se consumen en una pasividad casi total. Por otra parte, cada persona queda sola frente a esta oferta global e indiferenciada. En cambio, los programas de animación sociocultural tratan de revalorizar la acción cultural en un ámbito en el que sean posibles los encuentros personales y la cultura tienda a expresarse, si no por la acción colectiva, al menos a través de una participación grupal y/o comunitaria.

Todo esto nos conduce a referirnos, aunque sea por simple enumeración, a lo que suele denominarse como "los lugares para la animación", es decir, los espacios que de hecho suelen utilizarse para este tipo de tareas. Estos son los más importantes:

- centros sociales
- casas de la cultura
- bibliotecas
- monumentos
- salas de teatro o cine
- centros culturales
- casas de la juventud
- museos
- parques, espacios naturales, etc.
- colegios
- locales de organizaciones de base: juntas o asociaciones de vecinos, cooperativas, sindicatos, etc.

El listado puede ser más amplio. En cuanto a la elección de uno u otro, esto depende de:

- los equipamientos realmente disponibles
- lo que los usuarios deseen hacer y quieran utilizar
- la posibilidad de adaptar los espacios e infraestructuras disponibles, para actividades de diferentes características.

Respecto a esto último, las razones son de sentido común: no se hará en el local de una asociación de vecinos una acampada al aire libre, ni un parque parece ser el lugar más apropiado para confeccionar un periódico. Y en sentido contrario, un parque o plaza (o cualquier lugar público), un teatro o una sala podrán ofrecer diferentes posibilidades de adaptación.

3. Cuándo realizar las actividades

De ordinario, el "cuadro temporal" de la animación socio-cultural se sitúa esencialmente durante el tiempo libre. Como es claro, las actividades de animación, son una forma de llenar ese tiempo. Sin embargo, esta separación tajante entre el tiempo de trabajo y el tiempo libre, excluyendo del trabajo el campo cultural, es una forma de parcializar la existencia y, en algunos casos, para mantener una arbitraria división entre lo intelectual y lo manual. Por ahora, en nuestro ámbito de acción, habida cuenta de la concepción y las prácticas vigentes, no podemos prescindir de esta circunstancia: la cultura, por lo general, queda fuera del trabajo.

De ahí que resolver el problema del tiempo —cuándo realizar las actividades socio-culturales— se limite frecuentemente a encontrar la mejor forma de utilizar el tiempo libre o de ocio. Para nosotros, más que una cuestión de inversión u ocupación del tiempo libre, se trata de que ese tiempo se pueda llenar con un significado más personal que posibilite encontrar los medios para la originalidad creadora, ya sea en las relaciones humanas, la convivencia o el ámbito de lo artístico en sus más variadas manifestaciones.

En la práctica, la cuestión se reduce a elegir la realización de las actividades de animación en:

- una jornada (de una o dos horas a todo el día);
- varias jornadas;
- en días sucesivos;
- en varias semanas (un mismo día de la semana).
- fin de semana;
- en tiempo de vacaciones.

4. Las actividades específicas... ¿QUE HACER?

Con esta expresión hacemos referencia a las diferentes formas de llevar a cabo las actividades de animación socio-cultural. Estas si bien son variadas y múltiples, pueden resumirse y clasificarse en cinco grandes sectores:

- formación
- difusión
- artísticas (no profesionales)
- lúdicas
- sociales.

Como este será el tema del próximo capítulo, aquí nos limitamos sólo a esta mención.

5. Los métodos y técnicas a utilizar... ¿COMO?

Este apartado incluye fundamentalmente todo lo referente a los procedimientos a utilizar en cuanto a técnicas sociales, pedagógicas y artísticas, y todos los aspectos a tener en cuenta en la organización y realización de las actividades socio-culturales.

En cuanto a los procedimientos, pueden señalarse una serie de técnicas principales que se han de utilizar de manera exclusiva o combinada, según los casos:

a. técnicas grupales
b. técnicas de información-comunicación
c. técnicas o procedimientos para la realización de actividades artísticas
d. técnicas o procedimientos para la realización de actividades lúdicas.

a. Técnicas grupales*

Para el trabajo de animación conviene tener un buen manejo de las técnicas grupales que, a los efectos de este tipo de actividad distinguimos en cuatro grandes grupos:

- *Técnicas de iniciación:* que tienen por finalidad generar condiciones que introduzcan al grupo y a sus miembros en la iniciación de la vida grupal mediante el conocimiento mutuo, la desinhibición y de

---

* Entre los animadores socio-culturales existe una confusión bastante generalizada entre lo que son las técnicas grupales, la dinámica de grupos y el trabajo con grupos. Ver nuestro libro, **Técnicas de reuniones de trabajo**, Hvmanitas 1986, y el libro de María José Aguilar **Cómo animar un grupo: técnicas grupales**. Kapelusz, Buenos Aires, 1990.

197

otras formas que crean las condiciones para que el grupo exista como tal. También sirven para crear una atmósfera adecuada por el trabajo que se haya previsto realizar en el grupo.

- *Técnicas de cohesión:* propician la cohesión del grupo en sus diferentes etapas de desarrollo; refuerzan y mantienen sus fuerzas integradoras. Pueden ser de tres tipos:

    — construcción grupal

    — afianzamiento grupal

    — proyección grupal

- *Técnicas de producción grupal,* que facilitan el cumplimiento de las tareas del grupo y organizan las formas de discusión, toma de acuerdos y responsabilidades de los miembros del grupo.

- *Técnicas de medición,* para conocer la forma, dirección e intensidad de las interacciones del grupo y la posición de sus miembros. Sirven también para evaluar el funcionamiento del grupo y el nivel de logro de sus objetivos.

b. *Técnicas de información/comunicación*

En cuanto al uso de las técnicas de información/comunicación, éstas pueden clasificarse en tres grandes grupos:

- *Técnicas de comunicación oral,* siendo la charla, discurso o conferencia, la forma típica de las mismas. Existen algunas técnicas grupales que exigen un buen manejo de la comunicación oral (mesa redonda, panel, simposio, seminario).

- *Exposiciones*: se trata de un procedimiento visual para transmitir mensajes a un grupo de personas, exhibiendo productos culturales, o bien un hecho, problema o situación. En las exposiciones no se habla... se "expone", es decir, "se muestra".

- *Técnicas de comunicación social:* la información se da en forma gráfica a través del texto escrito. Son formas de lenguaje visual que incluyen palabras, forma, espacio y (en algunos casos) color. Las formas son muy variadas: *escritas*: periódicos, volantes, pintadas, boletines, revistas, afiches-carteles, periódico mural. *Orales*: cassettes-cintas, altoparlantes-megafonía, informativos, etc. *Audiovisuales*: cine, fotomontajes, video-tapes y montajes audiovisuales en general.

c. Técnicas o procedimientos para la realización de espectáculos artísticos

Siguiendo el esquema metodológico clásico, vamos a distinguir tres momentos en la realización y organización de los espectáculos:

- *Requisitos iniciales para la organización de una actividad artística*

Antes de proceder a la tarea de organización propiamente dicha, hay que prestar atención a algunos requisitos iniciales que han de estar a cargo fundamentalmente de los administradores culturales.

Ante todo hay que *tener en cuenta los problemas de la vida real* que afectan a los destinatarios del espectáculo. Este requisito como criterio de selección es válido para las actividades de animación puesto que éstas procuran lograr la participación de la gente. Un espectáculo artístico en sí, puede realizarse sin tener en cuenta los problemas que afectan a un sector de la población o a un colectivo, pero en este caso no es una actividad de animación. Si lo artístico no puede ser un "acontecimiento" desvinculado de la vida de un colectivo, es necesario tener en cuenta aquellos hechos o problemas (históricos o de actualidad) que en mayor o menor medida han afectado a un sector de la población.

En general, dentro de los programas de animación, los espectáculos artísticos deberían servir para afirmar la memoria histórica de un pueblo y para sensibilizar y concientizar en torno a sus propios problemas, necesidades e intereses.

Otro requisito inicial, es el de *precisar los objetivos de la actividad*. Estos constituyen la pauta básica de actuación, por cuanto dan razón de la actuación y condicionan la realización de las actividades específicas.

No hay que confundir los objetivos con el tema, o sea, aquello de lo que especifica y concretamente trata el espectáculo.

La opoyatura técnico-material. Se trata del conjunto de elementos necesarios que permiten materializar el espectáculo. Comprende fundamentalmente dos aspectos:
- definir el lugar o espacio escénico en el que se desarrolla la actividad (si cumple o no los requisitos que exige el espectáculo) o las posibilidades que ofrece de adaptación;

- determinar las responsabilidades del equipo técnico (sonido, música, luminotecnia, escenografía, etc.)

- *Realización del guión de organización del trabajo*

Si la fase anterior corresponde fundamentalmente a los administradores culturales, ésta es fundamentalmente técnica, "sirviendo de enlace entre la etapa inicial de organización y la etapa de montaje propiamente dicha". Tiene por finalidad ordenar todo el "material artístico, teórico y técnico que se relaciona con la puesta en escena del espectáculo". No se debe confundir por tanto, con el guión literario y que es lo que habitualmente se denomina guión (película, obra de teatro, etc.).

Un guión comprende los siguientes aspectos:
1. Nombre o título del espectáculo
2. Objetivos de la actividad
3. El tema
4. La idea central del espectáculo
5. Lugar de representación
6. Elenco artístico
7. Equipo técnico
8. Equipo de dirección
9. Recursos materiales...
10. Género del espectáculo: musical, teatral, danzario, circense, masivo (carnaval, fiesta popular), solemne (acto conmemorativo, velada)
11. Cálculo del tiempo de duración del espectáculo
12. Tiempo de montaje, con la frecuencia de ensayos por semana
13. Fecha de estreno
14. Desarrollo del espectáculo

- *Montaje de un espectáculo artístico*

El montaje de un espectáculo artístico comporta una serie de tareas que pueden resumirse en las siguientes:

Preparación del *libro de dirección* que, además del guión antes mencionado, debe contener el plan de ensayos, plano de movimientos, plano de luces, diseños de escenografía y vestuarios.

Sesiones de trabajo con los técnicos que intervendrán en el espectáculo: escenógrafo, musicalizador, sonidista y todo especialista que haya de contribuir en la realización del mismo.

Inicialmente los *ensayos* deben realizarse por *unidades* o *bloques*, pero teniendo en claro cada uno de los integrantes cuál es su función en el conjunto.

Otro aspecto del montaje, es la *inclusión de los elementos complementarios* para la puesta en escena, tales como decoración, atmósfera, ambientación del espéctáculo (escenografía, música, vestuario, etc.) y que sirven de complemento de quienes actúan (actores, músicos, bailarines).

Se dan luego los *ensayos parciales,* esto es, aquellos que aunque sean completos, se refieren a un solo aspecto: escenografía, luces, música, sonido, etc. Los demás elementos pueden estar presentes, pero la atención técnica del ensayo se dirige a un solo aspecto.

Por último se hacen los *ensayos generales* en los que se presenta toda la obra o espectáculo con todos sus elementos, tal como si fuera el estreno.

Todo esto culmina con la *presentación de la obra.*

d. Técnicas o procedimientos
para la realización de las actividades lúdicas

Aquí nos limitaremos a una pequeña consideración sobre el tema, ya que una visión más amplia del juego y la animación, se encuentra en el capítulo siguiente.

De lo que se trata en este punto, es de traducir a nivel de técnicas y procedimientos, la realización de acciones situadas fuera de la vida corriente, que se desarrollan en un orden sometido a reglas (de juego) que buscan el goce y disfrute de quienes participan. Existe una gran variedad de medios y técnicas para aplicar en la realización de las actividades lúdicas. Sin embargo, cuando estas técnicas y procedimientos se utilizan dentro de programas de animación, han de reunir por lo menos, tres condiciones; deben ser:

- formativas (en el sentido que buscan el desarrollo de la persona)
- participativas (que posibilitan la iniciativa y la actividad personal y grupal)
- festivas (que por su modo de realización procuren la alegría y la felicidad de quienes lo realizan.)

Se da por supuesto que se tendrán en cuenta los centros de interés de los participantes y, en la medida de lo posible, estos juegos deben desarrollar la capacidad de expresión y comunicación, en un contexto de vida grupal (o colectiva) alegre y activa, que aliente la expansión y el desarrollo personal, pero siempre en una perspectiva de solidaridad y fraternidad. Mejor todavía, si además de favorecer la iniciativa personal, grupal y comunitaria, posibilita la creatividad individual y colectiva.

6. Los medios o instrumentos técnicos... ¿CON QUE?

En este último de los aspectos operativos, se hace referencia al utilaje profesional, es decir, a los instrumentos y equipamientos que tiene —y utiliza— el animador socio-cultural.

Ciertamente un animador puede utilizar una amplísima gama de instrumentos técnicos, pero para cada caso concreto tiene que saber cuál o cuáles son los más adecuados. Para elegir los medios más eficaces es preciso tener en cuenta:

- quiénes son los sujetos del proceso
- cuál es la realidad en la que están insertos
- el tipo de actividad, práctica o aprendizaje que se pretende generar
- las posibilidades prácticas de utilización de algunas técnicas concretas.

En cuanto a los medios o instrumentos más utilizados, presentamos esta lista a modo de ejemplo:

- rotafolios
- pizarras
- pizarras de fieltro
- pizarras magnéticas
- "velleda"
- proyector de diapositivas
- retroproyector
- proyector de cuerpos opacos
- magnetófono
- proyector cinematrográfico
- video
- video-bus
- televisión de circuito cerrado.

Desde otra perspectiva, podemos considerar como parte del utilaje profesional, los diferentes tipos de materiales que pueden utilizarse en la animación:

- gráficos (manuales, folletos, guías didácticas, cartillas, etc.)
- visuales (dibujos, fotografías, gráficos)
- orales (cassettes, discos, emisiones radiofónicas, etc.)
- audio-visuales (montajes de diapositivas, películas, programas de TV, etc.)

De una manera general para decidir qué instrumento o material se va a utilizar, resulta indispensable tener en cuenta dos factores: los problemas técnicos y los problemas económicos.

Los **problemas técnicos**. No basta con disponer de instrumentos técnicos, hay que saber utilizarlos. A veces la complejidad de ciertos aparatos absorbe demasiado la atención de los animadores antes y durante la actividad propuesta. Cuando más complejos son los aparatos, mayores son los riesgos de avería o de dificultades en su funcionamiento, y por tanto, de perturbar o malograr un acto de animación. En suma: el problema técnico a resolver es el de saber manejar bien los instrumentos a utilizar.

Los **problemas económicos**. La cuestión de la relación costo-beneficio que mencionamos en otra parte, debe ser tomada en consideración de manera particular en la elección de este tipo de instrumentos. No tiene sentido utilizar medios costosos y complejos cuando el trabajo se realiza en pequeños grupos, no sólo por la baja rentabilidad de una inversión de esa índole, sino porque ello expresaría un escaso o bajo nivel de creatividad, tan necesaria para este tipo de programas, que se intentaría suplir con la utilización de "instrumentos técnicos".

Por último, como recomendación general, conviene evitar todo fetichismo técnico, es decir, transformar lo instrumental en algo con finalidad en sí mismo. Es evidente también que el fetichismo técnico lleva a creer (o actuar como si se creyese), que las posibilidades de un programa cultural están ligadas de anera directa y proporcional a la disponibilidad de instrumentos, olvidando o pasando a un segundo plano, la actividad cultural en sí mjisma. Este equívoco es funesto en la realización e tareas de animación.

En este punto cabe advertir que los instrumentos utilizados y los materiales son medios de apoyo a la intervención personal del animador con el fin de facilitar y estimular la actividad y la participación. Los instrumentos técnicos nunca reemplazan al animador, su carácter es complementario y auxiliar. En medio de la tecnificación de todos los campos vitales de la existencia, la animación socio-cultural por un lado, tiene que aprovechar los instrumentos técnicos y, al mismo tiempo, tiene que resistir a la seducción tecnológica. Conviene recordar una vez más que en las tareas de animación hay una dimensión o instancia humana que ninguna tecnología puede reemplazar.

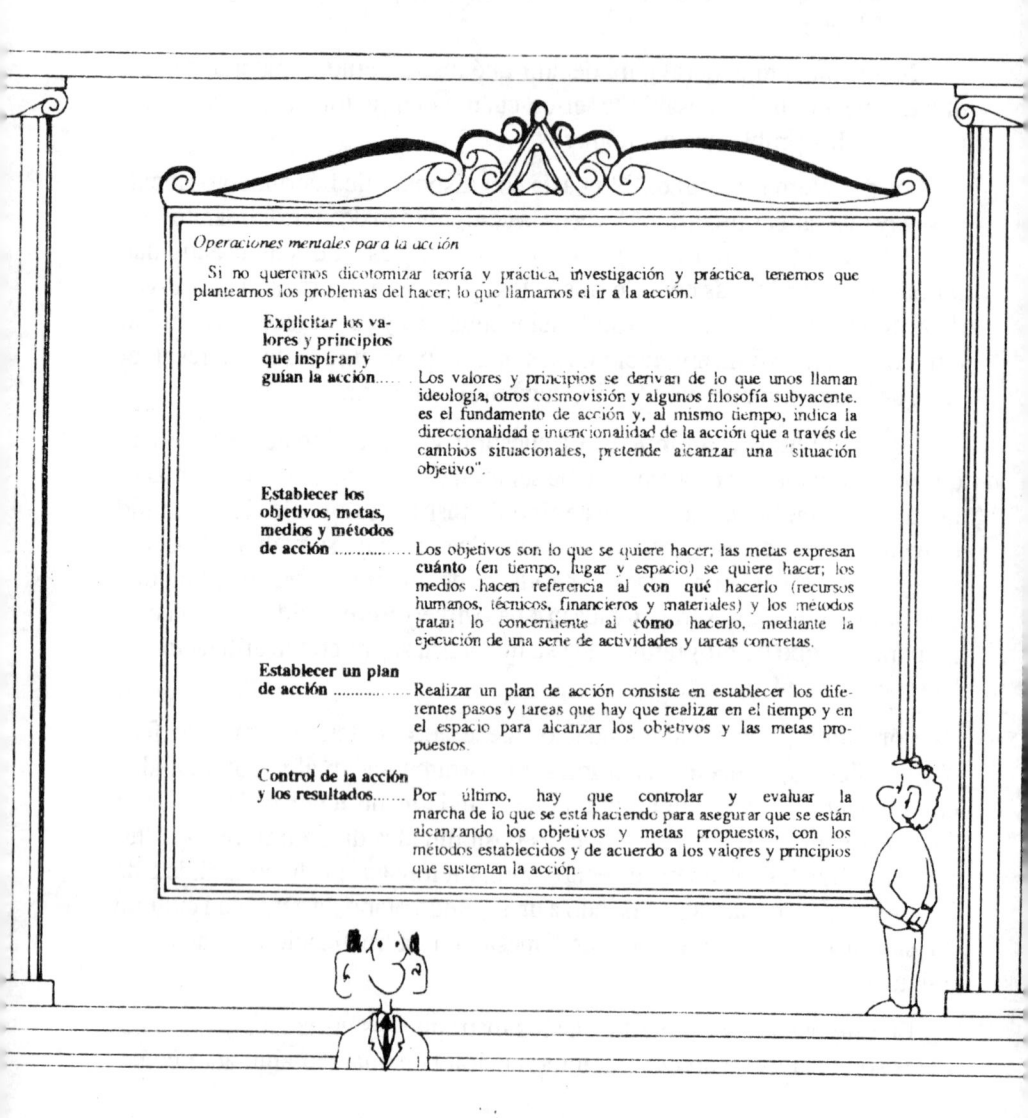

Operaciones mentales para la acción

Si no queremos dicotomizar teoría y práctica, investigación y práctica, tenemos que plantearnos los problemas del hacer; lo que llamamos el ir a la acción.

Explicitar los valores y principios que inspiran y guían la acción.... Los valores y principios se derivan de lo que unos llaman ideología, otros cosmovisión y algunos filosofía subyacente. es el fundamento de acción y, al mismo tiempo, indica la direccionalidad e intencionalidad de la acción que a través de cambios situacionales, pretende alcanzar una "situación objetivo".

Establecer los objetivos, metas, medios y métodos de acción .... Los objetivos son lo que se quiere hacer; las metas expresan cuánto (en tiempo, lugar y espacio) se quiere hacer; los medios hacen referencia al con qué hacerlo (recursos humanos, técnicos, financieros y materiales) y los métodos tratan lo concerniente al cómo hacerlo, mediante la ejecución de una serie de actividades y tareas concretas.

Establecer un plan de acción .... Realizar un plan de acción consiste en establecer los diferentes pasos y tareas que hay que realizar en el tiempo y en el espacio para alcanzar los objetivos y las metas propuestos.

Control de la acción y los resultados....... Por último, hay que controlar y evaluar la marcha de lo que se está haciendo para asegurar que se están alcanzando los objetivos y metas propuestos, con los métodos establecidos y de acuerdo a los valores y principios que sustentan la acción.

204

Capítulo 10

Las actividades específicas a partir de las cuales se puede realizar la animación socio-cultural

He aquí que a lo largo de este trabajo, y de otros sobre temas similares, hemos señalado el variado, múltiple, polifacético e... inasible ámbito de las actividades propias de la animación socio-cultural. Pero he aquí que llegamos a un capítulo en donde debemos tratar de manera expresa, todo lo referente a las actividades que pueden servir de sustento a los programas de animación.

Antes de entrar al tema queremos recordar lo que ya hemos dicho: lo sustancial de la animación socio-cultural no viene dado por lo que se hace, sino por la forma de llevar a cabo la actividad. Todas las actividades que presentamos en este capítulo, pueden o no ser animación, depende de cómo se hagan.

El conjunto de actividades de la animación puede clasificarse en cinco grandes grupos que constituirán los temas básicos de este capítulo.

1. Actividades de formación
2. Actividades de difusión cultural
3. Actividades de expresión artística no profesional
4. Actividades lúdicas: recreación, juegos, esparcimiento, fiestas y deportes.
5. Actividades sociales.

FORMACION...
Actividades que favorecen la adquisición de conocimientos y el desarrollo del uso crítico e ilustrado de la razón

- jornadas
- talleres
- cursos
- seminarios
- ciclos de conferencias
- mesas redondas, debates,
- reuniones de trabajo
- círculos de cultura
- educación de adultos

DIFUSION...
Actividades que favorecen el acceso a determinados bienes culturales

Del patrimonio heredado
- monumentos históricos
- museos
  - arte
  - ciencia
  - técnica
  - tradiciones
  - culturales, etc.
- galerías de arte
- bibliotecas
- fonotecas
- videotecas

De la cultura viva

ARTISTICAS
(No profesionales)

Actividades que favorecen la expresión y que constituyen formas de iniciación o de desarrollo de los lenguajes creativos y de la capacidad de innovación y búsqueda de nuevas formas expresivas

Artesanías o Artepopular
- Cerámica
- Trabajo al barro
- Talla de madera
- Tejido
- Bordado, macramé, encaje, ganchillo, crochet
- Cestería
- Trabajo en piel
- Tapiz
- Forja
- Trabajos en piedra
- Vidrio
- Cerería
- Juguetes y muñecos
- Trabajos en hueso, conchas, moluscos
- Miniaturismo o modelismo
- Trabajo en plumas
- Abanicos
- Joyas, bijouterie

207

ARTISTICAS
(Continuación)

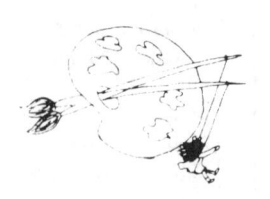

- Artes Visuales
  - Pintura
  - Escultura
  - Grabado
  - Dibujo artístico y funcional
  - Serigrafía
  - Litografía
  - Cartografía
  - "Bricollage"
  - Tatuaje
  - "Posters" gráficos
  - Ilustraciones de libros

- Artes Escénicas
  - Teatro
  - Mimo
  - Títeres, marionetas, "Guignol"
  - Juglares, trovadores

- Danza
  - Ballet
  - Danzas folklóricas
  - Expresión corporal
  - Danza moderna
  - Danza jazz
  - Danza libre
  - Danza educacional

- Música y Canto
  - Música folklórica
  - Música moderna
  - Música clásica
  - Zarzuela-opera
  - Música coral
  - Grupos musicales
  - Bandas de música
  - Rondallas y tunas

- Lenguaje y Literatura
  - Periódico popular
  - Periódico mural
  - Talleres literarios
  - Producción de panfletos trípticos, folletos, revistas

ARTISTICAS
(Continuación)

Nuevas formas de cultura
- Films
- Audiovisuales
- Fotografía
- Uso de los medios de comunicación de masas { Radio, T.V.
- Arte producido por computadoras

LUDICAS...
Actividades físicas, deportivas y de aire libre que favorecen fundamentalmente el desarrollo físico y corporal

- Esparcimiento (diversiones al aire libre) { marchas, acampadas, paseos
- Protección de la naturaleza y el medio ambiente
- Recreación { excursiones, juegos
- Juegos predeportivos y paradeportivos
- Gimnasia
- Educación física
- Deportes
- Yoga, t'ai chi chuan, artes marciales

SOCIALES...
Actividades que favorecen la vida asociativa y la atención a necesidades grupales y la solución de problemas colectivos

- Fiestas
- Organización y realización de reuniones y encuentros
- Movilización de barrios para realizar acciones conjuntas
- Acciones en los movimientos sociales (asociaciones de vecinos, ecologistas, pacifistas, feministas), que consolidan el desarrollo de organizaciones de base

1. Actividades de formación

A veces se ha considerado a las actividades de formación dentro de la animación, como un modo de educación no formal. En otras ocasiones, ligadas muy estrechamente a la educación de adultos, se conciben las tareas de formación como una forma de compensar ciertos handicaps sociales de determinados sectores de población. Creemos que todo esto que forma parte de la tradición de lo que se ha hecho en el campo de la animación, es válido, pero para nosotros las llamadas actividades de formación van más allá: deben ser formas de problematización para formar un sujeto crítico capaz de ser protagonista, al menos de su propia historia.

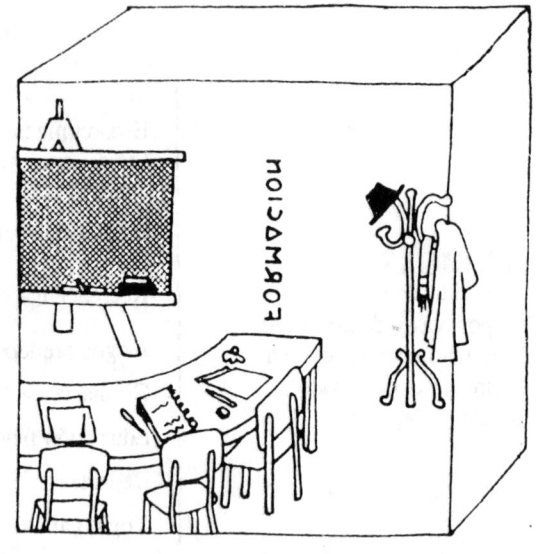

***

Desde la segunda mitad del siglo XX la importancia relativa del sistema escolar en la formación de la gente ha disminuido considerablemente. La vida social actual, con un entretejido de relaciones mucho más complejas que en pasadas épocas, el crecimiento y difusión de los medios de comunicación de masas, y la propaganda y la publicidad, aportan una gran cantidad de información. Todos estos elementos —a los que habría que agregar otros de menor importancia— se han transformado en vías no convencionales de "formación" o de "deformación".

Ahora bien, esta explosión informativa/formativa/deformativa, es imposible de "digerir" y, frecuentemente, impide a la gente distinguir lo sustancial de lo accesorio. Y lo que es peor por sus consecuencias, no es posible develar el encubrimiento o domesticación clandestina que pretenden los emisores de información.

Tampoco el sistema educativo constituye una garantía de formación/concientización de quienes participan en él. No cabe duda que dentro del sistema educativo se pueden aprender cosas, pero no siempre se aprenden para comprender la vida ni la realidad en que se vive, como tampoco suelen ser respuestas a necesidades materiales, intelectuales o espirituales de los educandos.

El sistema está montado en una "pedagogía de la respuesta" (las que dan los profesores sobre cuestiones que quizás nadie ha preguntado entre los receptores/depositarios de las mismas). La animación, por el contrario, se estructura fundamentalmente en una "pedagogía de las preguntas" (las que formulan los educandos para encontrar respuestas a sus problemas).

Con una pedagogía de la respuesta, el sistema educativo puede constituir un modo de encubrimiento ideológico de la realidad, en la medida que presente un modo de "ver" la realidad que enajene a la gente, ya sea individualmente, o bien como grupo, clase o colectivo.

Otros factores a considerar y relacionar con las actividades de formación dentro de los programas de animación socio-cultural son los que se derivan del hecho de los cambios acelerados que se viven en nuestra sociedad. La aceleración de los cambios históricos no sólo exige de cada persona estar informada, sino sobre todo estar en un proceso de educación permanente dentro de un espíritu que, según la conocida frase del Club de Roma, se denomina hoy "aprendizaje innovativo". Este aprendizaje, en una fase inicial, es apertura a los problemas y tiende a convertirse en un aprendizaje anticipatorio orientado, desde un punto de vista antropológico/cultural a la plasmación existencial de un estilo de vida acorde a las exigencias de un mundo en cambio permanente y acelerado.

Dentro de ese contexto de explosión informativa y frente a la necesidad de educación permanente, se enmarcan las actividades de formación que se realizan en los programas de animación socio-cultural, conforme a aquello de que "animación socio-cultural y educación permanente con dos caras de una misma moneda", y que la "educación permanente debe, para ser verdaderamente eficaz, estar complementada por una política de animación. Y esto por una razón básica: una cosa es la necesidad de educación permanente, y otra que la gente esté motivada y quiera realizar una formación continua, reciclaje incluido cuando ello sea menester.

Esta cuestión de animación-educación permanente, como anverso y reverso de una misma realidad, podría resumirse en lo siguiente:

- la educación permanente está centrada en la necesidad de una capacitación continua y en el desarrollo de nuevas actitudes culturales, acorde a los cambios que se producen en la sociedad;
- la animación socio-cultural procura superar y vencer actitudes de apatía o indiferencia, en relación al esfuerzo para "aprender durante toda la vida" que es lo sustancial de la educación permanente.

Respecto de las actividades de formación dentro de la animación, se han de tener en cuenta tres cuestiones principales:

- modalidades;
- temas o cuestiones a tratar;
- pedagogía a utilizar.

En lo que concierne a las modalidades que pueden adoptar las actividades de formación, éstas son bien conocidas: conferencias, talleres, cursos, mesas redondas, debates públicos, etc. Los círculos de cultura tienen características diferentes a los anteriores, puesto que si son transformados en una forma de investigación-acción participativa, son a su vez un instrumento o medio muy valioso de movilización y concientización.

Respecto de los temas, se puede tratar de forma más o menos sistemática cualquier cuestión, siempre que sea de interés a nivel personal, grupal o institucional y que afecte a algunos aspectos de la vida de determinados grupos, sectores o personas, o al conjunto de la comunidad. La posible enumeración de temas sería amplísima (y quizás de poca utilidad): pueden ir desde problemas totalmente individuales/personales, pasando por la vida grupal, la acción en el barrio y el municipio, hasta problemas de índole nacional e internacional. Medicina, ecología, mecánica, etc., etc. No hay límites en cuanto a los temas, pero hay una cuestión que es central: los temas tienen que ser de interés para la gente y, a ser posible, que sirvan para una comprensión más lúcida de la realidad que les toca vivir.

Todo lo concerniente a las modalidades y a los temas y contenidos son cuestiones importantes, pero lo sustancial es la pedagogía a utilizar, esto es, el modo de hacer o realizar las actividades de formación. Una de las características básicas de la animación, es la de apoyarse en una pedagogía participativa. La metodología convencional en la que uno habla y otros escuchan, y cuanto más participan en un coloquio final de preguntas y respuestas, está totalmente excluida de la animación. Las actividades de animación se han de realizar liberadas del formalismo pedante y de la solemnidad magisterial. Y esto ha de ser así, no sólo porque no se pretende proporcionar formación de carácter puramente intelectual, sino porque ha pasado el tiempo de las conferencias y charlas magistrales en las que se entregan conocimientos "envasados", apoyados en una "concepción bancaria de la educación" según la conocida expresión de Paulo Freire. Otro aspecto a considerar en las actividades de formación dentro de la animación, es que éstas no pueden estar hechas para el aburrimiento y el agobio; deben ser alegres, animadas... La gente debe encontrar gusto en hacerlas.

De lo que se trata es de estimular a los sujetos participantes a desarrollar sus potencialidades con capacidad de actuar "en" y "sobre" el mundo como sujetos de la historia y factores de transformación cultural. Es por eso que la pedagogía de las actividades de formación debe conducir al desarrollo del sentido crítico, a la reflexión personal y al diálogo, ya que uno de los objetivos básicos que se ha de procurar, es la elevación de todos los individuos participantes a niveles de "sujeto" y de "conciencia crítica liberadora", para decirlo con el lenguaje de Freire.

Ahora bien, la conciencia crítica se realiza, entre otras cosas, en el contraste de pareceres y en la búsqueda conjunta. De allí que, lo mínimo que exige esta pedagogía participativa es el coloquio o discusión, pero lo normal tiene que ser el trabajo en grupos y la puesta en común, para reflexionar y dialogar, para develar juntos el mundo, interpelarse y comprometerse en su transformación, aun en lo poco que cada uno puede realizar. Privar a la gente de la iniciativa y la participación o privarla de que diga su palabra y que escoja el camino a seguir, alegando la mayor capacidad y eficacia de los profesores/conferenciantes/animadores que "saben", es una modalidad ajena a la pedagogía de la animación. Por el contrario, dentro de estas actividades es fundamental que cada uno, además de informarse, tenga la posibilidad de expresar su opinión y, antes de comprometerse en una responsabilidad común (grupal o comunitaria), pueda decidirlo por una opción libre y responsable. Y en este punto no sólo hemos de criticar a una pedagogía "domesticadora" que intenta acomodar y ajustar a los educandos a una sociedad establecida, legitimando las desigualdades, sino también a una pedagogía pretendidamente crítica que sólo "baja consignas" para decirle a la gente lo que debe hacer.

> *Siempre que enseñes,*
> *enseña a su vez*
> *a dudar de lo que enseñas.*
>
> *José Ortega y Gasset*

Ahora bien, para comprender el sentido de las actividades de formación dentro de los programas de animación, debemos tener en cuenta su objetivo principal que es:

> favorecer la adquisición de conocimientos y el desarrollo del uso crítico e ilustrado de la razón, con el propósito de que las personas profundicen su toma de conciencia frente a su realidad vivencial. Se trata de un "educar para transformar y un transformar para educar", como diría Carlos Núñez.

A modo de síntesis, hemos de decir que en la formación para la animación se aprende y se adquieren conocimientos para:

- modificar las condiciones concretas de existencia,
- colaborar en la formación de la conciencia social,
- estimular la acción solidaria y la participación activa.

Este tipo de actividades, a diferencia de las que explicaremos después, exigen y presuponen un mayor nivel de inquietudes en los destinatarios. Hay que programarlas con cuidado; anunciarlas utilizando tan sólo carteles u otras formas impersonales, no basta: se necesita un trabajo personal con la gente, no sólo para motivarla a que asista, sino también para que participe, o al menos se implique en las mismas.

Breve digresión acerca de las actividades de formación
y la civilización de la imagen

Dentro de las actividades de formación, especialmente en el modo de hacerlo, hay que tener presente que una de las características de nuestra época, es la pérdida de terreno de la escritura escrita y de los medios exclusivamente verbales. Estos han sido desplazados por la cultura audiovisual o la "civilización de la imagen" como otros llaman. Las formas expresivas creadas por los modernos medios de comunicación de masas, que han impactado en todas las instituciones sociales y que influyen decisivamente sobre la vida de los hombres, inciden también en una cuestión tan puntual y limitada como es la forma de realizar las actividades de formación en los programas de animación. ¿En qué sentido preguntará el lector? En varios, pero todos ellos podríamos resumirlos en lo siguiente: las actividades de animación deben estar acompañadas y apoyadas —dentro de lo posible— por medios técnicos que sirvan como apoyatura visual. Para ello puede utilizarse desde la pizarra hasta el cine y el video, con todas las formas y modalidades intermedias.

Debemos recurrir, pues, a las ayudas visuales porque ello juega un papel importante en la estrategia pedagógica, pero hay que evitar caer en un fetichismo técnico, como si los instrumentos pudiesen reemplazar la acción personal del animador.

Hay otro aspecto igualmente importante en esta relación entre animación y civilización de la imagen: los animadores no sólo deben saber descifrar mensajes transmitidos a través del lenguaje visual y audiovisual, tienen que ser capaces de expresarse y comunicarse a través de esas nuevas formas para llegar cada vez mejor a diferentes grupos sociales y culturales.

2. Actividades de difusión cultural

No hay duda de que todos los seres humanos tienen derecho a participar y disfrutar de la común herencia cultural de la humanidad, al menos del porciúnculo que está a su alcance. El derecho a la cultura forma parte de los derechos humanos, pero es dudoso que la simple difusión de productos culturales asegure ese derecho, concretado en el goce y disfrute de los bienes culturales.

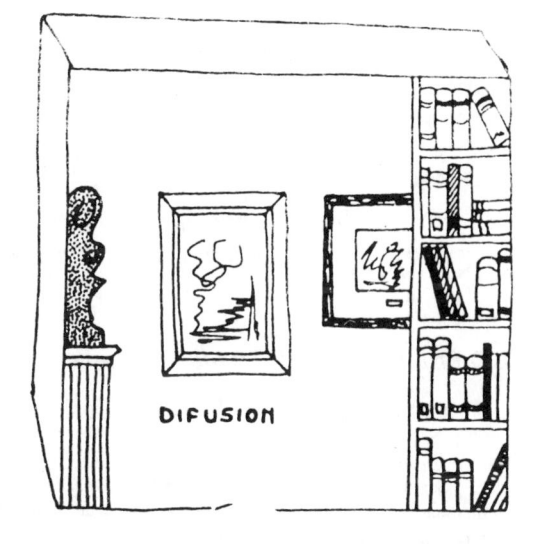

Si sólo se realizan tareas de difusión cultural, lo que se procuraría es asegurar el acceso a los bienes culturales. Se trata de un propósito plausible e irreprochable en su intención y una actividad de política cultural absolutamente necesaria, pero insuficiente como estrategia de acción cultural dentro de una sociedad de masas con las características de la actual.

Con las actividades de difusión se procura dar al público —a la mayor cantidad posible de personas— la posibilidad de conocer, apreciar y comprender lo que es el patrimonio histórico-cultural. Se trata de un modo de facilitar a la gente el acceso a los bienes culturales y de procurar que el patrimonio histórico y todo aquello que constituye el acervo cultural de esa comunidad sea accesible a cuantos desean apreciarlos.

Pero si la difusión cultural se enmarca o se relaciona con un programa de animación socio-cultural, estos propósitos se hacen más amplios: lo que es patrimonio se procura transformar en cultura actual en cuanto significado y experiencia que inspira el quehacer de hoy; lo que es pasado se rescata como memoria histórica y se hace vivo y significativo en relación a los problemas que se confrontan.

Mediante estas actividades de difusión se procura desarrollar en la gente la capacidad de apreciar todo aquello que ha quedado consagrado como obra cultural y que es patrimonio de un pueblo (y si es posible, también hay que enseñar a apreciar lo que tiene carácter universal y pertenece a la humanidad). Al enmarcar estas actividades en programas de animación socio-cultural, esta apreciación del propio patrimonio histórico-cultural se ha de vincular con la afirmación de la propia identidad cultural.

> La "experiencia estética" —al igual que todas las otras experiencias— no es solamente un mero percibir pasivamente. Por el contrario, implica una respuesta activa por parte del observador... La experiencia estética del espectador es una actividad que consiste en una participación placentera, en una especie de unión con el proceso creador del artista.
> **Luis Recasens Siches**

Difusión/animación desde los Museos

Dentro de las actividades de difusión, los Museos* son una realidad que

---

* Según el Consejo internacional de Museos (ICOM), "el museo es una institución permanente, sin finalidad lucrativa, al servicio de la sociedad y de su desarrollo, abierta al público, que adquiere, conserva, investiga, comunica y exhibe para fines de estudio de educación y de deleite, testimonios materiales del hombre y su entorno".

ostenta una larga tradición. Nacidos por disposición del poder público (nacional, provincial o local), o por la inquietud o empuje de un grupo de personas y, en ciertas circunstancias por el afán coleccionista de algún particular, los museos pueden jugar un papel importante en la tarea de difusión/animación. Los avances técnicos en el campo de la museología, permiten darle ese contenido dinámico y difusor:

- para estimular y dinamizar la vida cultural a partir de actividades promovidas desde el mismo museo, o bien,
- como centro y equipamiento destinado a la preservación del patrimonio histórico y cultural.

En las actuales circunstancias, cuando los museos sólo son "depósitos" o "almacenes" de cuadros, esculturas, objetos, animales o lo que fuere, tienen muy escasa significación cultural. Cuando los museos sólo sirven para investigaciones elitistas, tienen sentido por este mismo hecho, pero no por ello son atractivos a la población en general. Cuando esta concepción tradicional ha sido superada (el museo como simple depósito) y se da una mayor importancia a su dimensión como tema de extensión cultural, su contenido y su infraestructura patrimonial, puede transformarse en un centro de dinamización cultural, a través de programas de animación.

No decimos que los museos deben ser parte de los programas de animación, sino que a partir de estos programas, se debe transformar a los museos en centros dinámicos de la vida cultural. Para que ello sea posible, no basta coleccionar, no basta que el museo sean tan sólo expresión objetual de culturas precedentes. La cultura del museo sólo se vuelve viva y vuelve a la vida, cuando sirve e inspira la acción y la reflexión de los que viven hoy.

Pero hay más: un museo, al registrar y recoger parte del pasado, es un elemento de contacto con las propias raíces culturales que puede ayudar a adquirir una cierta información/vivencia de ellas y a configurar la memoria histórica como elemento indispensable para la adquisición de la propia identidad cultural. No menos importante son los aportes que pueden hacer los museos para informar/mostrar cómo ha evolucionado la ciencia y la tecnología, y para proporcionar una cierta vivencia de goce estético a través de las obras de arte. En los museos municipales o locales, las tradiciones del pueblo, los retazos materiales de su historia (objetos, fotografías, etc.) pueden ayudar a la memoria histórica de la pequeña historia de cada pueblo, y mantener "recuerdos" que le muestran sus raíces.

Y ya que hablamos de museos municipales y animación socio-cultural, queremos señalar otro aspecto positivo que puede darse en este matrimonio "animación-museo". El contacto directo con la gente, puede ayudar a recoger "cosas del presente" que serán pasado en las próximas generaciones y, a veces, recoger "cosas del pasado" que están en el cuarto de trastos viejos, pero que pueden adquirir vida en un museo. Tanto mejor, si todo esto se complementa con una organización autogestionaria de los museos con la participación de la misma gente del pueblo, y se establece una adecuada coordinación con centros docentes y asociaciones culturales del medio... Esta plataforma ampliada de participación, transforma el museo en un centro de animación.

Visto desde la perspectiva de la práctica de la animación socio-cultural, en un museo se pueden realizar diferentes actividades que lo transforman en un foco de animación. A veces es necesario crear secciones de introducción y divulgación. Y si a ello se agregan guías con una cierta preparación como animadores, es posible que los museos tengan un contenido realmente dinámico, desde los cuales realizar actividades propias de la animación.

He aquí algunas sugerencias prácticas, para transformar un museo de arte, en un foco de dinamización y animación:

- enseñar a ver la obra artística, para iniciar a la gente en el análisis y la comprensión de esas obras; esto se puede realizar a través de dos procedimientos principales:

  — visitas guiadas, procurando hacer comprender el mensaje artístico, a través de explicaciones, sencillas y rigurosas a la vez, mediante el contacto verbal entre el guía y el visitante.

  — exposiciones didácticas, con el fin de enseñar a descodificar el lenguaje del arte, utilizando para ello una sala o exhibición introductoria que prepara al visitante para el mejor aprovechamiento de su visita al museo.

- exposiciones circulantes, con reproducciones (que es lo más factible de hacer) y con obras originales (cuando sea factible y se tengan garantías de que no corren riesgo de ser deterioradas o destruidas).

- desarrollar actividades lúdicas y artísticas para niños y jóvenes en relación y en torno a determinadas secciones y obras del museo, como forma de acercamiento y desmitificación comprensiva que en general los museos proyectan en estos sectores sociales.

Hemos ejemplificado con un museo de arte, pero una tarea similar se puede realizar en otro tipo de museos, especialmente los científicos/tecnológicos, con especial atención a su vertiente divulgadora. Pueden servir de complemento de la educación en la escuela. Lo mismo podemos decir de los museos históricos.

```
              | POLITICA MUSEISTICA |
                        ↓
                    | MUSEO |
          PROGRAMACION DE LA FUNCION PEDAGOGICA
                   ADMINISTRACION
```

```
                           1
                        EDIFICIO
                     (El continente)

                           3
                       EL PERSONAL
   ADQUISICION
   SELECCION
   CONSERVACION
   RESTAURACION              2              4          FINES DE:
   INVESTIGACION     LAS COLECCIONES    EL PUBLICO     ESTUDIO
   COMUNICACION        (El contenido)                  EDUCACION
   Y EXHIBICION                                        DELEITE
                      LA MUSEOLOGIA
```

Tomado de Giraudy y Bouilet, **Le Musée et la vie**.

Digamos, por último, que la política de extensión cultural de los museos, debe estar atenta a la difusión de la cultura viva, especialmente en el mundo de la plástica. Y con especial prioridad, en la tarea de hacer conocer a los artistas locales y regionales.

Cabe advertir que se puede hacer difusión cultural sin hacer animación socio-cultural. Para que todas estas manifestaciones constituyan una actividad de animación, deben ir enmarcadas en la perspectiva de la participación —antes que en la del consumo—, de diálogo, de incorporación a la vida y a la práctica cotidiana. Si se analiza el pasado, no sólo hay que "entrar en su contenido (informarse de lo que ha ocurrido), también hay que contextualizar lo que se "ve", pero sobre todo hay que indagar su significación histórica y actual (captar lo que ello me explica de mi presente), a fin de que sea inspiración para lo que debo hacer en el presente y en el futuro.

También hay que difundir la cultura actual, la que está viva, y en ciertas circunstancias hay que hacer conocer la cultura emergente capaz de expresar una nueva sensibilidad. El problema, vista la cuestión desde los programas de política cultural, es que estas manifestaciones culturales suelen expresarse de manera heterodoxa para los cánones vigentes. Ya lo hemos indicado antes, pero conviene insistir sobre este punto: en las actividades de difusión cultural no hay que limitarse a transmitir el patrimonio heredado, lo prioritario es hacer accesible a la mayor cantidad de gente posible, la producción y la creación cultural actual. En otras palabras: lo que se pretende es potenciar la cultura viva, pero ¿dónde se expresa la cultura viva, aquella que hoy tiene significado para el hombre actual?, ¿en dónde se expresa esta cultura que pre-figura el futuro?

Para responder a esta cuestión, o al menos para intentar hacerlo con un mínimo de seriedad, hay que tener en cuenta el complejo entrecruzamiento de manifestaciones culturales que se dan en la sociedad: cultura de masas, cultura popular, cultura del pueblo, cultura de élite; cultura del "establishment", contracultura y anticultura; cultura transnacional, cultura del Estado y cultura de regiones... Frente a todo eso hay que preguntarse, ¿en dónde está expresada la cultura viva? No se puede responder a este interrogante diciendo "esto" o "aquello" es cultura viva, y menos aún, ésta es la cultura que prefigura el futuro. En el contexto de los propósitos de este libro, preferimos dejar planteado el interrogante, aunque en otros trabajos intentamos una respuesta parcial a esta cuestión.

Ya se trate del patrimonio histórico-cultural, ya se trate de la cultura viva, si bien en todas estas actividades de difusión se adquieren saberes y conocimientos, no hay que olvidar que el fin fundamental es que se vaya logrando una visión en profundidad de los problemas humanos tratados, una actitud crítica ante los contenidos y la forma de enfrentarse a ellos, y una educación en el goce estético. ¿Acaso el pueblo no tiene derecho a la belleza?

> *Una estética torpe nos ha habituado a reservar el nombre de artista para el que produce la obra, como si el que la goza adecuadamente no tuviese también que serlo.*
>
> ***José Ortega y Gasset***

3. Actividades de expresión artística no profesional

La verdad es que la mayor parte del saber, de las técnicas, y de las artes eruditas, constituyen un patrimonio transmisible, del cual el hombre común debe hacerse heredero como forma de enriquecer su vida, de proveerle una imagen realista y motivadora del mundo y, sobre todo, de liberarlo de las amarras del saber de carácter arcaico.

Darcy Ribeiro

El texto de Darcy Ribeiro que nos sirve de introducción a este apartado, destaca un hecho muy poco aceptado: el arte no es un privilegio ni un lujo, es una forma significativa de expresión de ideas y sentimientos, capaz de hacer que las personas adquieran un desarrollo más armónico y global. Consiguientemente ningún programa de política cultural, y más específicamente de animación sociocultural, puede dejar fuera las actividades artísticas. A través de ellas se favorece el desarrollo de las capacidades humanas, de manera particular, mediante el descubrimiento de las posibilidades expresivas.

Se ha reconocido que el hombre, animal ingenioso y soñador, también satisface sus deseos en la fantasía, la fabulación onírica y la ficción. Esta es una dimensión y apertura que va más allá del *homo sapiens* y del *homo faber*: un desarrollo armónico y global excede la dimensión racional y laboral del hombre. Esto no siempre es comprendido por los responsables de las políticas culturales; a veces ni siquiera es aceptado por los pedagogos.

Para comprender el significado de las actividades de expresión artística no profesional dentro de los programas de animación, conviene diferenciarlas claramente de las actividades de difusión cultural. Mientras que la difusión es una forma de canalizar el acceso a la cultura, las actividades de expresión artístico-cultural no profesional, son todas aquellas que, como explica Patricia Stokoe, son formas de educación por el arte que tienden a promover "ciertas cualidades humanas: el desarrollo de la sensibilidad, de la capacidad de expresar, investigar, experimentar y transformar. De pertenecer, compartir, colaborar y respetar. Educar para la belleza, la alegría, la salud y el goce" (1).

Ahora bien, en las actividades artísticas no profesionales, no se trata de difundir y hacer conocer obras y productos culturales para enriquecer el conocimiento, el gusto estético y la sensibilidad de la gente. Esto hay que hacerlo: las tareas de difusión son totalmente válidas y absolutamente necesarias dentro de una política cultural, pero la animación es otra cosa, ya que no se circunscribe a estimular el consumo cultural, sino que pone el acento en el proceso de generar formas de participación de la gente en la acción cultural.

Tampoco se trata de formar o estimular a los artistas; labor igualmente importante dentro de la política cultural. En los programas de animación sociocultural, cuando se trata de actividades artísticas, lo fundamental es el crear los espacios y los medios que estimulen y proporcionen oportunidades de autoexpresión y creatividad. Dicho con otras palabras: constituir el marco y ofrecer los elementos necesarios para que se promueva y favorezca el desarrollo de la sensibilidad y la habilidad de comunicación y expresión artística de la misma gente.

Como ya se indicó en el esquema general de presentación de las actividades que pueden promoverse a través de los programas de animación, lo artístico no profesional puede tener una variadísima gama de manifestaciones, ya sea en las artes tradicionales, funcionales o visuales, como también en la composición musical, el lenguaje y la literatura, las diferentes formas de manualidades, o bien en las nuevas formas de expresión cultural.

Estas actividades realizadas por la gente no profesional, que fueron "desprestigiadas en los tiempos de las primeras políticas culturales como carentes de calidad y ambición, son revalorizadas en la medida que consagran el acto mismo de expresarse y producir su propia expresión en una civilización en que la regla es el consumo pasivo... La participación contribuye al desarrollo individual al mismo tiempo que cumple una función social" (2). De este modo la actividad artística se transforma en una fuente de enriquecimiento de la vida de las personas y un medio para estimularlos a desarrollar su capacidad expresiva y creativa. Más aún: este tipo de actividades artísticas no profesionales, rompe las limitaciones de clase y pone un instrumento y dimensión de la cultura, al alcance y servicio del pueblo, ayudando a su desarrollo estético, emocional, intelectual, expresivo y social del individuo y de los grupos participantes.

> *El arte es presa del egoísmo y de la anarquía. Un reducido número de personas se lo ha apropiado como un privilegio y mantiene al pueblo alejado de él. La parte más numerosa, la parte más viviente de la Nación, no dispone de ninguna expresión artística. El arte sólo vive para los "snobs". Lo que significa un gran empobrecimiento para el pensamiento, un grave peligro para el arte. Puesto que el hecho de que esté identificado con los goces exclusivos de una clase llevará tarde o temprano a aquellos que se ven privados de él a odiarlo y destruirlo.*
>
> **Romain Rolland**

Frente a estas reflexiones de Romain Rolland nos preguntamos: ¿qué caminos buscar y qué cosas hacer para que los mismos sectores populares se apropien de lo artístico como algo que les pertenece? Una vez elaborados programas con estos propósitos y disponiendo de espacios para llevarlos a cabo, hay que buscar los medios para estimular la participación de la gente según la diversidad de intereses, capacidades y habilidades que tienen los destinatarios. En general, podrían señalarse las siguientes formas de estímulo:

- Realizar programas de educación o enseñanza artística en alguno de los campos específicos (ver cuadro síntesis), que permitan cultivar las cualidades artísticas que tiene cada uno conforme a sus propias aptitudes.

- Crear ámbitos y espacios en donde se posibilite la participación en actividades expresivas y creativas, sean éstas de carácter individual o colectivo.

- Conceder ayudas y subvenciones para el fomento de iniciativas, en los diferentes sectores específicos de los artistas aficionados, con preferencia a las actividades experimentales y creadoras.

- Realizar concursos públicos de pintura, cerámica, "bricollage", poesía, cuentos, fotografía, etc., con el fin de promover valores en el marco de una emulación fraternal, entre los grupos de aficionados.

- Organizar grupos corales, conjuntos musicales, representaciones teatrales, etc.; también en estas actividades los concursos públicos emulativos pueden ayudar a su promoción y desarrollo.

- Decorar casas, calles y lugares de trabajo, pintando murales, confeccionando periódicos para la propia comunidad o grupo, registrando con una cámara fotográfica lo que puede ser la vida y el entorno social de una comunidad, y de todo aquello que tiene significado para su vida.

- Organizar semanas y jornadas culturales con el fin de promover el conocimiento de la labor y habilidades de artistas aficionados y para estimular la participación de la gente en la actividad artística y literaria.

- En cuanto al uso de las nuevas formas de expresión cultural (cine, radio, audiovisual, fotografía), en actividades de animación sociocultural, sólo es válido en cuanto se adapta a las exigencias y posibilidades del grupo y es instrumento y expresión de los problemas y necesidades locales. En esto existe en los países latinoamericanos un problema adicional: el de costos.

Con ésta (y otras actividades) lo que se pretende es que a través de las expresiones sensibles de las actividades artísticas, todos tengan la oportunidad de manifestar creativamente (sin repetir la respuesta de los otros), el mundo de sus ideas y sus valores, su forma de ver y de interpretar las cosas. Esto ayuda, a su vez, a liberarse de la cultura impuesta y mediatizada por los medios de comunicación de masas, o simplemente completan la cultura heredada de otros con una aportación propia. Con ello, obviamente, no se da carta de naturaleza artística, con calidad incluida, a lo que hacen los aficionados (o amateurs como dicen en otros países), pero tampoco se considerarán sus realizaciones como formas de sub-productos culturales. Por otra parte, estas manifestaciones artísticas no profesionales, pueden constituir un complemento de la educación y una forma de valorización de las actividades de esparcimiento mediante el ocio creativo.

Si bien hay que procurar que todas las manifestaciones tengan un buen nivel artístico, lo más importante no es la belleza y originalidad de lo que se hace. La cuestión es de otro nivel: lo que interesa es crear las posibilidades y estímulos pertinentes para desarrollar las actividades cuyo significado viene dado por lo que Cirese denomina "su representatividad socio-cultural". Lo que importa es que la gente se exprese y a través de esas manifestaciones artísticas "diga" su modo de ver y de interpretar la realidad. Es en estas manifestaciones artísticas en donde se expresan las concepciones, interpretaciones, valores, problemas e ilusiones que existen en individuos y colectividades. El arte popular es producto del saber del pueblo y es también manifestación sensible de su forma de expresar sus condiciones de existencia y de ver la realidad. De ahí que sea, asimismo, una forma de memoria colectiva en diferentes momentos de su historia, que se conservan y mantienen vivos porque se cree en los valores legados.

Con esto lo artístico deviene en algo que va más allá de lo estético: es un modo de formación y de afirmación de la propia personalidad. Y decimos que el arte va mucho más allá de la simple función estética, pues tiene también una función cognoscitiva, comunicativa, formativa, y en ocasiones lúdica o hedónica. Siempre transmite una ideología y a veces es un medio de transformación social.

> *Cada arte responde a un aspecto radical de lo más íntimo e irreductible que encierra en sí el hombre.*
>
> *José Ortega y Gasset*

Ahora bien, la realización de actividades artísticas no profesionales, es un quehacer que requiere la aceptación de varios supuestos importantes, tanto de los animadores como de los participantes (destinatarios/realizadores de esas actividades):

- fe en la capacidad y posibilidades expresivas y creadoras que todos, en mayor o menor medida, tenemos
- ausencia de dirigismos en cuanto a gustos estéticos y modos de expresarse
- valorización del trabajo colectivo y del contacto con el pueblo
- total respeto a la libertad de expresión y al pluralismo cultural
- labor de mutua concientización e intercambio de experiencias
- apelación y apoyo a la creatividad y a la expresividad

La lista sería más amplia, pero lo indicado basta para poner de relieve lo que antes habíamos afirmado: que lo artístico se transforma en algo más que arte en la medida que son manifestaciones sensibles por medio de las cuales un individuo —y a veces un colectivo— se expresa a sí mismo.

A diferencia de otros autores —y de lo que sosteníamos en versiones anteriores de este libro— hablamos de las actividades artísticas no profesionales, como actividades que favorecen la expresión (antes decíamos la creatividad) y que constituyen las formas de iniciación y de desarrollo de los lenguajes creativos y de la capacidad de innovación y búsqueda de nuevas formas expresivas.

Nos parece más modesto y realista proponernos mejorar la capacidad de expresión y el desarrollo de los lenguajes creativos, que hablar sin más de la creatividad.

Creemos que estas actividades (y las otras que indicamos en este capítulo y que pueden servir de sustento de los programas de animación) ayudan al desarrollo de la creatividad. Es preciso advertir que los términos "creación" y "creatividad", suelen aplicarse en sentido restringido, como si sólo cupiese en ellos la creación artística. La creatividad es la capacidad de encontrar nuevas soluciones a un problema o hacer algo que antes no existía, en ese sentido trasciende a lo artístico. La utilización activa de conocimientos, de ordinario incluye también aspectos de actividad creadora. Así, por ejemplo cuando en la intervención en la discusión de un problema al que se buscan soluciones, en la medida que se hacen propuestas constructivas y realizables se está llevando a cabo una actividad creadora.

De manera general puede afirmarse, que el trabajo cultural bajo cualquiera de sus formas debe tratar de favorecer, tanto cuanto pueda, la expresividad en los campos artísticos, en particular la música, la pintura, cerámica, canto coral, teatro de aficionados, y de manera especial debe favorecer la propia expresividad corporal. En fin, todo ese conjunto de actividades son formas de educación por el arte que, como se dice en un documento de MAEPA (Movimiento Argentino de Educación por el Arte):

— Opera en la movilización, sensibilización y liberación de la capacidad de síntesis global de la naturaleza humana

— Genera procesos de participación en un contexto de pluralismo y responsabilidad personal, de afecto y alegría compartida

— De producción, comprensión y confrontación de ideas

— De reflexión desde lo cotidiano

— De revalorización de la vida sencilla y de las vivencias personales

— De evolución y crecimiento, personal y colectivo.

***

Vamos a realizar algunas consideraciones sobre el significado de ciertas actividades artísticas no profesionales (o de aficionados) que pueden promoverse desde los programas de animación socio-cultural. No es un análisis de cada una de ellas, sino de algunas en particular, siguiendo un orden que no implica ni prioridad, ni importancia relativa.

Pero antes de entrar en este análisis, queremos hacer una advertencia sobre la clasificación que, al comienzo de este capítulo, hicimos de las actividades artísticas. Simplemente se trata de señalar que nosotros hemos adoptado un criterio de clasificación que nos parece útil para los propósitos de este libro, pero son muchas y variadísimas las clasificaciones de las artes o de las actividades artísticas que los teóricos de la estética y de la cultura han propuesto.

La expresión corporal

Comenzamos con una forma de expresión que sirve de base a otras manifestaciones artísticas (al teatro de manera especial), pero que tiene también significación cultural en sí misma: se trata de la expresión corporal. Por otra parte, quizás sea la única actividad artística que dentro de la formación de animadores (siendo una de las habilidades específicas para el trabajo cultural) sea necesaria como forma de entrenamiento para todo tipo de animador.

Si como dice Patricia Stokoe —y nosotros lo compartimos plenamente— la expresión corporal es "una batalla contra la rigidez", ello por sí mismo tiene hondas y profundas implicaciones para el trabajo cultural. Y lo tiene, por lo que presupone de cambio actitudinal. Esta flexibilidad psicofísica (incluye tanto lo físico como lo psicológico/mental) es absolutamente necesaria para adquirir esa capacidad de captación de las nuevas situaciones que se producen como consecuencia de las vertiginosas e incontenibles transformaciones que suceden en nuestra sociedad.

En una colaboración/asesoría que, como compañera de trabajo, me proporcionó Patricia Stokoe para la elaboración de este libro, ella destaca algunas contribuciones fundamentales que ofrece la expresión corporal al individuo (persona/ser humano), para su realización personal:

"• Ofrece la oportunidad de acercarse un poco más a un 'sí mismo' más sensible, saludable y creativo, desarrollar la capacidad de concentrarse, de percibir la realidad corporal y de abordar su cambio.

- Enseña a mantener un estado de mayor equilibrio psicofísico, regular el tono muscular; usar con inteligencia y regenerar la energía; armonizar la postura, los ademanes, gestos y movimientos en general.

- Procura mantener todas las articulaciones móviles del cuerpo en estado de óptima lubricación, siguiendo el principio de lograr la máxima eficiencia con el mínimo de esfuerzo, en una práctica que disminuye el 'stress' por evitar las exigencias desmedidas y basarse en un cambio corporal regular y paulatino.

- Ofrece la posibilidad de desplegar este 'sí mismo' en un ámbito de contensión y comprensión; aprendiendo a integrar el concepto de cada uno 'su danza', con el respeto por el resto del grupo."

En fin, lo que la expresión corporal propone, es ofrecer "un camino hacia el encuentro de uno mismo en un lenguaje tan antiguo como el ser humano". Como modalidad de lenguaje consiste en la comunicación de ideas, sentimientos, emociones, etc., por medio del cuerpo en movimiento y quietud.

Ahora bien, la experiencia de trabajo con Patricia Stokoe me ha permitido constatar que el descubrimiento de las posibilidades expresivas del cuerpo y su consiguiente desbloqueo, contribuyen a que cada uno vaya tomando conciencia vivencial del propio cuerpo, y a partir de ello una mayor vivencia de sí mismo. Esto sirve, como mínimo, a un mayor equilibrio psico/emocional. De ordinario se va más allá, se tienen otros logros: un cuerpo desbloqueado y expresivo imprime en sus manifestaciones una dinámica abierta, positiva y optimista, por el contrario un cuerpo bloqueado transmite un mensaje de rigidez. La expresión corporal/danza tal como la concibe Patricia Stokoe, hace de la persona un ser animado, animoso y animador que, si es capaz de unir esa actitud a un proyecto existencial, se transforma en alguien capaz de dar ganas de vivir. Y cuando se alcanza una mayor expresividad/creatividad a través del cuerpo, se puede llegar a ser un "poeta corporal".

En la expresión corporal se da la particularidad frente a otros lenguajes artísticos, de que la misma persona es a la vez la fuente de inspiración (la que determina lo que va a expresar), el instrumento (ejecuta el movimiento con su cuerpo), y el instrumentista (ella es quien ejecuta con su cuerpo, no hay quien determine lo que debe ejecutar).

Artesanía

Denominada también "arte popular"*, es una actividad que, en cualquiera de sus expresiones, constituye una de las formas más naturales que posee la persona para expresarse y para crear aquellas cosas funcionalmente útiles y satisfactorias que han sido elaboradas para dar respuesta a necesidades materiales y espirituales.

Se trata, pues, de una actividad en la que la intervención personal (con o sin ayuda de herramientas), constituye un factor predominante; en algunos casos implica también un sentido artístico.

Ahora bien, las actividades artesanales pueden clasificarse de diferentes maneras de acuerdo a los criterios escogidos, sin embargo, la más difundida es aquella que distingue entre:

- **Artesanía popular,** entendiendo por tal a las diferentes formas de trabajo manual que se transmiten de generación en generación (telares, bolillos, gastronomía, etc.)
- **Artesanía artística** que expresa de alguna manera el sentimiento estético de un individuo o de un colectivo; generalmente expresa lo que está contenido en el acervo folklórico (cerámica, repujado, ebanistería, etc.)
- **Artesanía utilitaria** (también puede ser popular en ciertos casos), que produce artículos para satisfacer necesidades para la vida cotidiana, pero que no necesariamente tienen caracterización artística especial (alfarería, cuchillería, carpintería, etc.)
- **Artesanía de servicios**: no produce ningún bien, sino que constituyen formas de actividades que satisfacen determinadas necesidades (fontanería, albañilería, etc.)

Lejos de ser —como algunos piensan— una simple reminiscencia del pasado, la artesanía juega un papel importante dentro de un programa cultural. En efecto, la promoción de actividades artesanales y la salvaguarda y pervivencia de las mismas, puede cumplir una serie de funciones u objetivos dentro de la política cultural. He aquí los que nos parecen principales:

En orden a estimular y perpetuar la creación artística:

---

* Cabe señalar que la palabra "artesanía" aparece por primera vez en el Diccionario de la Real Academia de la Lengua en 1956, para sustituir términos tales como "artes menores" o "artes decorativos". Sin embargo, cabe destacar que las expresiones artesanía y arte popular se utilizan como equivalentes.

- rescatar, hacer conocer y asegurar la continuidad de prácticas, a veces centenarias, que en el seno de la sociedad industrial corren el riesgo de desaparecer;
- revitalizar la memoria colectiva y asegurar la transmisión de un caudal creativo y cultural que se ha ido gestando y realizando a través de las generaciones;
- organizar cursos de formación de oficios artesanos en general, y de manera especial para asegurar la supervivencia de determinadas formas artesanales, cuya desaparición afectaría al patrimonio cultural, de un grupo, colectivo o pueblo;

De cara a asegurar una situación económica digna a los artesanos:

- promover las artesanías y asegurar la demanda de sus productos mediante la organización de mercados artesanales, exposiciones, promoción comercial, campaña de información al público, concesión de premios, etc.;
- apoyo a la organización de artesanos; éstos por la índole de su trabajo son personas individualistas que suelen tener muchas reticencias para agruparse. Y si bien realizan sin dificultad la función de producción, como gestores y distribuidores de sus productos, sólo pueden actuar con cierta eficacia si están organizados.

Por otra parte cabe destacar, que la promoción del trabajo artesanal puede servir como forma de ingreso complementario para determinados sectores de población y, en algunos casos, como forma de generar empleos. Obviamente, esto no tendrá ninguna importancia significativa en el conjunto de la economía nacional, sin embargo, puede ser parte de las llamadas "estrategias de supervivencia" que hoy se promueven y proponen en el contexto de una situación de crisis como la que atraviesa América Latina.

Entre las razones para que la artesanía se haya convertido en fuente de empleo para tantos latinoamericanos, se puede mencionar el bajo costo que significa la creación de un puesto de trabajo en este sector. Con una herramienta simple o máquina elemental y con una tecnología que no se aprende en centros de enseñanza, sino que se transmite de generación en generación, es posible crear nuevos puestos de trabajo.

Todas las actividades que exigen el tratamiento de materias como el barro, la madera, el cuero, el estaño, etc., exigen una coordinación ejercitada entre lo manual y la mente que, a medida que se va logrando, se transforma en estímulo de la propia capacidad y se expresa y desarrolla a través de la tarea que realizan.

Como ya lo indicamos, la artesanía comprende una gran variedad de oficios, desde los dulces caseros y platos tradicionales, pasando por la alfarería, trabajo en cuero, hierro, etc., hasta la cerámica, el esmalte al fuego, etc. Pero en términos generales para que una actividad pueda considerarse artesanal, ha de tener dos notas esenciales:

- el carácter manual utilizado en el proceso productor;
- la exigencia de un cierto nivel estético que se requiera para su realización.

Con la adquisición de habilidades artesanales, se aprende a crear con las propias manos y a desarrollar destreza. Al mismo tiempo desarrolla la capacidad de percibir y crear texturas, volúmenes, formas y colores. En última instancia, a brindarnos la satisfacción de que el producto originado es realizado por uno mismo.

Pero la artesanía, el hecho artesanal, puede tener otros significados:

- como defensa de la identidad cultural de determinados colectivos o grupos étnicos, ayudando a la supervivencia de artesanías tradicionales que expresan pautas culturales que definen el estilo de una comunidad;
- es también una forma de retorno a la vida sencilla y natural; una forma de salir de la alienación que produce la mecanización y racionalización del trabajo, engendrado y desarrollado después de la revolución industrial.

> *El arte popular y las artesanías constituyen una de las actividades más significativas de los países del Continente Americano, íntimamente ligadas a su herencia cultural, artística y tecnológica, que se ha formado con las experiencias de todas las culturas antiguas propias de este Continente, enriquecidas por aportaciones de España y de otros países del viejo mundo, de Asia y Africa.*
>
> **Documento Final**
> **VI Reunión del Consejo Interamericano**
> **Cultural (junio, 1969)**

Música

Para algunos la música es distracción y disfrute, para otros es composición y armonía; en unos pocos es polifonía, notas y acordes. Y en todos es una forma de goce espiritual, de emoción, de alegría, de felicidad, de plenitud a veces.

Pero no toda o cualquier música es del gusto de todos; lo que se prefiere (a nivel personal o colectivo) expresa un modo de abrirse al mundo, un determinado tipo de sensibilidad.

Ahora bien, vista la cuestión desde un programa cultural, cabe preguntar: ¿qué aporta la música al desarrollo personal y colectivo?, ¿qué aporta la música al desarrollo cultural?

A este respecto, Violeta Hemsy de Gainza, destaca el hecho de que "la música gratifica y educa. Educa, gratificando. Influye en el hombre por mera proximidad, por inducción. Cuando la música es adecuada a la circunstancia personal o grupal, contribuirá a potenciar las capacidades intelectuales y sensibles... La música constituye una fuente de energía y bienestar humano... Su increíble poder formativo, promotor del desarrollo y la salud integral del individuo, la convierte en una herramienta, un instrumento educativo muy especial, ya que ejercita y desarrolla la inteligencia desde la sensibilidad y el afecto" (3).

Ya sea que consideremos la música como una forma de expresión de emociones y como suscitadora de emociones; como mensaje y forma de comunicación; como forma de lucha/protesta y unión, o bien como expresión de la propia identidad cultural, no cabe duda que "lo musical", o si se quiere decirlo con mayor precisión, la educación musical, es una de las partes esenciales de toda política cultural.

Teatro

Desde la perspectiva de un programa de animación sociocultural, la promoción de actividades teatrales tiene una doble importancia y significación cultural: una de tipo individual y otra de tipo social.

De tipo individual/personal ya que a través de la práctica teatral, las personas logran desinhibirse, mejorar su expresión oral y su memoria. Sirve, además, como asentamiento de la propia personalidad y como un modo de superar temores e inhibiciones.

Desde un punto de vista colectivo, las representaciones teatrales son un medio de sensibilización cultural y de encuentro. Su significado ha sido destacado por Cossa, Dragun y otros componentes del Teatro de la Campana, señalando que "el teatro es un arte grupal y desde un grupo se puede generar una acción social, un proyecto colectivo, posibilidad de que carece el artista que trabaja aislado..." En este tipo de actividades, el público que interesa en los programas de animación, no es la gente que va al teatro, sino "el militante, el activista estudiantil, el trabajador que pelea desde su sindicato, la mujer que se organiza en el barrio". El teatro aparece, así, como un medio que ayuda a la comprensión del tiempo histórico en que se vive, y que contribuye a que la gente objetive y descubra la propia problemática en la que está inmersa.

Vista la cuestión animación-teatro, o bien, el teatro como medio de la animación, hemos de recordar aquello que afirmaba Boal de que "al principio el teatro era el pueblo libre cantando al aire libre. El carnaval, la fiesta... Después, las clases dominantes se adueñaron del teatro, primero construyeron sus muros y después dividieron al pueblo, separando actores de espectadores: gente que hace y gente que mira" (4). Si la animación sociocultural, como ya lo explicamos, es una forma de generar procesos de participación popular, esto también ha de expresarse en el teatro, de manera particular, en el teatro popular.

En el teatro popular —seguimos citando a Boal— no hay un grupo de actores, simplemente todos lo son, y actúan con dos objetivos básicos: el primero, tratar de encontrar las causas y las soluciones para los problemas que tiene el sindicato, comunidad, barrio, organización, etc.; y, el segundo, es el de aumentar el conocimiento que el pueblo tiene de su cultura. Es decir, el teatro da al pueblo una herramienta muy valiosa para la diversión, la cultura y el cambio social... La sala del teatro popular, puede ser el mismo lugar en donde se reúnen los miembros de la organización, un aula, un patio, la iglesia de la parroquia o el caserío, o simplemente un lugar abierto en donde se puede reunir todo el pueblo" (5).

Se ha dicho, y con razón durante el Encuentro de México (1982) sobre Políticas Culturales, que en las "artes del espectáculo, el teatro es el que tiene más tradición y trascendencia, apareciendo profundamente ligado con el desarrollo de las comunidades y con la identificación de las grandes pasiones y movimientos de la vida humana".

Cuando hablamos de teatro, incluimos también el teatro de títeres y marionetas que no sólo es un medio para entretener a la gente, sino también una forma de mostrar situaciones de la vida de un grupo o colectivo, para discutir sus problemas, para hacer pensar y motivar para la acción. El teatro del silencio (de mimo y pantomima) es también una alternativa que se complementa con las anteriores. Por último mencionamos el teatro infantil que, sin lugar a dudas, constituye una pieza clave para la activación de la vida teatral.

Los grupos de teatro dentro de los programas de animación, constituyen un medio para que las comunidades y grupos puedan expresar sus problemas. Sin llegar al espectáculo teatral, el juego dramático y el juego teatral, permiten suscitar entre los sectores populares variadas formas de comunicación de problemas y de búsqueda de soluciones. No sólo hay que llevar el teatro a la comunidad, desde la misma comunidad deben surgir formas de expresión que permitan que un "público espectador" se transforme en "actor protagonista".

> *La esencia del teatro es el encuentro.*
> *Encuentro del actor consigo mismo*
> *del actor con otro actor*
> *del actor con su personaje*
> *de su personaje con otros personajes*
> *y de todos ellos con el público...*
> *Encuentro que ha de hacerse*
> *en el espacio que es de todos.*
> *Intentar vencer la soledad caminando*
> *para el Encuentro*
> *Saber disfrutar cada encuentro*
> *y la vida plena.*
>
> *Grotowski*
> *En busca de un teatro pobre*

En suma: despertar el interés por la expresión teatral entre los sectores populares, además de tener la significación personal y social antes señalada, es también una forma de crítica social, de desmontaje de los mecanismos de dominación ideológica/cultural, de movilización y concientización del pueblo. Todo ello contribuye a que se amplíe y profundice la conciencia de responsabilidad política y social... "el teatro encuentra, por medio del análisis, el camino del pueblo".

El arte producido por medio de computadoras

Al abordar este tema, para no herir la susceptibilidad de algunos artistas, hubiese agregado al título un signo interrogativo. Sin embargo, ello no expresaría mi manera de pensar: el arte por computadora es ya una realidad. La discusión sobre las posibilidades de las computadoras u ordenadores electrónicos en relación al arte, es una discusión* que tiene más de dos décadas: las posibilidades son reales, aunque ello nos plantea una reformulación sobre el concepto de "hacer arte" que teníamos hasta ahora.

Desde que en 1950 se iniciara en los Estados Unidos una nueva manera de producir dibujos y grabados con ayuda de aparatos electrónicos, se ha producido un "cruzamiento fertilizante" entre artistas plásticos y el uso de determinados medios técnicos como el rayo láser para la obtención de holografías y la computadora, entre otros. Como consecuencia de ello, ha crecido notablemente este tipo de producción artística no convencional. Estimo que en este momento —por la información disponible— este tipo de producción artística se expresa en cinco grupos temáticos:

Trazado de gráficas lumínicas, inicialmente utilizadas en ámbitos cerrados y ahora empleados también en espacios abiertos de las ciudades mediante el trazado de gráficas lumínicas incorpóreas. La tecnología de las computadoras ha permitido configurar dimensiones totalmente nuevas, como por ejemplo, dibujos abstractos o figurativos de carácter inmaterial. A ello hay que añadir el papel que juegan las imágenes tridimensionales.

La telecomunicación entre artistas plásticos: a través de las computadoras se establecen puentes electrónicos, tendidos con material visual que permiten el diálogo entre artistas de diferentes centros, ciudades e incluso continentes.

Video-disco utilizado en el campo de las artes plásticas como medio interactivo que permite la selección de lo contenido o registrado en el video disco.

Esculturas cibernéticas que responden a preguntas, lo que exige la participación activa del contemplador y hace de éste un participante más o menos activo. Las esculturas —dirigidas por ordenador— reaccionan frente a sonidos, luces, sombras, o simplemente por el simple hecho de andar en una

---

* Algunas universidades han hecho experiencias realmente revolucionarias en este campo: Universidad de California (San Francisco), de Hiroshima, de Illinois. También debemos mencionar los Alamos National Laboratory.

habitación. También se hace reaccionar a estas esculturas mediante la inclusión de fuerzas naturales, como el viento, la luz o el magnetismo.

Arte gráfico: en este campo temático el ordenador se utiliza, tanto para el dibujo técnico, como para el llamado "arte libre". Estudios sobre las fuentes de luz (ángulo y luminosidad) pueden incidir más favorablemente en un paisaje realizado sobre un lienzo.

Frente a este sucinto panorama sobre lo que la electrónica puede aportar al arte, especialmente en su expresión plástica, de ningún modo afirmamos que la "creación digital" pueda reemplazar la "presencia creativa" del artista. Lo que aquí nos parece fundamental y necesario destacar, es el hecho de que los trabajadores de la cultura no desconozcan estas posibilidades técnicas. Creemos que los artistas pueden servirse de este y otros medios técnicos, al mismo tiempo que deben plantearse el modo en que las tecnologías más avanzadas puedan dar lugar a nuevas formas de expresión plástica. Esto ya ha ocurrido en otro campo artístico. ¿Acaso la evolución tecnológica en el campo de la electrónica no ha entrañado una mutación correlativa en los lenguajes musicales?... ¿Por qué no puede ocurrir también en el campo de la plástica? Y pasando a otro orden de cosas más general: ¿por qué hemos de seguir contraponiendo, o considerando como ámbitos paralelos lo científico/técnico y lo artístico/humanístico? ¿Acaso uno y otro no se necesitan para ir ampliando sus propias perspectivas? En la concepción del ciudadano medio, de la persona corriente (y a veces incluso en las personas cultas o profesionales), existe esta contraposición. Sin embargo, es hora que los hombres de la cultura dejen de ignorar la ciencia y la tecnología de modo casi sistemático. Y que los hombres de ciencia comiencen a preocuparse de los temas artísticos/culturales, no como ornato o descanso de fin de semana, sino como algo que tiene que ver con sus vidas y su ciencia. Así lo pusieron de manifiesto, los máximos creadores de la ciencia del siglo XX, Max Plank, Albert Einstein, Pierre Theilard de Chardin, Jacques Monod, para no señalar sino a aquellos que, de una manera más destacada, han sabido hermanar al científico y al humanista.

> *Lo artístico no profesional de los programas de animación, puede realizarse por una gama más amplia de actividades... Hemos señalado algunas, sin que ello signifique que sean las prioritarias. Explicarlas todas nos llevaría a un desarrollo que desborda los propósitos de este libro... Bástenos, por ahora, lo dicho hasta aquí.*

4. Actividades lúdicas: recreación, juegos, esparcimiento, fiestas y deportes

El hombre no es sólo *homo sapiens* y *homo faber* (el hombre que piensa y el hombre que trabaja). Es también *homo ludens*, el hombre lúdico, el hombre que juega. Fiestas, danzas, juegos y música han sido siempre una parte importante de la vida de los pueblos.

Esta es una dimensión de la persona frecuentemente oculta a nuestra mirada utilitaria del quehacer humano. Algunos teóricos de la cultura juzgan displicentemente lo lúdico, ya que consideran que es antitético de "lo serio". Nada más erróneo: ni el rostro adusto expresa seriedad, ni lo lúdico y el arte están desvinculados entre sí. La fiesta y el juego son expresión —a veces con un alcance impresionante— de actitudes y comportamientos absolutamente culturales. Y más todavía: existe una relación entre el arte y el juego que algunos han destacado, considerando que ambos expresan una especie de sobreabundancia vital.

Desde hace casi medio siglo, cada vez que se ha querido plantear o analizar lo lúdico y el juego en relación a la cultura, parece inevitable e insoslayable recurrir a la obra del holandés Johan Huizinga (6). Una de las tesis centrales del autor de *Homo Ludens* (1938), es que la cultura humana brota del juego y se desarrolla en el juego; el juego es más viejo y mas general que la cultura. Y en cuanto hecho anterior a la cultura, las instituciones sociales son deudoras de este sentido lúdico primigenio.

Otro aspecto interesante en el pensamiento de Huizinga, es la caracterización que hace del juego:
- es una actividad libre realizada no por mandato sino por gusto;
- representa algo superfluo, se decir, no constituye una tarea necesaria o forzosa, sino algo que se realiza en tiempo de ocio;

- constituye una actividad provisoria o temporera, que se desarrolla dentro de sí misma, practicándose en razón de la satisfacción que produce; es también una especie de recreo en la vida cotidiana y que está "encerrada dentro de sí misma" (en su propio campo de tiempo y espacio); sus reglas especiales lo convierten en un mundo aparte;
- se da un elemento de tensión, como consecuencia del azar y la incertidumbre que pone a prueba las facultades del que juega (su inventiva, su capacidad espiritual, resistencia, aguante, arrojo, etc.)

Posiblemente, Huizinga da al juego una importancia demasiado decisiva en la configuración de la cultura, pero sea como fuere, nadie pone en duda la función central que tiene el juego en las sociedades humanas. Tampoco cabe duda de que los juegos, fiestas y determinados deportes, expresan, en general, actitudes y comportamientos culturales. Si bien en los deportes hay que diferenciar aquellos que, como el fútbol, no puede decirse que reflejen el estilo cultural propio de un pueblo, aunque como show de masas en el que "las multitudes buscan el irrepetible espectáculo de sí mismas", como diría Juan Cueto, es un hecho universal. Otros juegos —lo ejemplificamos con los que se practican en el País Vasco— están plenos de significación cultural en cuanto expresan la personalidad básica o el carácter social de un pueblo.*

Podemos, pues, concluir que lo lúdico ha sido y es eminentemente cultural y que, del mismo modo que cambia la cultura, el espíritu lúdico cambia según los tiempos y naturalmente, cambia la función social del mismo. Considerados colectivamente, todo juego expresa un sistema más o menos coherente de valores, ideas y expresiones que tienen su significación o vertiente cultural. Detrás de todos los juegos existe una significación antigua (sagrada o profana), y, a veces, son residuos de comportamientos perdidos.

No cabe duda que la fiesta, el juego, la recreación y el deporte, en suma, todo aquello que es la dimensión y la vertiente lúdica y alegre en la vida personal y comunitaria, son manifestaciones diversas del hecho cultural, y como tales, entran de lleno en una seria labor de desarrollo socio-cultural. Más aún, en ciertas circunstancias y con determinados sectores, sólo es posible iniciar los programas de acción cultural a partir de este tipo de actividades.

---

* Aizkolaris (cortadores de tronco con hacha); Arrejazotzales (levantadores de piedra); Korrikalaris (corredores de fondo con apuesta); Sokatira (consiste en que dos grupos de personas tiren de los dos extremos de una misma soga, en sentido contrario, con el fin de que uno de los grupos arrastre al otro).

Por estas y por otras razones, lo lúdico entra en la categoría de actividades sustantivas dentro del ámbito de la animación.

Sin embargo, para algunos el problema que se confronta es el siguiente: ¿cómo tomar en serio aquello que se declara abiertamente desprovisto de seriedad? Dejando de lado la falacia que subyace en esta pregunta, sobre este punto me parece apropiado recordar unas reflexiones de Ionesco sobre el humor (cito sin indicar fuente, porque es una nota tomada en una conferencia): "El humor es la libertad. El hombre necesita del humor, la fantasía, lo burlesco... El humor provoca la toma de conciencia, con independiente lucidez, de la condición trágica e irrisoria del hombre... puede desvelar, mucho mejor que el racionalismo formal o la dialéctica automática, las contradicciones del espíritu humano, la estupidez y el absurdo... El humor es la única posibilidad que se nos ofrece... de nuestra condición humana tragicómica, de la inquietud de la existencia." El texto hace referencia al humor que no es lo mismo que lo lúdico, pero por dos razones lo traigo a colación: porque lo lúdico difícilmente pueda darse sin humor, sin un mínimo sentido del humor, y porque en lo lúdico se puede expresar la situación tragicómica de la existencia, de las formalidades y de las solemnidades que suelen darse en nuestras sociedades.

Vistas desde la práctica de la animación, las fiestas populares son un medio para llegar a un mayor número de personas de un barrio o comunidad, para entablar un diálogo y reflexión crítica sobre la realidad que les toca vivir, y sobre todo, para crear la posibilidad de tomar conciencia de que no están aislados. Por otra parte, dentro de la fiesta es posible incorporar otras actividades propias de la animación: teatro, danza, música, canto, títeres, talleres artísticos, etc. y lo que es más importante, ofrecer ámbitos o espacios para la participación de la misma gente.

Algunas fiestas populares son celebradas en todo el país, otras en determinadas regiones, algunas sólo son locales. Todas ellas desempeñan (o pueden desempeñar) un papel más o menos importante como "memoria histórica" de una comunidad y como forma de encontrar o de afirmar su propia identidad cultural, especialmente en las zonas rurales, en los pueblos y en las ciudades no muy grandes. Ellas suelen ser, dentro del ciclo anual, un punto de referencia principal y un acicate para desarrollar determinados valores artísticos (danza, representaciones, música, canciones): la gente suele estar fuertemente motivada a prepararse para la fiesta, con todo lo que ello conlleva como trabajo de organización y de preparación artística de la misma.

Otras fiestas tienen un carácter sectorial (celebraciones de un gremio o de un grupo determinado), o bien un carácter familiar. No son en sentido estricto fiestas populares, pero expresan también la dimensión lúdica de la vida. Son ocasiones para el encuentro, ya sea de quienes realizan una misma tarea, o tienen algún proyecto, objetivo o actividad en común, o simplemente por razones familiares. Son también lugares para la alegría, aunque en general, para una alegría menos eufórica o expresiva que las fiestas populares.

Todas las fiestas populares, en mayor o menor medida, son una conmemoración en la que se recuerdan acontecimientos colectivos, de ordinario ligados al ciclo agrícola, al calendario religioso o a ciertos acontecimientos históricos. A través de ellas se expresan tradiciones seculares y religiosas, recuerdos y vivencias comunes, que las personas asumen o integran como experiencia propia de lo que se ha realizado a lo largo de un período de tiempo.

> *Los ritos son al tiempo, lo que la casa es en el espacio. Porque es bueno que el tiempo que pasa no nos parezca nunca que nos desgasta y nos pierde, sino que nos perfecciona. Es bueno que el tiempo sea una construcción. Así voy yo de fiesta en fiesta, de aniversario en aniversaria, de vendimia en vendimia... al igual que cuando era pequeño, iba desde el salón al jardín, del jardín a mi cuarto... y cada paso significaba algo.*
>
> **Saint Exupery**

No por el hecho de que las formas de esparcimiento, recreación, juego y diversión como modos de llenar el tiempo libre, estén actualmente tan manipuladas como vehículos o medios de "distracción" y "encubrimiento" de otros problemas, dejan de tener una función y dimensión cultural. El engaño de dar al pueblo "pan y circo" para compensarle y alejarle de una toma de conciencia de la realidad y de la participación en la gestión de la vida comunitaria, es solamente eso: un engaño, una estafa o una falsificación de tendencias nobles y auténticamente humanas.

> *El hombre actual va del trabajo a la diversión, para volver de la diversión al trabajo, sin pasar nunca por la fiesta o el ocio.*
>
> **José L. Aranguren**

Lo lúdico —entendido como fiesta y ocio— es (o puede ser), una forma de superar el bostezo y la monotonía de la vida cotidiana y el aburrimiento lánguido de la uniformidad del trabajo siempre repetido. Es buscar la aventura de lo imprevisible que da sabor y gusto a la vida.

Ahora bien, ¿en qué formas pueden expresarse estas actividades lúdicas dentro de los programas de animación? Se dan cuatro formas principales, que a veces se entremezclan en las prácticas concretas, pero cada una de ellas tiene un significado particular.

a. Las fiestas populares

Dentro de las actividades lúdicas —aunque ésta en concreto puede incluirse también como actividad social— comenzamos nuestro análisis con las fiestas populares. Ellas son, frecuentemente, una expresión profunda de la vida social y cultural y del modo de ser de un pueblo. Hacemos esta afirmación, sin desconocer que existe entre algunos responsables culturales, una desconfianza por estas actividades. Unos porque las consideran de escasa significación cultural (entendida esta significación en el sentido de calidad artística); otros (situados políticamente desde la izquierda) estiman que estas fiestas son un medio muy eficaz para que el gobierno —u otros grupos dominantes— las utilicen para desviar la atención del pueblo de las cosas importantes, cuya atención podría crear tensiones sociales. No cabe duda que suele haber algo de razón en estas afirmaciones, pero quedarse en ello no es comprender lo sustancial de la fiesta, especialmente de las fiestas populares.

Estas son —o pretenden ser— un ámbito para la alegría, la diversión y la desinhibición (en ellas se hacen muchas cosas que darían más "sabor" a la vida cotidiana, pero que están prohibidas por las pautas culturales en vigor). Algunas fiestas son también un lugar para el buen comer y el bien beber, aunque los excesos frecuentes por cierto, podrían hacer pensar el mal uso gastronómico de las fiestas.

Si bien hemos destacado la importancia de la fiesta, y de manera particular las fiestas populares, naturalmente esta afirmación es relativa, porque depende de la intención y modo de realizarse la fiesta.

Una fiesta popular es una fiesta por la fiesta misma. Su capacidad de convocatoria y de movilización se expresa en la participación colectiva que alienta el altruismo de la gente, para que entreguen su tiempo, su entusiasmo y sus habilidades a fin de que todos puedan alegrarse y disfrutar.

Pero cuando la participación colectiva es reemplazada por el espectáculo, y mucho más cuando la fiesta termina siendo un montaje de intereses privados o públicos en los que importa como prioritario las ganancias económicas que la fiesta puede producir, surge el interrogante si estas fiestas deben considerarse como susceptibles de apoyo dentro de un programa cultural. De hacerlo se corre el riesgo de apoyar la promoción de venta de discos o de bebidas refrescantes, que no contribuye mucho, por cierto, al desarrollo de la cultura popular.

¿Qué se puede hacer?, ¿vale la pena apoyarlas, promoverlas, sostenerlas? Ante todo hay que comprender que, cuando por razones turísticas o comerciales, la fiesta es espectáculo que se vende, se trata de fiestas refuncionalizadas en virtud de intereses económicos. Ahora bien, frente a esta situación que con bastante frecuencia se ha de encontrar un trabajador de la cultura (promotor, animador o administrador), cabe la pregunta que frente a estos problemas se formula el antropólogo Néstor García Canclini: "¿Qué se necesita para que la fiesta popular no se disuelva enteramente en espectáculo, para que siga centrándose en la vida comunitaria, ofreciendo un espacio y un tiempo a la participación colectiva? ¿Puede aún fortalecer la identidad cultural y contribuir a reelaborar la cohesión social?"...

También cabe la respuesta/propuesta que hace el mismo autor, y que sin lugar a dudas es una pauta operativa útil y esclarecedora para la acción del trabajador de la cultura, en su tarea de promoción y apoyo de las fiestas populares. Dice García Canclini: estas no se disolverán en puro espectáculo, y ayudarán a fortalecer la identidad cultural y la cohesión social, "si el pueblo logra controlar que la expansión, el goce y el gasto se realicen dentro de marcos internos, o al menos no sean subordinados a los intereses del gran capital comercial: si los miembros del pueblo conservan un papel protagónico en la organización material y simbólica, aseguran mediante el sistema de cargos, la reinversión del excedente económico de la producción en el financiamiento de los festejos". Cuando se trata de fiestas que trascienden el ámbito local, también tienen un lugar las instituciones nacionales o provinciales que participan en su organización. "Es obvio decir, añade el autor antes citado, que para alcanzar esto los pueblos deben organizarse, y organizarse democráticamente. De otro modo, las empresas de refrescos y cervezas, los mercaderes de productos industriales y diversiones urbanas seguirán arrebatando a los grupos locales —a veces con la complicidad de los líderes internos— el espacio y sentido de las fiestas, los lugares y tiempos que ellos eligieron para la memoria y la alegría" (7).

Existe otra dimensión que tenemos que considerar en la fiesta: los significados y características culturales diferentes, según se trate del campo o la ciudad. Gilberto Giménez (8) ha hecho una diferenciación/comparación bien interesante entre la fiesta campesina tradicional y la fiesta urbana. Si bien su trabajo está realizado sobre la realidad mexicana y no refleja plenamente lo que acontece en otros países, los rasgos que establece caracterizando uno y otro tipo de fiesta, resultan un elemento orientador para el trabajo cultural.

FIESTA CAMPESINA TRADICIONAL

a) Ruptura del tiempo normal;
b) Carácter colectivo del fenómeno festivo, sin exclusiones de ninguna clase, como expresión de una comunidad local;
c) Carácter comprehensivo y global por el que la fiesta abarca los elementos más heterogéneos y diversos sin disgregación ni "especialización" (juegos, danzas, ritos, música, etc., dentro de una misma celebración global);
d) Consecuente necesidad de desplegarse en grandes espacios abiertos y al aire libre (la plaza, el atrio de la iglesia...);
e) Carácter fuertemente institucionalizado ritualizado y sagrado (la fiesta tradicional es indisociable de la religión);
f) Impregnación de la fiesta por la lógica del valor de uso (de donde: fiesta-participación, y no fiesta-espectáculo);
g) Fuerte dependencia del calendario agrícola en el marco de una agricultura de temporal.

FIESTA URBANA

a) Integración de la fiesta a la vida cotidiana como apéndice, complementación o compensación;
b) Carácter fuertemente privatizado, exclusivo y selectivo de la fiesta;
c) Su extrema diferenciación, fragmentación y "especialización" (se disocian los elementos que en la fiesta popular coexistían dentro de la unidad de una misma celebración global);
d) Consecuentemente necesidad de desarrollarse en espacios íntimos y cerrados;
e) Laicización y secularización de la fiesta, mayor espontaneidad y menor dependencia de un calendario estereotipado;
f) Penetración de la lógica del valor de cambio: fiesta-espectáculo, concebida en función del consumo, y no fiesta participación.

Ahora bien, dentro de los programas de animación socio-cultural cabe plantear la siguiente cuestión: ¿qué criterios principales se han de tener en cuenta para alentar (o no), la realización de fiestas populares?... No es que un programa de animación deba tener como propósito organizar estas fiestas (lo normal es que lo haga la misma gente), pero como ya se indicó, una de las tareas de la animación es la recuperación y consolidación de las fiestas populares, como formas de afirmación de la propia identidad cultural. Sin embargo, no puede darse a todo tipo de fiesta la misma importancia. He

*Fiesta de San Sebastián
en Totontepec, México.*

aquí algunos criterios que, a nuestro entender, deberían tenerse en cuenta para establecer prioridades, en cuanto al apoyo a este tipo de fiestas:
- la fiesta debe ser una forma de integración del vecindario o del barrio, tanto más cuanto más débil es la vida asociativa;
- la fiesta debe ser una forma de afirmación de la propia identidad cultural;
- el modo de realizarla debe ser una alternativa a la fiesta standarizada y al ocio programado.

b. El juego

Ya hemos mencionado en el capítulo anterior la variedad de técnicas y procedimientos que sirven para la realización de las actividades lúdicas, y al comienzo de éste hemos ahondado sobre el tema del juego en relación a la cultura y como un complemento que ayuda al proceso de evolución y realización de la persona, mediante la asimilación de habilidades físicas y psíquicas. Aquí queremos añadir dos aspectos que hacen al juego y a la animación: la necesidad de hacer ofertas diferenciadas y, ya en el terreno práctico, queremos proporcionar una visión de conjunto de las posibilidades de los juegos en los programas de animación.

Decíamos que en algunas actividades de animación es necesario hacer ofertas diferenciadas, de acuerdo a las personas implicadas. Ahora bien, cuando se trata de los juegos esta diferenciación debe ser neta en casi todas las manifestaciones concretas. No han de jugar lo mismo los niños que los adultos, los jóvenes que la gente de la tercera edad. Para cada momento de la vida, el juego puede desempeñar diferentes funciones. Para los niños es una forma de socialización y un medio para despertar su imaginación y fantasía. Más aún, entre los niños la comunicación grupal en pequeños grupos adquiere características de juego. Para los adolescentes y jóvenes, toman cuerpo los juegos deportivos y, en general, aquellos que exigen la realización de algún tipo de proezas e implican alguna forma de competición. Muchos de los juegos para estas edades entran dentro del rubro deportes que es una forma de actividad lúdica dentro de los programas de animación, pero que en sentido estricto no son juegos. Para los adultos el juego es una forma de descanso, recreación y renovación que, durante el tiempo de ocio pueden disfrutar. Y para la gente de la tercera edad, también hay que pensar que en aquellos que se proponen deben tener efectos terapéuticos.

> *Cualquiera sea la edad o grupo destinatario, o el tipo de juego que se realice, éstos deberán expresar siempre el placer de vivir.*

Clasificación de los juegos

Como todas las clasificaciones, éstas dependen de los criterios u objetivos que se pretenden. Desde el punto de vista de las actividades de la animación, la que sigue nos parece útil.

Juegos corporales: expresión corporal, eutonía, danza libre; relajación, yoga y t'ai chi, juegos de corro, y todo tipo de juego que permita descubrir las posibilidades y expresión de todo lo relativo al cuerpo.

Juegos deportivos y paradeportivos: carreras, pelota a paleta, tenis, ping pong, gimnasia, artes marciales y otras formas que implican el uso de la fuerza y la destreza y, con frecuencia, se realizan en competiciones individuales o de equipo...

Juegos dramáticos: mimo, títeres, sombras chinescas, teatro de máscaras, dramatizaciones, charadas, "payasadas"...

Juegos plásticos: construcción de grandes puzles colectivos, pintura mural colectiva, construcción de máscaras, marionetas, gigantes, cabezudos, etc. Modelado y pirograbado. Decoración de espacios urbanos...

Juegos musicales o paramusicales: conocimiento y construcción de instrumentos; sonorización de espacios urbanos, orquestas espontáneas...

Juegos verbales: oratoria libre, debates y coloquios abiertos, tertulias espontáneas, juegos de palabras: adivinanzas, memoria verbal de significados...

Juegos de iniciación a la ciencia o pre-tecnológicos: química y bioquímica, física, electricidad, mecánica, botánica, zoología; matemáticas, computación, ciencias espaciales...

Juegos de azar: juego de oca, parchís, etc.

c. Recreación y esparcimiento

Hoy es un lugar común admitir que la recreación es absolutamente necesaria para la salud física y mental. No es algo que se agrega para "matar el tiempo" y de lo que se podría prescindir si se tiene "mucho que hacer". Al contrario, tanto más tenemos responsabilidades tanto más necesitamos de la recreación. Pero atención: no hay que caer en la superficialidad de creer que cualquier forma de recreación y entretenimiento sirve para descansar, para ayudar al equilibrio psicológico y para asegurar el propio desarrollo personal. La recreación y esparcimiento puede ser un empleo pasivo (y a veces alienante) del tiempo de ocio, pero también puede llenarse con un empleo activo del tiempo.

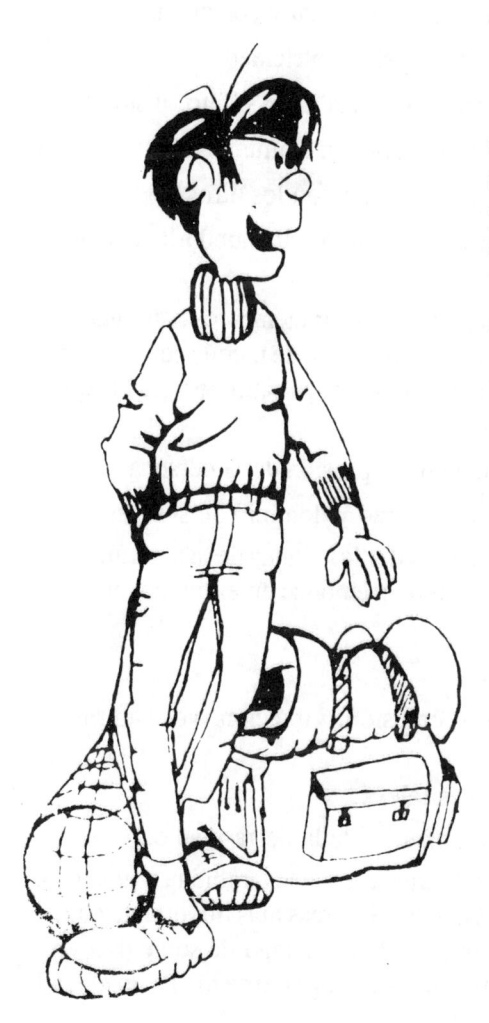

Siendo esto así desde el punto de vista de un programa de animación, el problema que se plantea es el de ¿cómo llenar el tiempo destinado a la recreación y el esparcimiento? Las formas son muy diversas y en general depende de la personalidad y de los valores de cada uno. Lo que tienen en común, es el de constituir formas de experiencia o de actividad a las que se dedica una persona en busca de satisfacción y goce personal. Esto explica, parcialmente, por qué las actividades recreativas son tan variadas. Dentro de la recreación y el esparcimiento se incluyen todas las formas de juego antes expuestas, los deportes y las fiestas. A igual que los juegos, la recreación debe adaptarse a los intereses y capacidades que se manifiestan en las distintas etapas de la vida, pero sin excluir formas de recreación que incluyen la totalidad de un grupo o colectivo.

Hacia una pedagogía de la naturaleza y con la naturaleza, para determinadas formas de recreación

Es fundamental incorporar en la recreación y el esparcimiento una pedagogía para el contacto y comunión con la naturaleza. Algunas actividades como las acampadas o campamentos, las colonias de vacaciones y los paseos al campo, son las formas más aptas para el logro de estos propósitos.

No cabe duda que la naturaleza es un "ámbito educativo" por excelencia. Rafael Mendía (9) ha destacado con acierto aquellas capacidades atrofiadas por la vida urbana que la naturaleza nos permite recuperar y que, además, posibilitan un camino de realización personal y colectiva:

- desarrollo de todo el campo de la psicomotricidad
- desarrollo del mundo de los sentidos (vista, oído, olfato, gusto y tacto)
- desarrollo de la capacidad de estar solo en comunión con el Cosmos
- desarrollo de la capacidad de comunión con los otros
- desarrollo de la capacidad de comunicación sin inundarlo todo de palabras
- desarrollo de la imaginación para descubrir elementos naturales: desde la elaboración del pan, hasta la búsqueda de menús con elementos silvestres, pasando por la obtención de tintes naturales y la búsqueda de formas bellas en el medio
- desarrollo de toda la capacidad de expresión de la persona
- desarrollo de la capacidad de esfuerzo y dominio de sí mismo
- desarrollo de la capacidad de entender los signos de la naturaleza (leer las estrellas, predecir el tiempo, orientarse en el medio, etc.)
- búsqueda de juegos naturales
- sintonía con los seres vivos
- creación de música natural (percusión, vibración, voz, murmullo, agua, piedra, madera, etc.)
- conexión con los valores ancestrales
- descubrimiento físico y trascendental de la tierra-madre.

De este modo la recreación puede transformarse también en una forma de educación ecológica que hoy, es una de las tareas más importante que debemos emprender si queremos conservar la capacidad de sobrevivir en el planeta. Si el crecimiento económico del siglo pasado se hizo a un elevado costo social y humano, ahora se agrega un elevado costo ecológico. No hay educación ecológica, sino en la medida que somos capaces de asumir un estilo de vida personal y social que implique un nuevo modo de relación con los componentes extrahumanos del entorno. O lo que es lo mismo: si no desarrollamos nuestra capacidad de comunicación con la naturaleza.

Hasta ahora hemos hablado de la recreación en términos generales, ciñéndonos en particular al contacto e inserción con la naturaleza como forma de realización y crecimiento personal, pero hemos dejado todo lo referente al turismo que tiene tanta trascendencia. En efecto, el turismo moviliza cada año millones de personas que entran en contacto con otras realidades y que influyen también en otros seres que si bien no disfrutan del turismo, son impactados por la presencia de personas pertenecientes a otras culturas.

El turismo moviliza a millones de personas por razones que no son ni económicas, ni políticas, ni sociales, ni conflictos armados; se movilizan para ver y por placer. Las posibilidades de introducir la animación socio-cultural en el turismo son amplísimas, aunque aquí sólo lo mencionamos al pasar.

d. Las actividades deportivas

Como es bien conocido, la educación para el tiempo libre se ha convertido en uno de los campos más importantes de la higiene social y psicológica; la animación tiene su tarea en este campo de actuación. Más aún, la animación socio-cultural nació fundamentalmente (en el caso de algunos países europeos), como una forma de llenar creativamente el tiempo libre. Sin embargo, para un animador que promueve actividades deportivas como parte de un programa de animación, normalmente se plantea muy seriamente el problema del valor educativo y formativo del deporte. ¿Por qué ocurre esto? Simplemente porque en la práctica del deporte se acentúa cada vez con más fuerza el carácter competitivo que impera en casi todas las actividades deportivas de nuestro tiempo. A ello se ha de añadir la "fiebre de resultados a cualquier precio", que lleva a que lo importante ya no es competir o jugar, sino ganar. En muchas competencias deportivas, la obsesión por ganar, hace perder el gusto por jugar, aun cuando la actividad no sea profesional. Por eso cuando se habla de "apoyo al deporte", lo que suele hacerse es el apoyo al "exitismo", a los deportistas de élite que pueden llegar a ser campeones.

Todo esto está alentado por la prensa deportiva (y también por la otra), en su permanente show de la frivolidad.* Pero no sólo se da esta transformación del deporte en espectáculo, donde unos pocos juegan y millones miran, a esto hay que añadir la politización de los Juegos Olímpicos, la exaltación de rivalidades entre países y la exacerbación de las tensiones patrióticas (o "patrioteras") que alimentan determinadas competiciones. Por su parte, la ciencia y la técnica que hacen aportes interesantes para la práctica del deporte, también contribuyen a su deshumanización en el deporte de alta competición, haciendo del deportista una máquina de batir records. Sumemos a ello la violencia en el deporte (especialmente la actuación de las "barras bravas") y la corrupción de algunos (o muchos) de los dirigentes deportivos, y tendremos un panorama ante el cual, no es extraño que algunos animadores socio-culturales, planteen seriamente sus dudas sobre el valor educativo y formativo del deporte.

Hoy en día, como dice ese gran especialista en estudios sobre el deporte que ha sido José Mª Cagigal, "vivimos en una sociedad en la que el deporte se ha hecho cotidiano. Si, por ejemplo, se conecta la radio un día cualquiera, pronto podrá oírse un noticiario deportivo, y si aquélla se sintoniza en domingo, puede decirse sin exageración que será difícil escuchar otra cosa; la televisión y la prensa escrita dedican también gran parte de sus espacios y sus páginas al deporte... El deporte se ha hecho grande, inmenso; se ha convertido en la primera noticia en el mundo" (10).

Ya sea como una forma de beneficiar la higiene y la salud mental, o bien como prevención y terapéutica, o simplemente como disfrute y placer, el deporte es hoy una actividad necesaria en el modo agitado de vivir propio de nuestra civilización en la que aumentan las situaciones estresantes y la vida sedentaria.

No sólo hay que hacer más ejercicio físico para cuidar el cuerpo y comoforma de disfrute, esparcimiento y diversión, también estos hábitos hay que difundirlos porque tienen que ver con la salud personal y la salud pública.

Se conoce desde tiempos inmemoriables que es necesario desarrollar armónicamente el cuerpo y el espíritu (o si se quiere el cuerpo y la mente). Y es casi un lugar común recordar aquello de *"mens sana in corpore sano"*. Sin embargo, hasta época muy reciente esta armonización no ha sido un he-

---

* El día que escribía estas líneas (marzo 1987) la selección de fútbol de Argentina era recibida por el Papa Juan Pablo II... el show el ser deportivo/religioso adquiriría mayores dimensiones.

cho corriente, ya que unos concentraban el esfuerzo en el cultivo del cuerpo y otros de la mente. Y otros que no se ocupaban mucho ni del cuerpo, ni de la mente.

En los últimos años la mentalidad de la gente ha evolucionado con respecto a la necesidad del ejercicio físico; se ha descubierto o se ha aceptado por parte de amplios sectores de población, la bondad de la práctica deportiva. Esta, sin lugar a dudas, sirve para atacar varios problemas simultáneamente:

- ayuda a la salud física y al equilibrio psicológico; el organismo conserva fuerzas vitales y las tensiones disminuyen o se eliminan.
- eleva la capacidad de trabajo físico e intelectual, y crea una mejor disposición para tener un carácter alegre y comunicativo.
- ayuda a la formación de la voluntad y del carácter, de este modo la educación física se convierte en uno de los componentes de la educación y de la formación de la persona.

En los programas de animación no se promueve el deporte-espectáculo, o el deporte que sólo está al alcance de una élite. Lo que se procura es alentar la actividad deportiva como una forma apropiada para asegurar el desarrollo armónico de las personas.

Dentro de ese contexto y con ese telón de fondo, no es de extrañar la preocupación que tienen muchos responsables culturales, en relación a la significación educativa y formativa del deporte, a la que aludíamos antes. Es por ello que las actividades deportivas dentro de los programas de animación, sólo deben promoverse cuando sirven:

- para un mejor empleo del tiempo libre;
- para mejorar las condiciones físicas y psíquicas de quienes lo practican;
- para estimular y desarrollar el sentido de solidaridad;
- como prevención de problemas de salud, psíquicos y de conducta.

Queremos terminar este apartado, con algunas consideraciones sobre el movimiento como ayuda al desarrollo mental y sobre la cultura física. Para ello tenemos que comprender que el deporte, el juego, la recreación y el esparcimiento, en cuanto implican y exigen movimiento tienen otra significación. María Montessori lo explicaba hace casi ochenta años de la siguiente manera: "Hasta hoy, la mayor parte de los educadores han considerado movimiento y músculo como una ayuda a la respiración, a la circulación, o bien como una práctica para adquirir mayor fuerza física. Nuestra concepción, en cambio, sostiene la importancia del movimiento como ayuda al desarrollo mental".

Todo esto adquiere además una particular significación para el trabajo cultural con los niños y adolescentes, para quienes el enfoque de la vida es más físico que simbólico. Esto significa, asimismo, que todo lo que se aprende a través de la acción se graba mejor. O lo que es lo mismo, el niño y el adolescente tienen una capacidad mayor de aprender haciendo.

Cabe destacar de manera particular, los beneficios de las actividades físicas y deportivas en materia de prevención de la delincuencia sobre todo juvenil y como medio eficaz de lucha contra la droga.

Para la gente adulta y quienes ya han entrado en la tercera edad, el movimiento favorece el mantenimiento de la salud. Toda persona de más de 65 años, que desarrolla una actividad física acompañada de un componente lúdico, encuentra en ello una nueva vitalidad. Con ello la gente deja de quejarse de sus dolores de cabeza, de su insomnio, de su artritis, de su úlcera gástrica y de sus achaques en general, casi todos ellos producidos por la falta de ejercicio físico y por no tener algo que hacer en cuanto proyecto de vida personal. Demás está decir, porque ello es bien conocido, que la actividad física es también un modo de prevención de la salud, ya que ella favorece el mantenimiento de los músculos y de los órganos vitales.

Los movimientos pueden sustituir cualquier fármaco, sin embargo, todos los fármacos del mundo no pueden sustituir el provecho del movimiento.

Tisso

5. Actividades sociales

La gran masa de los ciudadanos parece vivir en una especie de pasividad fatalista cuyo significado no conocen y que los anega sin su consentimiento.

Carol Aromovici

Este ámbito de actuación como una de las actividades propias de la animación, es muy cercano o similar a los que se realizan denominados como programas de desarrollo de la comunidad o de promoción social. En algunos casos hasta suelen confundirse, particularmente en todo lo que concierne a la promoción de actividades tendientes a crear un entramado social más personalizado, activo y comunitario, mediante una participación cada vez más amplia en las cuestiones públicas y en la vida societaria.

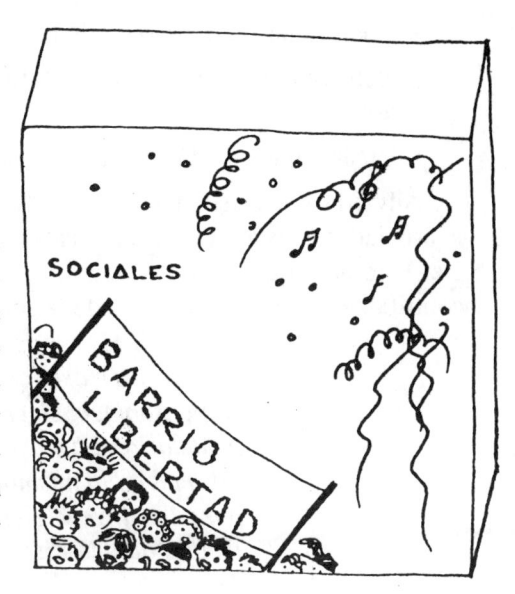

Quizás la primera cuestión que debemos formularnos, es acerca del para qué de las actividades sociales en los programas de animación... De lo que se trata es de buscar alternativas a la pasividad y al individualismo, favorecer los contactos humanos y, en la medida de lo posible, alentar a que la gente aporte su esfuerzo, sus capacidades y su entusiasmo para realizar tareas de interés común. Se busca, asimismo, sensibilizar y dinamizar al movimiento ciudadano, con el fin de asociar nuevas personas a la realización de actividades socio-culturales. En este aspecto, es también una forma de fortalecimiento de la sociedad civil.

En el fondo se trata de invitar al ciudadano a salir de su "rutina diaria y la incomunicación, para entrar en contacto con otras personas, otras inquietudes, otras dimensiones de su propia realidad", como diría Fernando de la Riva, o un modo de lograr la "participación ciudadana y el desarrollo del asociacionismo" para usar una expresión e José Mª Barrado. En otras circunstancias se trata de superar el aislamiento de las personas y establecer formas de convivencia, como es el caso de la promoción de actividades para personas de la tercera edad, discapacitados o enfermos. Pero en general, las actividades sociales propias de la animación, procuran facilitar, como suele decir Mary Salas, "lugares de encuentro y de acogida como primer paso de empresas de mayor aliento". Insistimos en esta idea, porque ella nos revela el verdadero sentido de las actividades sociales, o de promoción social, propias de los programas de animación:

- crear lugares u ocasiones de encuentro;
- constituir el punto de partida para emprender tareas de mayor aliento;
- crear espacios y lugares para la participación ciudadana.

Adviértase que este tipo de actividades con frecuencia están totalmente asociadas a las actividades lúdicas: teatro, danza, música, canto, títeres, etc. Pero aquí queremos destacar otra dimensión de estas actividades: su contribución al fortalecimiento de la sociedad civil.

> *Cuando las masas empiezan a comprender que nadie es responsable, caen en la apatía y entonces es muy fácil modelarlas. La maquinaria social les parece necesaria, invencible, lo mismo que a los hombres primitivos les parecían invencibles y misteriosas la inundación, la tempestad y la esterilidad de la tierra.*
>
> **Czeslaw Milosz**

Lo que aquí queremos plantear como tema de reflexión y de análisis, no se expresa en actividades concretas, ni en estrategias pedagógicas, ni en ningún tipo de técnicas a utilizar. Para la comprensión del significado y relevancia de esta cuestión, recordamos un supuesto o principio que hemos explicado en nuestro libro **Cultura y Liberación**, a saber: la sociedad civil es el campo propio (no exclusivo) de la actividad y creatividad cultural. Traducido este principio de manera operativa, como uno de los tipos de actuación propios de la animación en las actividades de tipo social, estos programas sirven para el fomento de la vida asociativa.

Nuestra tesis puede resumirse en lo siguiente: la sociedad civil, en cuanto expresa los "dinamismos sociales que nacen de la actividad de los ciudadanos", es la fuente principal de actividades y creatividad cultural. Consecuentemente, potenciar y apoyar el fortalecimiento asociativo de organizaciones que tienen como propósito (principal o compartido) realizar actividades socio-culturales, constituye uno de los pilares básicos de una política cultural cuyo objetivo estratégico es la democracia cultural.

En lo que atañe al tipo de asociaciones que se pueden promover o apoyar desde los programas de animación, éstas pueden ser de muy diversa índole, siempre que ellas busquen una auténtica participación de la gente. Sin que la enumeración sea exhaustiva o taxativa, podemos señalar las siguientes:

- sociedades de fomento o juntas de vecinos;
- clubes y asociaciones recreativas;
- asociaciones de padres o ex-alumnos.

Se pueden apoyar o participar, en las actividades culturales de:

- cooperativas;
- sindicatos;
- mutualidades;
- pequeñas unidades de producción;
- organizaciones de servicios voluntarios, etc.

Dentro de este contexto, el asociacionismo como escuela de democracia adquiere una importancia fundamental. La democracia no se realiza con la sola participación eleccionaria (esto es un mínimo) ni está realizada cuando existe un tratamiento y discusión pública de las grandes cuestiones de Estado. Lo sustancial es crear condiciones para que cada persona se asuma como sujeto que hace la historia. Sin embargo, esto de "ser sujeto que hace la historia" puede ser una expresión grandilocuente, si no se encarna en realizaciones concretas. Lo que todos podemos hacer, es asumir las responsabilidades del entorno más cercano en el que transcurre nuestra cotidianeidad. Y de manera general, por nuestro comportamiento y conductas asumidas en las asociaciones y organizaciones de las que formamos parte y participamos... Por muchos motivos interesaría estudiar más profundamente esta cuestión, pero huelga en este contexto hacer un análisis más pormenorizado de lo que implica el desarrollo del asociacionismo como escuela de democracia, o en nuestra experiencia argentina más cercana, como forma de "re-democratización" a través de la cultura y de la participación ciudadana. Para las finalidades de este libro sobre la práctica de la animación, bástenos tener en cuenta el significado del asociacionismo como un hecho de gran relieve en la realización de la democracia.

Al hablar del asociacionismo, no incluimos como es obvio, los grupos informales basados en la amistad, el parentesco y el vecindario. Sin embargo, queremos destacar que la participación en la vida de estos grupos es importante como superación de la incomunicación que suele darse en nuestras ciudades o en el aislamiento de los pueblos y las aldeas. En estos grupos el estar juntos es un fin en sí mismo; ellos satisfacen necesidades de amistad, afecto, relación y seguridad.

Con toda la importancia que tiene esta forma de sociabilidad, al hablar de la "promoción del asociacionismo", hacemos referencia a la constitución de grupos u organizaciones más o menos formales que se agrupan para realizar actividades con las que se pretende alcanzar determinados objetivos.

¿Qué busca el asociacionismo?, ¿para qué promover y alentar a la gente que se asocia?... No se trata de fomentar la creación de asociaciones sin más; ellas tienen sentido en cuanto constituyen un primer paso (agruparse, asociarse) para algo (objetivos de la asociación). De una manera general podríamos decir que el asociacionismo tiene dos razones principales de ser:

- participar en una organización o institución, con el fin de satisfacer una necesidad que se considera importante;
- buscar un tipo de sociabilidad ya perdida o en vías de desaparición; esto es particularmente válido en las grandes ciudades donde, como es bien sabido, la soledad, la ansiedad y la anomia son efectos de una vida urbana deshumanizada; también las ciudades producen agresividad, al punto que en algunas de ellas, mucha gente se defiende, simplemente para sobrevivir.

Capítulo 11

Evaluación de programas de animación

Cuestiones básicas en torno a la evaluación
1. Qué entendemos por evaluación
2. Tipos y áreas de evaluación
3. Objetivos de la evaluación
4. Principios inherentes a la investigación evaluativa
5. Requisitos previos a la evaluación de programas de animación

El proceso de evaluación
1. Determinación de los objetivos de la evaluación: para qué se hace y para quién se hace
2. Formulación del marco referencial
3. Determinacion de las áreas o identificación de los aspectos que serán evaluados
4. Determinacion de los recursos disponibles para realizar la evaluación
5. Implementación de la evaluación
6. Recopilación de la información
7. Elaboración de los datos de información
8. Análisis e interpretación de los resultados
9. Discusión de los resultados
10. Adopción de decisiones; aplicación de las recomendaciones

Cuestiones básicas en torno a la evaluación

1. Qué entendemos por evaluación

Basta con analizar nuestra cotidianeidad para constatar que la evaluación, en cuanto ponderación basada en valores, es algo que realizamos con mucha frecuencia, ya sea para valorar lo que hacemos o las decisiones que tomamos. Después de intentar o producir algo, solemos valorar lo que hemos logrado y lo que no hemos hecho teniendo en cuenta nuestros propósitos iniciales. A veces evaluamos la forma como intentamos alcanzarlo y, en otras circunstancias, la evaluación la realizamos antes de producir o realizar algo, con el fin de ponderar la conveniencia de hacerlo o no hacerlo.

Sin embargo, la ponderación de las acciones y decisiones que tomamos en la vida cotidiana, no se basan necesariamente en una información suficiente y adecuada, ni pretende medir con objetividad y con la mayor precisión posible, lo que se está juzgando.

Si avanzamos en este intento de precisar lo que entendemos por evaluación y comenzamos por analizar el uso que se hace de la palabra, resulta claro que "evaluación" es un término elástico: tiene usos diferentes y puede aplicarse a una gama muy variada de actividades humanas. En una acepción amplia, con la palabra evaluar se designa (como la define la Real Academia de la Lengua), el "señalar el valor de una cosa"... "Estimar, apreciar, calcular". Se trata, pues, de un juicio en el que se hace una valoración o estimación de "algo" (objeto, situación o proceso). El problema se complica, porque existen otros términos que a veces se utilizan de manera intercambiable con el de evaluación. Veámoslo.

Diferenciación del concepto de evaluación de otros términos similares: medición, estimación, seguimiento y control

Un punto de partida bastante útil a los propósitos de este capítulo podría ser el distinguir la evaluación de otros términos similares, pero que tienen alcances diferentes, tales como medición, estimación, seguimiento y control.

Ante todo evaluación es un término ligado a la idea de medición, pero no es la misma cosa. La **medición** es el acto o proceso de "determinar la extensión y/o cuantificación de alguna cosa"; la evaluación, en cambio, hace referencia "al acto o proceso de determinar el valor de alguna cosa".

Hemos de distinguir también, entre evaluación y estimación. Mientras la evaluación involucra la mayor objetividad y precisión posible, la **estimación** tiene un carácter aproximado (aprecio y valor que se atribuye a una cosa) que, con frecuencia, está cargado de subjetividad.

Otro concepto muy cercano al de evaluación, es el de **seguimiento** que, de algún modo, es una forma de evaluar logros, pero en sentido estricto, no es evaluación. El seguimiento es un proceso analítico que, mediante un conjunto de actividades, permite registrar, recopilar, medir, procesar y analizar una serie de informaciones que revelan la marcha o desarrollo de una actividad programada. Es una forma de examen continuo o periódico, requerido por una unidad administrativa con el propósito de asegurar el cumplimiento del calendario de trabajo y la entrega de insumos en el momento oportuno (bienes, fondos, servicios, mano de obra, tecnología y otros recursos). Todo ello orientado al logro de los objetivos considerados en el programa.

La finalidad del seguimiento es lograr la "ejecución eficiente y efectiva de un proyecto" mediante una información retroalimentada que permite modificar y reorientar permanentemente los aspectos operativos del programa de acuerdo a los objetivos considerados en el diseño. Desde el punto de vista administrativo, el seguimiento es parte de la función gerencial que debe realizarse rutinaria o periódicamente para la adecuada operación de un proyecto o la prestación de un servicio. De ordinario el seguimiento se realiza como "unidad de apoyo/asesoramiento", para realizar dos tipos de tareas principales: "diseñar y organizar un flujo regular de datos e información significativos, desde el punto de vista cuantitativo y cualitativo, y analizar la información reunida para verificar si el proyecto se está realizando de acuerdo a los planes, si surgen retrasos o restricciones que exijan una solución inmediata, o si aparecen imprevistos que impongan la revisión de los objetivos, supuestos, estrategias y procedimientos de ejecución del proyecto" (1).

Conviene diferenciar también, entre evaluación y **control**. El control es una verificación de resultados, la evaluación es una ponderación de resultados. Una cosa es constatar lo que pasa (control) y otra juzgar por qué pasa lo que pasa (evaluación). Cuando se habla de control operacional, a veces la expresión se utiliza como equivalente a evaluación continua. En sentido estricto no se trata de la misma cuestión, aunque ambos tengan como propósito fundamental ayudar a la eficacia de un proceso, mediante procedimientos que permiten tomar medidas apropiadas para controlar la ejecución de planes.

Y aunque no se trata de un término similar, podemos comparar también la programación de la evaluación. En este diferenciación podemos decir que:

- si **programar** es introducir organización y racionalidad en la acción para el logro de determinadas metas y objetivos,
- **evaluar** es una manera de verificar esa racionalidad, midiendo el cumplimiento —o perspectivas de cumplimiento— de los objetivos y metas previamente establecidos y la capacidad de alcanzarlos.

Evaluación en sentido lato e investigación evaluativa

Por último, hemos de distinguir entre la evaluación (en sentido lato) y la **investigación evaluativa**. La primera es el acto o proceso de dar un juicio sobre algo, pero sin considerar ni preocuparse de manera explícita de los fundamentos de dicho juicio; la investigación evaluativa se apoya en el uso del método científico, tanto para recopilar la información como para emitir los juicios. Es una diferencia, no de propósitos sino de métodos.

> *En este libro, aun cuando hablemos de evaluación (sin más), siempre nos vamos a referir a la investigación evaluativa.*

Ahora bien, aplicado el término a planes, programas o proyectos, la evaluación (como forma de investigación aplicada), puede tener dos significados:

- En un caso se trata de utilizar procedimientos encaminados a comprobar en qué grado se han conseguido o no las metas y objetivos propuestos, e identificar los factores o razones que han influido en los resultados.

La cuestión es:
lo que hacemos ¿responde a lo programado?
Es lo que se denomina **evaluación formal**.

- En otro caso, se remite a la direccionalidad del programa de acuerdo a la situación-problema que se desea cambiar. Hace referencia a la realidad en que se aplica el programa. Se evaluan los cambios reales que se han efectuado y operado en la situación concreta.

> La cuestión es:
> *¿los cambios y modificaciones que se producen en la situación-problema son resultante (total o parcial) del programa o proyecto?*
> Es lo que se denomina *evaluación sustantiva*.

Después de todas las precisiones terminológicas precedentes, a modo de conclusión y como definición que nos servirá de referencia para este trabajo, diremos que la investigación evaluativa **es una forma de investigación aplicada, encaminada a determinar sistemática y objetivamente la pertinencia, idoneidad, efectividad/eficacia y eficiencia/rendimiento de un programa, proyecto o actividades, evaluados a la luz de los objetivos propuestos. Se trata de un proceso investigativo cuyo propósito es ayudar a los responsables administrativos, en el proceso de toma de decisiones, para asegurar y/o modificar el programa, proyecto o actividad que se evalúa.**

De esta noción de evaluación podemos extraer sus aspectos y características principales, en cuanto a fases o momentos de un proceso:

Consiste en:

Evaluación propiamente dicha	• momento de la comprobación	verificación de lo que se ha hecho y de los resultados obtenidos: no interesan las intenciones o propósitos.
	• momento de la comparación	comparación de lo que se ha hecho con lo que se quería hacer, utilizando criterios objetivos (datos y hechos), no opiniones o apreciaciones subjetivas.
	• momento analítico	identificación y juicio sobre lo realizado y los factores que influyeron en los resultados.
	• toma de decisiones	utilización de los resultados de la evaluación para proponer correcciones, reajustes y modificaciones.

Dicho de una manera sintética y con menos tecnicismos, podemos decir que la evaluación es la "comprobación" de lo hecho, la "comparación" o "constatación" que resulta de confrontar lo realizado con lo que se quería realizar (metas y objetivos propuestos), "analizando", por qué ha ocurrido lo que ha ocurrido (los factores que han influido en los resultados). Y, apoyados en esa información (comprobación, comparación e identificación de factores), proponer las correcciones, modificaciones y reajustes necesarios para retomar la direccionalidad destinada a alcanzar los objetivos propuestos.

2. Tipos y áreas de evaluación

En este apartado vamos a estudiar dos cuestiones: en primer lugar lo que podrían ser diferentes modalidades o tipos de evaluación; modalidades que conviene tener presente a la hora de establecer el sistema de evaluación que se va a utilizar. Luego, estrechamente vinculado a lo anterior, examinaremos aquello que hace al contenido de la evaluación, es decir, a las áreas o aspectos que se quieren evaluar.

Tipos de evaluación

Por lo que respecta a las formas o tipos de evaluación, podemos hacer muchas clasificaciones con arreglo a diferentes criterios, pero son dos las que tienen mayor interés práctico: según el momento en que se evalúa y según la procedencia de los evaluadores.

Según el momento en que se evalúa

De acuerdo a este criterio, se puede hacer una triple distinción:

a. **Evaluación antes** (o ex-ante), llamada también inicial o a priori. Como su nombre lo indica, se realiza antes de tomar la decisión de emprender un programa o proyecto, o de aprobar su realización. Consiste en evaluar el proyecto en sí mismo, mediante la estimación crítica de su pertinencia, viabilidad y eficacia potencial. Comporta dos aspectos principales:

- pertinencia del proyecto con la realidad: se trata de establecer la coherencia entre las soluciones que se proponen y la realidad que se pretende modificar
- coherencia y congruencia internas: es un análisis que atiende fundamentalmente a los aspectos formales. Interesa básicamente evaluar la organicidad/unidad del proyecto. Para ello hay que examinar su viabilidad y la coherencia de las relaciones entre:
  — medios/recursos y objetivos
  — objetivos generales - objetivos específicos y metas
  — diagnóstico - proposiciones

b. **Evaluación durante** la ejecución, denominada también **evaluación de gestión** o **evaluación continua**. Es el análisis que se realiza durante la fase de ejecución, suministrando información sobre la marcha del programa con una ponderación de los resultados. Su objetivo básico es evaluar los cambios situacionales, es decir, establecer en qué medida se está cumpliendo y realizando el programa de acuerdo a la elaboración inicial.

No siempre es fácil diferenciar en la práctica este tipo de evaluación con el control operacional. En sentido estricto la evaluación continua se diferencia porque proporciona, también, un juicio sobre los supuestos en que se apoya la formulación del programa, a la vez que permite redefinir y perfilar con más precisión los objetivos y metas propuestos y los procedimientos operativos que se utilizan.

c. **Evaluación ex post**: es una evaluación de fin de proyecto o de resultados finales. Se lleva a cabo cuando el programa o proyecto ha alcanzado su pleno desarrollo, y esto sólo se da años después de concluida la ejecución.

De ordinario se realiza para evaluar cuánto se ha cambiado la "situación inicial" o cuánto se ha logrado o alcanzado la "situación objetivo", según lo que se tome como punto de referencia. Se la suele llamar también **evaluación de impacto**.

Estas dos últimas formas de evaluación tienen una doble finalidad:
- valorar el logro de los resultados generales,

en términos de $\begin{bmatrix} \text{eficiencia} \\ \text{productos} \\ \text{efectos} \\ \text{impacto} \end{bmatrix}$

- obtener enseñanzas y experiencias para otros programas o proyectos.

Según el papel que cumple la evaluación

Teniendo en cuenta el papel de la evaluación, existe otro tipo de clasificacion. Es la que distingue entre:

a. Evaluación **sumativa**: referida al estudio de los resultados o efectos de un programa: se determina hasta qué punto se cumplen los objetivos o se producen efectos no previstos;

b. Evaluación **formativa** que hace referencia al seguimiento que se realiza durante el proceso de ejecución de un programa o proyecto, y que sirve básicamente para una retroalimentación de lo que se está realizando.

Según la procedencia de los evaluadores

De acuerdo a este criterio pueden distinguirse cuatro modos de evaluación:

a. **Evaluación externa**: es aquella que recurre a evaluadores que no pertenecen, ni están vinculados (directa o indirectamente) a la institución ejecutora del programa o proyecto que se evalúa. Cuando se realiza este tipo de evaluación, de ordinario, se recurre a la participación de expertos contratados por la institución que quiere evaluar alguna o la totalidad de las actividades que realiza, áreas de actuación o programas/proyectos específicos.

b. **Evaluación interna**: esta modalidad de evaluación es la que se realiza con la participación (como evaluadores) de personas que pertenecen a la institución promotora del programa o proyecto a evaluar, pero que no son directamente responsables de la ejecución.

c. **Evaluación mixta**: este tipo de evaluación es una combinación de las anteriores; se realiza por un equipo de trabajo que incluye evaluadores externos (ajenos a la institución), e internos (pertenecientes a la institución responsable del programa que se evalúa).

d. **La autoevaluación**: las actividades evaluativas están a cargo de aquellos que están implicados directamente en la ejecución o realización del programa o proyecto, y que valoran y enjuician sus propias actividades para determinar si están cumpliendo las metas propuestas.

Ahora bien, realizadas estas distinciones/clasificaciones, descendiendo a preocupaciones prácticas cabe preguntarse: ¿qué tipo de evaluación?; ¿evaluación externa o evaluación interna?, ¿mixta o autoevaluación? Existen ventajas y desventajas para una u otra opción. Veámoslo.

Cuando se procede a realizar una evaluación con el personal de la misma institución o unidad administrativa, sobre todo si se trata de la administración pública, se corre el riesgo de que los responsables de esta tarea, consciente o inconscientemente traten de resaltar lo bueno del programa y de minimizar los aspectos negativos o menos positivos. En otros casos se busca el "chivo expiatorio" responsable de los fracasos, ya sea externos a la institución o dentro de ella. También puede ser una buena ocasión (en el caso de conflictos o tendencias contrapuestas al interior de la institución) para que los evaluadores tomen desquite con los responsables del programa.

Las ventajas de la evaluación interna vienen dadas básicamente por el mayor conocimiento que se tiene de lo que se va a evaluar. Pero tiene sus desventajas derivadas de los riesgos de subjetividad que conlleva, por la implicación con lo que se evalúa.

Por el contrario, los evaluadores ajenos a la organización cuyos programas o proyectos son evaluados, son en principio una mayor garantía de objetividad por su no implicación. Pero las desventajas son también evidentes: no es fácil que un evaluador externo pueda captar plenamente todos los factores en juego y que pueda compenetrarse en poco tiempo con la naturaleza y funcionamiento del programa. Otra desventaja es en relación al costo, que siempre es superior a la evaluación realizada por los mismos técnicos o funcionarios de la institución.

Frente a estas ventajas y desventajas, puede pensarse en la conveniencia de la evaluación mixta, que tampoco es garantía de total objetividad y efectividad. Respecto de la auto-evaluación, hay que advertir que —salvo que se trate de personas muy responsables y con gran capacidad de autocrítica— casi siempre se corre el riesgo de hacer evaluaciones con bajos índices de objetividad y fiabilidad.

Para cada situación concreta habrá que optar, sabiendo sobre todo de las limitaciones de cada una de estas formas. Sin embargo, en principio siempre es mejor evaluar que no evaluar.

Areas de evaluación

Una investigación evaluativa puede ser de diferente naturaleza, según el área que se va a evaluar. A efectos prácticos vamos a distinguir diez áreas de evaluación: seis de ellas se refieren a la coherencia interna del programa o proyecto, las restantes a la coherencia externa.

Area de coherencia interna

a. evaluación del estudio - diagnóstico
b. evaluación el diseño o fase de programación
c. evaluación del proceso y desarrollo del programa
d. evaluación de la implementación
e. evaluación del perfil estructural y funcional de la institución desde la cual se realiza el programa
f. evaluación de los procedimientos utilizados.

Area de coherencia externa

a. evaluación de los resultados efectivos
b. evaluación de la coordinación exterior del programa
c. evaluación de los efectos indirectos
d. opinión de los beneficiarios, destinatarios o usuarios.

Tiene una cierta equivalencia, con la **evaluación formal**.

Tiene una cierta equivalencia, con la **evaluación sustantiva**.

En la práctica, toda evaluación comporta el análisis de determinadas áreas de coherencia interna y otras de coherencia externa. Depende de cada caso concreto, según las necesidades e intereses de quienes encomiendan la realización de una investigación evaluativa. La distinción que hacemos de diez áreas tiene, fundamentalmente, un propósito pedagógico: ayudar a una mejor comprensión de los diferentes aspectos que abarca la tarea evaluativa de un programa realizada en una institución u organización.

3. Objetivos de la evaluación

La opinión frecuentemente expresada, de que la evaluación se reduce a decidir si los objetivos de un programa han sido alcanzados o no, es demasiado restrictiva. La evaluación debe ser algo más que una simple autopsia, debe ser un medio efectivo de mejorar los actuales programas o la planificación de futuras actividades.

Pierre Drouet

¿Para qué evaluar un programa, proyecto o proceso?, ¿qué se quiere conseguir con ello?, ¿cuáles son los objetivos de la evaluación?... Esta es la cuestión que ahora nos ocupa, y que explicaremos siguiendo la forma clásica de presentar los objetivos de cualquier tipo de investigación evaluativa.

Como formulación general y como primera aproximación a la cuestión, hemos de decir que la evaluación tiene como objetivo **saber cómo va aquello que se está haciendo**. Para decirlo de manera más precisa: en qué medida se están alcanzando los objetivos y metas propuestos dentro de un programa o proyecto en marcha, o cómo se está prestando un servicio o cómo se está modificando una situación-problema.

Una obra ampliamente conocida sobre investigación evaluativa, resume de esta forma los objetivos de la evaluación: "proporcionar pruebas objetivas, sistemáticas y completas del grado en que el programa ha conseguido los fines que se proponía y del grado en que ha producido otras consecuencias imprevistas que, una vez conocidas, sean también de interés para la organización responsable del programa" (2)

Desarrollando esta noción, podríamos señalar los siguientes objetivos específicos de la evaluación.

a. Medir el grado de pertinencia, idoneidad, efectividad/eficiencia y eficiencia/rendimiento de un programa, proyecto o servicio

Se trata de cuatro cuestiones diferentes. Veamos el alcance de cada uno de estos aspectos.

• **Pertinencia o propiedad**: es la capacidad que tiene un programa o proyecto para aplicarse y resolver la situación-problema que le dio origen.

Valora la adecuación y oportunidad del proyecto en el contexto que opera, ya sea en relación a las necesidades humanas que debe satisfacer o a problemas que debe resolver.

- **Idoneidad**: es decir, la capacidad que tiene el programa o proyecto de hacer coherentes las actividades y tareas con las metas y objetivos propuestos.

> *Se trata de explorar en qué medida los métodos y técnicas utilizadas, y las actividades realizadas, se adecuan a los objetivos y metas que se quieren alcanzar.*

- **Efectividad o eficacia**: hace referencia al grado en que se han conseguido las metas y objetivos propuestos, mediante la realización de las actividades y tareas programadas. Para evaluar la efectividad o eficacia, hay que establecer una comparación entre la calidad y cantidad de las actividades programadas y el tiempo estimado para el logro de determinadas metas y objetivos y lo efectivamente realizado.

> *Se trata de medir el producto final, que resulta de la realización del programa o proyecto evaluado.*

- **Eficiencia o rendimiento**: se trata de una relación entre los esfuerzos o insumos empleados y los resultados obtenidos. Consiste en determinar el índice de productividad o rendimiento del programa, o sea, la relación existente entre:

— los bienes y servicios finales (resultados obtenidos)

— los insumos requeridos para su realización (recursos utilizados).

> *Se mide el costo que ha supuesto la consecución de los objetivos; permite establecer en qué grado el gasto de recursos se justifica por los resultados.*

b. Determinar las razones de los éxitos y fracasos

Una investigación evaluativa, no puede limitarse a establecer cuáles son los "éxitos" o "fracasos" de un programa, tiene que tratar de averiguar por qué se han alcanzado ciertos logros y por qué se han producido determinados fracasos. Esta tarea hay que realizarla básicamente a dos niveles:

- teniendo en cuenta la situación contextual que condiciona la realización del programa, y
- analizando el programa en sí.

Con el análisis de la situación contextual es posible identificar las limitaciones y restriccionse existentes y los factores que pueden favorecer la realización exitosa del programa. Abarca diferentes aspectos, entre los cuales podemos señalar:

- *Disposiciones legales* (leyes, decretos, reglamentos, etatutos, etc.) que pueden poner trabas burocráticas a la realización del programa. En algunos casos podrían ser disposiciones que lo facilitan.
- La existencia o no de una *voluntad política* de llevarlo a cabo: ningún programa tiene validez y operatividad en sí mismo. Para que sea efectivo debe contar con apoyo político.
- *Disponibilidad financiera y presupuestaria*: se trata de los medios financieros disponibles y que se pueden asignar al programa y que efectivamente están disponibles cuando ello sea necesario.
- Condiciones sociales y económicas (coyunturales o estructurales) que influyen de tal manera que obstaculizan la relación de un programa, aun cuando este haya estado bien elaborado.
- Valores culturales o religiosos que hacen inviables la realización de determinadas actividades.

c. *Facilitar el proceso de toma de decisiones para mejorar y/o modificar el programa o proyecto*

Es preciso recordar, como ya se ha dicho, que la evaluación no es una finalidad en sí misma. Su propósito primordial es el de ayudar al proceso de toma de decisiones técnicas/administrativas y, en algunos casos, incluso políticas, ya sea para mejorar y/o modificar la realización de un programa o proyecto.

Estas decisiones pueden ser de la siguiente índole:
- introducir modificaciones en el programa que se está evaluando; eventualmente podría decidirse la interrupción del proyecto.
- mejorar la metodología utilizada, esto es, la práctica y procedimientos empleados
- modificar o innovar la estructura y/o funcionamiento de la organización, si en la evaluación se encuentra que ella incide de manera muy significativa obstaculizando la realización del programa
- modificar la estrategia en desarrollo.

d. Establecer en qué grado se han producido otras consecuencias imprevistas

Todo programa o proyecto, como es obvio, busca alcanzar determinados objetivos. Sin embargo, en su realización pueden producirse efectos o resultados no previstos.

Una investigación evaluativa debe procurar incluir el análisis de las consecuencias imprevistas o no previstas, especialmente las que inciden en la realización del programa. También interesan las que no tienen una relación directa con los objetivos o propósitos que se desean alcanzar.

e. Otros objetivos que se pueden lograr

Aunque es ajeno de los propósitos de la evaluación de un proyecto o programa específico, la realización de una investigación evaluativa permite alcanzar otros objetivos:

- establecer proyectos semejantes en realidades similares
- compatibilizar la asignación de recursos escasos a programas que compiten entre sí
- aceptar, rechazar o reajustar determinado enfoque o metodología de actuación
- revisar críticamente los supuestos teóricos que sustentan el programa.

4. Principios inherentes a la investigación evaluativa

Existe un acuerdo bastante generalizado entre los autores preocupados por el tema, en señalar cuáles son los requisitos o principios más importantes de toda evaluación que pretenda tener un carácter objetivo y científico. Suelen resumirse en los siguientes:

a. Validez

Ha de entenderse que la evaluación cumple con este requisito cuando es capaz de revelar, de una forma demostrable y controlable, aquello que trata de evaluar. El principio de validez comporta la posibilidad de estimar con toda realidad, lo que se quiere comprobar y excluye todo tipo de distorsiones sistemáticas.

Para tener un mínimo de garantías respecto a la validez de la evaluación, existen diferentes modos de validación:

— **validez pragmática,** consistente en encontrar un criterio exterior al instrumento de medida para relacionarlo con las puntuaciones obtenidas.

— **validez predictiva,** que se comprueba con los resultados obtenidos en el futuro; el instrumento es válido en la medida que permite predecir con exactitud un comportamiento ulterior

— **validez concurrente,** que contrasta resultados con otros elementos de juicio y con tipos de validez pragmática.

b. Confiabilidad o fiabilidad

Podemos decir que una evaluación es confiable o segura cuando, aplicada repetidamente y en igual situación a un mismo individuo o grupo, o al mismo tiempo por investigadores diferentes, proporciona resultados iguales o parecidos.

Desde el punto de vista técnico el problema de la confiabilidad, se presenta con relación a los instrumentos que se utilizan. El uso de uno u otro tipo de instrumentos hace que la evaluación sea más o menos confiable.

Para la determinación de la fiabilidad existen dos instrumentos principales:

— el análisis de estabilidad de los resultados mediante la aplicación de medidas repetidas, y

— el estudio de la equivalencia de los resultados, cuando los instrumentos son administrados por diferentes personas.

c. Objetividad

Se ha dicho que la objetividad consiste en estudiar los hechos tal como se dan en la realidad, es decir, hay que estudiarlos sin aferrarse a opiniones o ideas preconcebidas. Ello supone que los resultados deberían ser semejantes aunque la medición haya sido realizada por personas distintas.

Sin embargo, no hay que olvidar que el sujeto/observador/evaluador/ conceptuador, está condicionado por su forma de pensar, valores, ideología, etc. Todos estos aspectos, que algunos llaman los supuestos metateóricos, siempre subyacen e inciden o se proyectan en el trabajo de evaluación. De lo que se trata es de controlar tanto cuanto sea posible todos estos factores, de modo que no distorsionen el análisis e interpretación de los hechos.

La explicitación del marco teórico o referencial desde el cual se realiza la evaluación, ayuda bastante, no tanto para ser objetivo, como para integrar los propios supuestos o paradigmas subyacentes, en el proceso mismo de la evaluación.

d. Practicidad o utilidad

Este principio o criterio debe entenderse en un doble sentido. Por una parte, la evaluación debe ser **práctica**, en el sentido de que poco sirve realizar evaluación con instrumentos muy sofisticados, cuando lo que se pretende puede lograrse por procedimientos más sencillos. Tampoco debemos olvidar que la "practicidad" de una evaluación viene dada también por la adecuación del modelo utilizado con el destino que se quiera dar a las conclusiones y recomendaciones.

Y decimos **útil**, porque la evaluación debe servir para mejorar el programa, proyecto, actividades o servicios que se están evaluando. En otras palabras: los resultados de la evaluación deben ser aplicables y utilizables.

e. Oportunidad

Es necesario no perder nunca de vista dos cuestiones que hacen a la oportunidad de la evaluación:

- que se realice en un momento en el que sea posible introducir correctivos o modificaciones en el proceso de gestión y/o realización de un programa o proyecto, o de introducirlo con la rapidez suficiente, cuando se trata de procesos muy dinámicos.
- que se haga con plena aceptación de los responsables políticos, técnicos y administrativos que tienen facultades para tomar las decisiones e introducir correcciones.

Si no se hace así, se realizará un esfuerzo de escasa o nula incidencia práctica. En algunas circunstancias porque los resultados y conclusiones de la evaluación ya no podrán aplicarse. Y, en otras, porque el trabajo servirá de muy poco, ya que no existe interés de tenerlo en cuenta. Para que una evaluación sea efectiva, es necesario que exista la voluntad política de hacerla efectiva. Lo mismo que en la programación, en última instancia todo depende de la decisión política/administrativa, mucho más que la calidad técnica del trabajo.

5. Requisitos previos de la evaluación de programas de animación

Evaluar un programa o proyecto, no es algo que se pueda hacer en cualquier tiempo y lugar, es decir, no es algo que se pueda llevar a cabo, simplemente porque se decide hacerlo. Tienen que darse ciertas condiciones y un ambiente apropiado para que la tarea de evaluación sea posible.

Existe un requisito que está en la base de todos los demás. Es el de que "los responsables de la política y la administración de los programas estén plenamente convencidos de que la evaluación es necesaria; deben estar de acuerdo sobre los propósitos de la misma, así como sobre sus aplicaciones y posibles consecuencias y deben estar enteramente comprometidos con la decisión de incluir la evaluación como parte de su programa" (3).

Para decirlo en breve: este requisito básico condiciona la utilidad y viabilidad de toda evaluación. Y si una investigación evaluativa llegase a realizarse sin tener en cuenta esta exigencia, apenas servirá para cubrir el expediente de una formalidad burocrática.

Una vez expresada la voluntad política y administrativa de llevar a cabo una evaluación, hay que tomar las disposiciones pertinentes, para que ella se haga efectiva. Los problemas de implementación que hay que resolver son los siguientes:

- ¿existen los recursos para pagar los gastos que demanda realizar una evaluación?
- ¿quiénes serán los responsables de realizarla?
- ¿se realizará sólo con personal de la institución, o se recurrirá a personal externo?
- ¿qué equipo, consultoría o persona ajena a la institución, es garantía de seriedad y responsabilidad en la realización del trabajo de evaluación?

- ¿cómo distribuir las responsabilidades cuando se integra personal externo e interno?

Visto el problema de la evaluación desde la perspectiva o enfoque del trabajo social que proponemos, un aspecto sustancial de toda tarea evaluativa, es la de incorporar los beneficiarios o destinatarios de los programas.

En este aspecto los problemas a resolver son de dos tipos:

— ¿con qué criterios se seleccionan los usuarios o beneficiarios que tomarán parte de la evaluación?, y, en el caso de que participen todos, ¿cómo asegurar la participación efectiva de ellos?

— ¿qué procedimientos se utilizarán y qué información más cualificada y utilizable pueden brindar?

El proceso de evaluación

Siendo la evaluación una forma de investigación, resulta obvio que su procedimiento general se ha de atener a los requisitos del método científico, es decir, a una serie de pasos que se deben dar de forma sistemática y organizada, con el fin de obtener un resultado. En el caso de la evaluación se trata de un proceso centrado en la medición de resultados mediante la valoración y apreciación (cuantitativa y cualitativa) de lo que se ha hecho o se está realizando.

Digamos como punto de partida o cuestión básica, que todo proceso de evaluación realizado con rigor metodológico, sigue los lineamientos generales de la investigación social. Dicho en otros términos: las fases generales del proceso de investigación se aplican a la evaluación que, en última instancia, no es otra cosa que una forma de investigación aplicada.

Conforme a esto, vamos a ir desarrollando los principales pasos o fases del proceso evaluativo.

1. Determinación de los objetivos de la evaluación: para qué se hace y para quién se hace

Toda evaluación debe estar enmarcada con un objetivo bien delimitado y preciso. Es obvio, desde luego, que su objetivo general en cuanto "investigación evaluativa", es el de medir en qué grado el programa o proyecto (ya terminado o en proceso de realización), el servicio o actividad, han alcanzado o están alcanzando los objetivos propuestos.

Sin embargo, la cuestión crucial que tiene que conocer el equipo de evaluación —o determinar conjuntamente con quienes encargan la evaluación— es otro "para qué" más específico. Es el para qué de "esta" evaluación en concreto. Y delimitando aún más la cuestión, de lo que se trata es de identificar y determinar qué factores y aspectos se van a evaluar. Estos pueden ser muy variados, según lo que se demanda en cada caso concreto. A modo de ejemplo, señalamos algunos de ellos:

- determinar si los objetivos de un programa han sido alcanzados o no;
- determinar el costo del programa en relación a su eficacia;
- mejorar las técnicas y procedimientos utilizados;
- modificar estrategias y mejorar la toma de decisiones;
- continuar o suspender un programa;
- realizar un programa o proyecto similar, con mayor conocimiento de los factores de éxito y de fracaso.

Aplicado a la salud, en un documento de la OMS la especificación de la evaluación se hace de la siguiente forma: "¿Qué debe evaluarse? Es decir: ¿un **programa**, por ejemplo, de salud, moderno-infantil, un **servicio**, por ejemplo, abastecimiento de agua y alcantarillado, o el uso de ambulancias y otros medios de transporte; o un servicio de salud **local** que atiende varios programas; o una **institución**, por ejemplo un centro de salud, un hospital o un establecimiento docente? Hay que cerciorarse de que el tema merece verdaderamente evaluarse por su alcance o posible importancia. No estaría justificado evaluar actividades secundarias fuera del programa, servicio o institución principal de que forman parte" (4).

El **para quién** se hace, consiste simplemente en determinar quiénes son los que van a utilizar los resultados de la investigación o quién ha demandado que se realice la evaluación. Esto interesa, porque según el nivel en que está "situado" el usuario dentro de la estructura administrativa de la institución, será diferente la utilización efectiva que podrá hacerse de la evaluación.

Por otra parte, el para qué y para quién, están estrechamente ligados. No se puede hacer una evaluación para ser utilizada por quienes no tienen poder de decisión a la hora de modificar o corregir el desarrollo del programa o proyecto, o que no pueden incidir en la marcha del mismo. Así por ejemplo, si la evaluación se hace para introducir cambios en la política general de la institución, los destinatarios de los resultados y conclusiones de la evaluación, no podrán ser los trabajadores sobre el terreno.

En este punto conviene distinguir —como hace Espinoza Vergara— tres categorías principales de destinatarios:

- "Los **directivos superiores,** a quienes correspnde adoptar las políticas institucionales. Su interés en los resultados de una evaluación podría estar centrado en el deseo de ampliar, reducir o cambiar un proyecto".
- Los **directivos medios y administradores,** a quienes corresponde tomar decisiones sobre los insumos que se utilizan en la ejecución de las actividades institucionales. Su interés en la evaluación podría nacer de la intención de introducir modificaciones en la utilización de los insumos.
- Los **técnicos y ejecutores** del proyecto, a quienes corresponde sugerir decisiones metodológicas, técnicas y operativas y ejecutar las decisiones adoptadas. Su interés en los resultados podría basarse en su deseo de mejorar las condiciones técnico-metodológicas del proyecto" (5).

Esta primera fase del trabajo podría resumirse en tres preguntas básicas:

- ¿quién necesita la información?
- ¿para qué fin?
- ¿qué clase de información necesita?

El evaluador (o el equipo de evaluación), no debe pasar a otras tareas hasta tanto no tenga respuestas adecuadas a todas estas cuestiones. Para ello ha de realizar todas las entrevistas que sean necesarias a fin que todo esto quede suficientemente claro.

2. Formulación del marco referencial

Todo programa o proyecto es evaluado, como de algún modo ya lo hemos indicado, en función o en relación a los objetivos propuestos. Consecuentemente, estos objetivos son elementos sustanciales de su marco referencial, aunque éste comporta algo más.

Aquí se confronta una de las primeras dificultades para casi todas las investigaciones evaluativas: los objetivos de los programas o proyectos suelen ser vagos, imprecisos o formulados de una manera demasiado general. He aquí algunos ejemplos que nos permiten ilustrar lo que son las formulaciones vagas: "disminuir el analfabetismo", "aumentar el consumo colectivo", "promover la acción comunitaria", "elevar el nivel de conciencia de la gente", "reducir el nivel de desempleo", "atender a los disminuidos físicos, psíquicos y sensoriales", etc.

Para la formulación de este marco referencial, hay que tener en claro, de la manera lo más precisa posible, cuáles son los objetivos del programa. A partir de ello, habrá que sistematizar datos, guías y "perfiles" que servirán para establecer comparaciones acerca del grado en que se han alcanzado los objetivos, metas y otros resultados (unos esperados y otros imprevistos), en relación a lo programado.

Todo marco para la evaluación, tiene como referentes principales, la situación desde la cual se ha partido y la situación a la que se quiere llegar. Dicho de manera más precisa: este marco referencial está determinado por dos aspectos principales:

- Diagnóstico de la situación/problema   lo que era la **situación de partida**, en la que expresa la naturaleza y magnitud de los problemas y necesidades

- Formulación del proyecto o programa   lo que se quiere alcanzar: la **situación de llegada**

Para la elaboración de este marco referencial hay que estudiar cuidadosamente los documentos del programa o proyecto (en el caso que los hubiere), a fin de determinar con las menores ambigüedades posibles y de la manera lo más clara y precisa, cuáles son los objetivos y metas propuestos (tanto explícitas como implícitas). También es necesario tener en claro cuáles son las etapas y plazos de las actividades previstas (calendarización del proyecto) y los procesos, resultados e impactos pre-establecidos.

Dicho en breve: la evaluación consiste en determinar qué se ha hecho y qué se ha cambiado a partir de la situación inicial y avanzando en la direccionalidad del punto de llegada o situación objetivo.

Podríamos graficarlo de la siguiente manera:

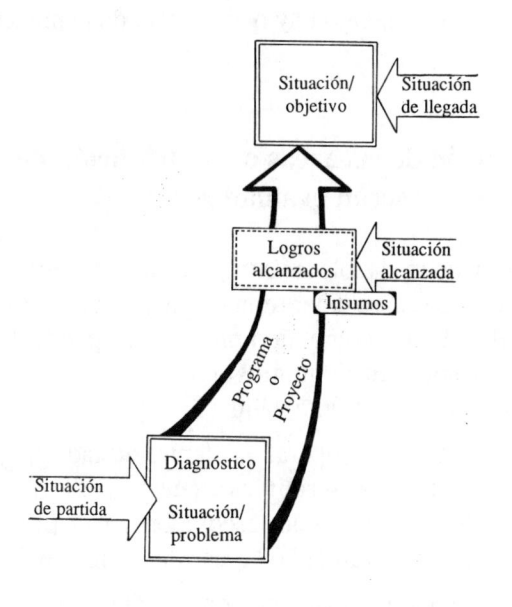

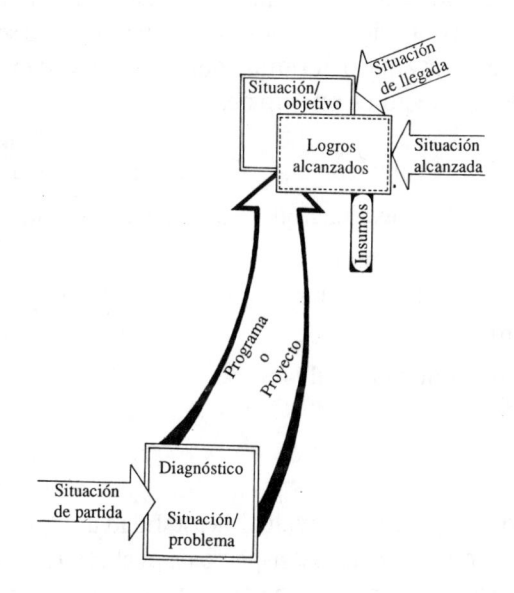

Cuando la evaluación se realiza sin que se haya terminado el programa.

Cuando la evaluación se hace habiéndose terminado el programa.

La conceptualización de estos dos aspectos, son de importancia capital. En esta primera fase del trabajo hay que hacerlo de la manera más precisa posible.

3. Determinación de las áreas o identificación de los aspectos que serán evaluados

Esta fase consiste en establecer con precisión las áreas o aspectos que van a ser evaluados, o sea, se determina lo que se va a evaluar. Como ya se explicó, la realidad de un programa o proyecto se puede descomponer en áreas o aspectos. Nosotros distinguimos ocho áreas, pero puede hacerse otra u otras clasificaciones igualmente válidas.

Para que la evaluación sea operativa, dentro de cada proyecto o programa en concreto, hay que circunscribir los aspectos que se han de evaluar. Estos diferentes aspectos en que puede descomponerse un programa o proyecto se denominan "áreas a evaluar" o "áreas de evaluación".

De esta forma, cuando se evalúan todas las áreas, la evaluación es global; en cambio cuando se trata de algunos aspectos, la evaluación es sectorial. En la práctica hay que determinar si la evaluación debe ser global o sectorial y, en este caso, hay que determinar qué sectores se han de evaluar. Esto depende de cuatro factores principales:

- finalidad de la evaluación .... para qué se hace la evaluación
- destinatarios de la evaluación ... quiénes van a utilizar la evaluación
- fase en que se encuentra la realización del programa o proyecto
- disponibilidad de personal capacitado para realizar la evaluación

Dado que no siempre se va a evaluar la totalidad de un programa, lo más frecuente es determinar las áreas o aspectos a evaluar. Esta decisión/selección se toma de acuerdo con lo establecido en el para qué y para quién de la evaluación.

Recordemos las áreas o aspectos principales que pueden evaluarse:

- el grado en que han alcanzado las metas y objetivos;
- la forma en que se implementó el programa;
- evaluación del perfil estructural y funcional de la institución desde la cual se realiza el programa y su incidencia en la realización de éste;
- evaluación de los procedimientos utilizados;
- evaluación de los resultados efectivos: en qué medida se ha transformado o cambiado la situación-problema que ha dado origen al programa;
- evaluación de la coordinación exterior del programa y de su incidencia en la realización del mismo;
- evaluación de los efectos indirectos;
- opinión de los beneficiarios o destinatarios.

Cuanto más aspectos o áreas se hayan de evaluar, mayor será el costo de la investigación evaluativa. De ahí que para responder a las cuestiones que planteamos en este parágrafo, necesitamos tener respuesta a los temas que se consideran en los parágrafos subsiguientes. Pero antes realizaremos una presentación general de las diferentes cuestiones que pueden plantearse en relación a cada uno de los aspectos de la evaluación.

Dentro del área de **coherencia interna** se pueden evaluar los siguientes aspectos:

a. Evaluación del estudio-diagnóstico

Muy pocas veces se realiza la evaluación del estudio/investigación y del diagnóstico. Si hubiese que hacerlo, las preguntas siguientes pueden servir para orientar la tarea, con respecto a la evaluación del estudio.

¿Se definió y delimitó claramente el objetivo de la investigación de la situación-problema que es origen del programa?

¿Desde qué marco teórico-referencial se realizó el estudio?

¿Fue adecuado el diseño de la investigación?

¿Fué claramente delimitada la población o universo a estudiar?

¿Fueron adecuados los procedimientos de muestreo?

¿Los instrumentos de investigación fueron adecuados a lo que se quería estudiar?

¿Qué seriedad y validez ha tenido el trabajo sobre el terreno?

¿Cómo se realizó el análisis? ¿fue apropiado a los objetivos de la investigación?

¿Las conclusiones son congruentes con los datos obtenidos?

Por último, hay que evaluar el diagnóstico. He aquí algunas preguntas que pueden formularse:

¿Se estableció con claridad la naturaleza y magnitud de los problemas y necesidades?

¿Se jararquizaron las necesidades y problemas?

¿Se tuvieron en cuenta los factores contextuales más significativos que actúan como condicionantes para superar la situación-problema que origina la necesidad del programa?

¿Se elaboró un inventario de recursos necesarios y disponibles?

b. Evaluación del diseño o fase de programación

Para evaluar esta etapa del proceso metodológico, puede ayudar plantearse las siguientes cuestiones:

¿Existe coherencia entre el programa elaborado y los resultados del diagnóstico? ¿Responde el programa a las necesidades y problemas detectados durante el diagnóstico?

¿Qué relación tiene el programa con la política general de la institución?

¿Se han fijado objetivos y metas a corto, mediano y largo plazo? ¿Responden los objetivos y metas a las necesidades y problemas detectados?

¿En qué medida "lo programado" ayudará a resolver, de una forma significativa, el problema o necesidad para cuya superación se ha elaborado un programa?

¿Se han relacionado las actividades con los objetivos y las metas; se las ha relacionado con la solución de los problemas?

¿El enunciado de las actividades está categorizado y están conectadas entre sí?

¿Se ha especificado un calendario de ejecución?

¿Se han previsto recursos suficientes, y en el tiempo oportuno, para alcanzar los objetivos y metas propuestas?

¿Qué respaldo real tiene el programa por parte de los directores o jefes de la institución ejecutora?

c. Evaluación del proceso y desarrollo del programa

Como ya se dijo, este suele ser el aspecto más importante y significativo de toda evaluación, ya que se trata de evaluar la ejecución. Comporta cuatro aspectos principales: propiedad, idoneidad, efectividad y eficiencia del programa. Los dos últimos aspectos son los que interesan de manera particular (remitimos a lo dicho en el punto 5 de este capítulo).

d. Evaluación de la implementación

Entendemos por implementación la realización de un conjunto de gestiones y tareas destinadas a disponer de los medios y recursos necesarios para la efectiva realización de un programa. En esta fase los aspectos más importantes a evaluar, suelen ser los siguiente:

Las **tareas de preparación y motivación.** Aunque en principio esto puede parecer extraño, una buena parte de los programas de tipo social no pueden lanzarse con posibilidades de éxito, si no se prepara a las personas involucradas en los mismos. Aquí se trata de evaluar si se realizaron tareas de preparación y motivación con el fin de crear un "clima favorable" en el cuadro territorial (local, comarcal, provincial, etc.) o en la institución (asociación de vecinos, asociación de padres, cooperativa, sindicato, etc.) en el cual se proyecta llevar a cabo el programa.

Cuando hablamos de personas involucradas, esto se entiende a tres niveles:

- de la institución, organización o unidad administrativa responsable de la realización del proyecto: ¿está verdaderamente interesada? ¿qué prioridad tiene el programa o proyecto dentro de la institución?;
- de los responsables directos de la ejecución;
- de los beneficiarios: la comunidad o sector de la población destinataria (este es un aspecto sustancial de nuestra metodología).

Evaluación de la disponibilidad de recursos. Según una clasificación ya conocida y ampliamente utilizada, distinguimos entre:

— Recursos humanos:
  - personal técnico dedicado al programa
  - personal auxiliar
  - personas de la comunidad que están implicadas en el programa.
  - personal voluntario

 } Se ha de evaluar la calidad, capacidad, motivación, coordinación, etc. de este personal.

283

— Recursos materiales:
  - locales
  - equipos, herramientas, materias primas
  - mobiliario, etc.

  } Inventario y grado de utilización. Idoneidad de los mismos.

— Recursos financieros:
  - origen
  - montos
  - disponibilidad real
  - rapidez o agilidad administrativo-contable
  - fuentes de financiamiento
  - condiciones de financiamiento

  } Suficiencia de los recursos financieros asignados para la gestión del servicio y la realización del programa. Disponibilidad de los recursos presupuestados en tiempo oportuno

— Recursos técnicos:
  - utilaje profesional: pizarras, rotafolios, proyector de diapositivas, etc.
  - conocimiento de métodos y técnicas de trabajo

La **disponibilidad de los medios físicos** para iniciar y llevar a cabo el proyecto sobre el terreno. Estas tareas pueden ser de muy variada índole según las características del programa concreto. Algunos ejemplos podrían ser: preparar un local para iniciar en él un curso de formación, trasladar material para iniciar una obra, etc.

e. Evaluación del desempeño organizacional de la institución (o unidad administrativa) desde la cual se realiza el programa

Todo programa o toda prestación de servicio se lleva a cabo desde una organización. Esta organización tiene una estructura administrativa y un modo de funcionar. Ahora bien, el perfil estructural y funcional puede favorecer más o menos la realización del programa; también puede obstaculizarlo en mayor o menor medida, o bien puede resultar relativamente neutro... Cualquiera sea la circunstancia, este aspecto debe evaluarse.

La medición del desempeño organizacional es una cuestión fundamental (en algunos casos clave). Sin embargo, existen muchas dificultades inherentes a la evaluación de las organizaciones en el logro de sus objetivos, o en el condicionamiento del logro de los objetivos de un programa. En cuanto a la medición del desempeño organizacional, la dificultad proviene del hecho de la gran variedad de objetivos y, como consecuencia de ello, se pueden usar criterios múltiples en la medición del desempeño.

Señalaremos algunas áreas de indagación que tienen más importancia, especialmente en programas de tipo social.

Desde el punto de vista **estructural**, la evaluación de la institución consiste en un análisis de su estructura organizativa. Una caracterización de la misma, en cuanto organización del trabajo, comprende el estudio de las siguientes cuestiones:

- organigrama
- manual de organización
- niveles de autoridad
- manual de procedimientos

¿Existen cada uno de estos procedimientos? ¿En qué medida y con qué eficacia se utilizan? ¿Qué incidencia tienen de forma directa o indirecta en el programa a evaluar?

Desde el punto de vista **funcional**, pueden estudiarse los siguientes aspectos:

- Formas y mecanismos para la toma de decisiones: participación abierta o participación cerrada; consultas democráticas o imposición, etc. Se trata de estudiar los estilos de dirección.
- Naturaleza y contenido de la comunicación (canales de comunicación; receptividad del contenido de las comunicaciones; distorsiones de contenidos; retroalimentación del programa, etc.)
- Nivel de satisfacción y clima existente en la organización.
- Psicopatología manifiestas en su funcionamiento.
- Sistemas de control sobre la marcha del programa.
- Costos de funcionamiento.

f. Evaluación de los procedimientos utilizados

Con el solo análisis comparativo de los "objetivos propuestos" (OP) y de los "resultados obtenidos" u "objetivos alcanzados" (OA), no surge claramente la validez y eficiencia de los procedimientos utilizados, hay que estudiar de manera expresa los procedimientos o modos operacionales utilizados.

Ciertos procedimientos o modos operacionales, válidos en principio, pueden ser inoportunos desde el punto de vista político, económico, social o institucional, en razón de las situaciones coyunturales en que se desarrolla la ejecución del programa. Es de gran importancia por el papel que juega en los programas de trabajo social, el sentido de la oportunidad de los procedimientos, y éste es un aspecto a considerar en la evaluación.

Si existe una propuesta de trabajo social participativo, y el programa que se lleva a cabo pretende generar procesos de participación, los procedimientos deben ser coherentes a esos propósitos.

Area de coherencia externa

Además de todos los aspectos a evaluar mencionados anteriormente, la evaluación no se puede quedar en una revisión interna del programa o proyecto, sino que tiene que confrontarse con su contexto. Ya no se trata de evaluar el programa en sí, sino de evaluar los cambios que se producen en la realidad, o mejor dicho, en relación a la situación problema que se trata de superar. Nos explicamos: un programa puede estar alcanzando sus objetivos, hacer una buena utilización de sus recursos, tener una base administrativa adecuada, etc., sin embargo, podría no responder a las necesidades y problemas reales existentes.

Aquí hay que evaluar cuatro aspectos principales: resultados efectivos, coordinación exterior del programa, efectos indirectos o no esperados y opinión de los beneficiarios o destinatarios del programa.

a. Evaluación de los resultados efectivos

El programa o proyecto se evalúa en este aspecto tomando como referencia el problema que lo origina, y no desde su armonía o coherencia interna. Lo sustancial es saber si el programa que se está llevando a cabo responde a no necesidades y problemas reales. En otras palabras, un programa o proyecto correctamente formulado en sí mismo, podría no resolver de manera significativa la situación-problema que lo originó, puesto que no guarda relación o consonancia con las necesidades que pretende satisfacer a los problemas que procura resolver.

b. Evaluación del área de coordinación externa del programa

En este aspecto la evaluación tiene en cuenta la interacción del programa o proyecto a evaluar con unidades operativas externas a él y con las cuales necesariamente está vinculado, ya sea de manera directa o indirecta. Estas unidades operativas externas pueden ser otros programas u otras instituciones.

c. Evaluación de los resultados no previstos o efectos indirectos

Se trata de medir y valorar también los efectos indirectos que tiene el programa o proyecto en otras áreas que no están vinculadas con él, o los resultados no previstos dentro del mismo programa. A modo de ilustración de un efecto indirecto en otra área, sería los efectos de un programa de alfabetización que incrementa la concurrencia a las bibliotecas o aumenta la lectura de periódicos. El ejemplo que hemos escogido es un efecto indirecto beneficioso.

Algunos de los efectos no previstos o de los efectos indirectos son favorables, pero existe también la posibilidad de que sean desfavorables. Se pueden producir efectos indirectos no deseables, incluso creando mayores problemas que los que se pretendía resolver. Y en sentido contrario, podrían darse resultados no previstos favorables que hasta podrían eclipsar el objetivo principal del programa.

d. Opinión de los beneficiarios del programa

Desde el punto de vista de nuestra propuesta metodológica del trabajo social, la participación de los beneficiarios en la evaluación del programa, no es un **medio para mejor evaluar**, sino **un fin del mismo proceso metodológico.**

Aunque el programa esté alcanzando sus metas y objetivos y que se está transformando la situación-problema que dio origen al programa, ello no significa que el programa sea aceptado por la gente, ni que responda efectivamente a sus expectativas. Adviértase que este problema no existiría, si en todo el proceso se hubiese aplicado una metodología participacionista.

La falta de aceptación de parte de los destinatarios o beneficiarios de un programa, revelaría que no se han tenido en cuenta las aspiraciones, centros de interés, necesidades y problemas que son significativos para la misma gente, sino más bien a las propuestas de los técnicos o de la organización que promueve el programa.

El aporte de todos los miembros de la comunidad, sirve para la Evaluacion

En la práctica, dentro de un equipo de evaluación, la importancia de la opinión de los beneficiarios, usuarios o destinatarios, depende de la importancia que se otorgue a la participación y opinión de la gente. Para un programa concebido autoritariamente, no tendría casi ninguna importancia. En uno paternalista, la importancia es relativa. En uno participativo, la opinión de los beneficiarios es decisiva.

Conviene que en toda evaluación se analice también, si los responsables del programa tuvieron en cuenta la opinión y las necesidades y aspiraciones de la gente antes de iniciar las actividades, es decir antes de la puesta en marcha del programa. O simplemente, este se "puso andar al programa", prescindiendo de los destinatarios.

4. Determinación de los recursos disponibles para realizar la evaluación

Se trata de saber qué recursos existen disponibles para ser aplicados a la investigación evaluativa, puesto que ello condiciona muchos aspectos de la investigación (como ocurre, por otra parte, en cualquier otro tipo de investigación).

Cuando una organización, institución, ministerio, secretaría, dirección, departamento, o simplemente una unidad administrativa, decide realizar una evaluación, pueden darse dos circunstancias: que haya disponible una determinada cantidad de fondos para realizarla o que el equipo de evaluación realice un estudio de costos, según la demanda que se haya establecido.

Esta mayor o menor cantidad de recursos disponibles determina, entre otros, los siguientes aspectos:

- número de integrantes y cualificaciones del equipo de evaluación
- esto condiciona, a su vez, el tiempo dentro del cual se puede realizar la investigación: a mayor y mejor cualificación y experiencia del equipo, menos tiempo para realizar el trabajo de una manera satisfactoria.
- procedimientos a utilizar: ya sabemos que podemos utilizar desde técnicas muy sofisticadas hasta otras muy simples; esto, a su vez, puede incidir en la calidad de la investigación.

Aunque ya se sabe, conviene recordar que cuando se alude a "recursos", éstos pueden ser humanos, técnicos, financieros y materiales. Una institución puede tener mayores o menores limitaciones financieras pero, al mismo tiempo, puede contar con recursos humanos altamente cualificados, a pesar de que no se exprese en el total de fondos destinados a esta investigación. En la práctica son recursos altamente cualificados que se dispone para realizar una investigación evaluativa.

Si vinculamos los problemas de recursos disponibles y áreas o aspectos a evaluar, lo que se necesita es alcanzar un equilibrio entre lo que sería deseable evaluar y los recursos asignados, o sea, cómo articular de manera óptima los recursos técnicos y los recursos financieros.

5. Implementación de la evaluación

Esta fase consiste en realizar las tareas necesarias para llevar a la práctica las formulaciones elaboradas en fases precedentes. Comporta las siguientes tareas principales:

a. Delimitación conceptual de los aspectos a estudiar y operacionalización instrumental de los mismos

Se trata de definir operacionalmente los aspectos que van a ser evaluados y de establecer instrumentalmente cómo hacerlo. Lo principal de esta tarea, desde el punto de vista metodológico, es el de encontrar las medidas y los indicadores objetivos de las variables involucradas en la investigación, de modo tal que permitan determinar si las actividades han sido bien realizadas y si se han conseguido los objetivos propuestos.

De ordinario en las evaluaciones lo que más interesa a los responsables de programas es la "efectividad/eficacia" y la "eficiencia/rendimiento". Esos dos aspectos de la evaluación interesan mucho más que la pertinencia y la idoneidad. Ya hemos explicado qué se entiende por efectividad y eficiencia, ahora vamos a operacionalizar estos conceptos para una tarea de evaluación.

Operacionalización de la efectividad o eficacia

En relación a esto, la cuestión fundamental que hay que operacionalizar, se resume en lo siguiente: ¿**cómo podemos medir la marcha de un programa en cuanto al logro de metas y objetivos?**... Antes de introducirnos a la respuesta a esta pregunta, es necesario hacer algunas precisiones preliminares, distinguiendo dos tipos de objetivos, y éstos de las metas:

• **objetivos generales u objetivos últimos** que expresan los grandes propósitos que se desean alcanzar para resolver la situación/problema que ha dado origen al programa, proyecto, actividad o servicio;

- **objetivos específicos o intermedios**, que hacen referencia a lo que se espera que resultará de los pasos concretos que hay que seguir para alcanzar los objetivos generales. La especificación de objetivos es una tarea fundamental en el proceso de programación que condiciona las posibilidades de procedimientos de evaluación relativamente eficaces; se trata de algo intermedio entre la generalidad de los objetivos últimos y la operacionalización de las metas;
- **metas**, operacionalizan los objetivos intermedios, indicando cuánto, cuándo y dónde, esos objetivos pueden ser alcanzados.

Esto desde un punto de vista conceptual es bastante claro, pero en la práctica cuando se va a realizar una evaluación, con frecuencia se encuentra con que los objetivos son vagos y difusos, amplios e inespecíficos. Con harta frecuencia nos encontramos que se han establecido las actividades a realizar, pero sin que se hayan determinado los objetivos de una manera relativamente clara y precisa; se actúa como si el valor de las actividades fuesen evidentes por sí mismas. De ahí que una de las primeras tareas de un evaluador (cuando se presentan estas circunstancias), sea la de tratar de especificar lo que quizás sólo está expresado como "vagas intencionalidades". Para ello habrá que preguntarse:

- **qué** es lo que se desea obtener con la realización del programa; se trata de establecer cuál es la naturaleza de la situación a ser lograda (**objetivos**)
- **grado** o cantidad de la condición a ser lograda (**metas**)
- **quiénes** constituyen el sector de población beneficiaria del programa (**destinatarios**)
- **dónde**: qué área geográfica abarca la realización del programa (**cobertura espacial**)
- **cómo** se realiza y qué procedimientos se utilizan (**métodos y actividades a realizar**)
- **cuándo** se realiza, en lo posible expresado en un cronograma de las diferentes actividades o cambios de situaciones deseados.

Hasta aquí se trata básicamente de una serie de precisiones primero y de delimitaciones después. Con esto ya estamos en condiciones de plantear la medición* de la efectividad o eficacia de un programa, que se expresa en la razón:

OA : OP

que, por otra parte, es la medida más significativa de la eficiencia de un programa, siempre que se tenga precaución de "descontar" de los objetivos alcanzados (OA), todos aquellos logros obtenidos y que son resultado de acontecimientos ajenos a las actividades del programa.

Operacionalización de la eficiencia o rendimiento

En cuanto a la evaluación de la eficiencia o rendimiento de un programa que hemos definido como la relación entre los esfuerzos e insumos empleados y los resultados obtenidos, podemos expresarla en la razón:

OA : RU

o bien en la razón inversa:

RU : OA

Esta última permitiría obtener una medida del costo medio.

En la práctica la medición de eficiencia se puede hacer relacionando tres variables**: objetivos, actividades y recursos y que se estudian con dos medidas intermedias de rendimiento:

- la relación de las actividades con los objetivos;
- la relación de las actividades con los recursos.

La investigación evaluativa de la eficiencia permite resolver los problemas de las relaciones:

- entre el grado de objetivos que se han alcanzado y los recursos utilizados.

   OA : RU o RU: OA

---

* Clave de las abreviaturas que se van a utilizar:
  OA: objetivos alcanzados que pueden atribuirse a la actividad del programa
  OP: objetivos programados para alcanzar los propósitos establecidos mediante la realización de una serie de actividades propias del programa o proyecto
  AE: actividades efectivamente ejecutadas
  AP: actividades programadas
  RU: recursos efectivamente utilizados.

** De una manera general puede decirse que el responsable de todo programa, debe adoptar tres decisiones principales: a) determinación de los objetivos generales y específicos; b) seleccionar una o más actividades que pueden contribuir al logro de los objetivos y c) determinación de la clase y cantidad de recursos necesarios para realizar las actividades programadas.

- entre el volumen y clase de actividades realizadas y los recursos utilizados.

    AE: RU o RU : AE

- entre el grado en que se han alcanzado los objetivos y el volumen y clase de actividades realizadas

    OA : AE o AE : OA

Para proceder a una efectiva evaluación del funcionamiento de un programa, se requieren datos sobre tres componentes: utilización de recursos, realización de actividades y consecusión de objetivos (generales y específicos). Esto, a su vez, nos permitirá obtener una evaluación más amplia del funcionamiento de un programa, relacionando efectividad/eficacia con eficiencia/rendimiento.

b. Determinación de las necesidades de información y las posibilidades de obtenerla

Toda investigación evaluativa supone la posibilidad de contar con datos válidos, pertinentes y sensibles. Ello comporta una serie de cuestiones prácticas; mencionamos las principales:

¿Es posible contar con apoyo informativo a todo lo largo de la investigación evaluativa?

¿Qué datos y qué información se necesitan para hacer esta evaluación?

¿Cuáles son las fuentes de información más seguras? ¿dónde están? ¿son utilizables y suficientes? ¿qué seguridad existe acerca de la disponibilidad de datos e información?, ¿en qué medida son accesibles?

Si la información y los datos deben obtenerse de otras instituciones y organizaciones que son ajenas a la que realiza la evaluación,

¿Qué seguridad existe de poder disponer de ellos?

¿Cómo recopilar los datos?, ¿qué técnicas utilizar?

¿Qué comparaciones hay que hacer para medir lo que se quiere evaluar? Esta cuestión depende tanto del marco referencial, como del área o áreas que se ha decidido evaluar.

c. Elaboración y selección de indicadores

Respecto de la selección y elaboración de indicadores (en cuanto variables que ayudan a medir los cambios de una situación), en esta tarea se trata de encontrar los patrones, baremos o señaladores que permiten realizar la evaluación en cuanto a:

- los recursos o insumos
  utilizados .... indicadores de insumo
- la obtención de resultados
  y productos .... indicadores de productos
- el logro de objetivos .... indicadores de efecto o impacto.

Ya sean éstos, indicadores **directos** (en general indicadores de seguimiento) o **indirectos** (en general seguidores de impacto), éstos son seleccionados, en última instancia, teniendo en cuenta la naturaleza de los objetivos y de los efectos y el impacto que se persigue con la realización del programa o proyecto.

Para la elaboración de indicadores es de suma importancia que se haya hecho una correcta y precisa formulación de objetivos (ver punto 2), y deben reunir los requisitos de validez, fiabilidad, pertinencia, sensibilidad, especificidad y oportunidad. Y, como es obvio, la elaboración de indicadores está condicionada a la cantidad y calidad de los datos disponibles.

d. Selección de los instrumentos o técnicas a utilizar

No se eligen las técnicas en general, sino las técnicas a utilizar adecuadas a dos circunstancias principales: cuál es el área o aspecto a evaluar y cuál es el tipo y sistema de información existente, o sea, cuáles son los datos disponibles. Esto último requiere de una tarea previa de exploración de los datos e información existentes, y de la utilidad y fiabilidad de los mismos.

Ahora bien, las técnicas más utilizadas en evaluación son:

- observación;
- entrevistas;
- cuestionarios;
- análisis de documentos:
  — estadísticos;
  — informes;
  — estudios;
  — registros institucionales.

6. Recopilación de la información: técnicas de análisis

Una vez determinado la información que se necesita y establecido dónde obtenerla, se procede a la recopilación de los datos e información. Los procedimientos para llevarla a cabo son los siguientes:

- **entrevistas** en las que se recaba información a gente involucrada en el programa (técnicos, administrativos, usuarios, etc.) en las entrevistas la información que se solicita ha de ser en el grado de detalle necesario para el trabajo evaluativo;

- **observación participante**, interviniendo personalmente en algunas actividades, tales como reuniones, asambleas, etc., pero con la discreción necesaria para no incidir en el comportamiento de las personas participantes. También se ha de comprobar la marcha del programa insitu, para constatar lo que se hace y los resultados obtenidos (medibles en lo que se puede observar);

- **cuestionarios**: unos destinados a ser contestados directamente por las personas encuestadas, otros para ser llenados por el encuestador;

- **análisis documental** que se realiza utilizando todo tipo de documentos que se considere pertinente para la evaluación, tales como registros institucionales, estadísticas propias y ajenas a la organización, actas de reuniones, registros financieros, etc.

7. Elaboración de la información

Una vez obtenida la información, es necesario ordenar, clasificar y agrupar los resultados, es decir, hay que elaborarlos. La masa de datos disponibles es de poca utilidad si no se procede a la elaboración de los mismos de acuerdo a los objetivos de la investigación.

Se trata básicamente de procesar y valorar la información obtenida y los datos recogidos con el fin de sistematizarlos con miras de obtener conclusiones válidas. Uno de los aspectos más importantes, de esta última fase, es la de encontrar explicaciones del éxito o fracaso del proyecto o de algunas de sus partes.

Además, este proceso de elaboración de información puede ser de tipo cuantitativo (logros y eficiencia en el sentido de productividad) y de tipo cualitativo (calidad, modificación de actitudes y de conductas, etc.)

8. Análisis de los resultados

> *La evaluación requiere la formulación de juicios basados en un análisis cuidadoso y un estudio crítico de situaciones específicas, con el fin de sacar conclusiones bien fundadas y de hacer útiles propuestas de acción futura. Este juicio no debe entenderse en el sentido jurídico de "fallo" o "sentencia". Ha de basarse en información válida, pertinente y sensible que sea fácil de obtener y que se facilite a todos los que puedan necesitarla.*
>
> *Dentro de esta perspectiva, la evaluación supone un espíritu abierto capaz de ejercer una crítica constructiva. Además, exige del personal profesional la disposición adecuada para comunicarse libremente con sus homólogos y con otras personas u otros grupos competentes de los distintos niveles políticos y operativos...*
>
> O.M.S.
> *Evaluación de los programas de salud*

9. Discusión de los resultados. Formulación de conclusiones y recomendaciones

Terminado el trabajo de análisis, como es obvio, se llega a unas conclusiones y recomendaciones. Las primeras conclusiones no tendrían que presentarse como definitivas, sino teniendo un carácter preliminar, a fin de facilitar la discusión de los resultados y ajustar todo lo que sea pertinente.

Antes de entregar los resultados de la investigación evaluativa a los destinatarios, hay que someter a discusión las conclusiones que se ha formulado. Lo deseable es que todas las personas, que debido a su trabajo puedan estar afectadas a los resultados de la evaluación, tengan la oportunidad de dar a conocer su parecer.

Discutidas las conclusiones y recogidas las observaciones, comentarios, críticas, aclaraciones, etc., se procede a la redacción de las conclusiones finales y a la comunicación de los resultados y recomendaciones. Sobre este punto hacemos algunas recomendaciones prácticas, resumidas en lo siguiente:

- ¿Cómo hacerlo?: ante todo tener en cuenta lo que ya se ha dicho en otras partes de este libro: utilizar un lenguaje claro, sencillo y concreto. El informe debe tener un lenguaje comprensible; hay que evitar el lenguaje esotérico de los iniciados en una disciplina o ciencia; además debe centrarse en resultados y recomendaciones fundamentales. Un informe evaluativo que diga sólo que "el programa no ha producido los efectos esperados", no sirve de mayor cosa. Hay que presentar observaciones concretas y recomendaciones útiles para ayudar a la toma de decisiones.

- **Practicidad-factibilidad** de las conclusiones y recomendaciones finales. Las propuestas deben ser prácticas, es decir, fácilmente utilizables por los destinatarios de la evaluación. Por su parte, la factibilidad de las recomendaciones hace referencia a la necesidad de que se propongan modificaciones o correcciones realizables. No se trata de proponer lo óptimo, sino lo posible. Sin embargo, ello no obsta para que se presenten varias alternativas que van desde lo deseable (propuesta maximalista), pasando por lo probable y lo posible como el mínimo a realizar.

10. La adopción de decisiones; aplicación de las recomendaciones

Si entre las recomendaciones y las acciones subsiguientes que se derivan de los resultados de la evaluación existiesen grandes diferencias, es porque "algo" no ha funcionado como debía hacerlo. Tres pueden ser las causas principales:

- la evaluación no ha sido ni práctica ni útil, posiblemente esto refleje una cierta incompetencia técnica del equipo de evaluación;
- los responsables del programa no se "tomaron en serio" la evaluación; todo se redujo al cumplimiento de un formalismo;
- los resultados o conclusiones de la evaluación toca intereses que los responsables no quieren modificar y... todo sigue como antes, pero advertidos que tienen algunos flancos vulnerables.

Pueden existir otras muchas razones pero, cualquier sea el caso, cuando los resultados no se utilizan, la evaluación ha servido de muy poco. Decíamos en otra parte del libro: no se evalúa por interés académico o por curiosidad, sino con un claro sentido utilitario y práctico: llevar a cabo acciones correctivas, adoptando las medidas necesarias dentro del proceso de realización de un programa o proyecto, de cara al logro de los objetivos propuestos. Este hecho de "introducir medidas de ajuste" dentro de un programa, como producto del análisis evaluativo de su comportamiento, se denomina retroalimentación (feed back).

Ahora bien, la retroalimentación forma parte de una de las funciones del proceso de administración a través del control operacional. Este consiste, como ya se ha dicho anteriormente, en disponer de un conjunto de mecanismos que sirven para medir y examinar los resultados obtenidos en relación a los resultados previstos, y para establecer acciones correctoras, cuando así fuera necesario.

En suma: los resultados de la investigación evaluativa sólo tienen sentido en la medida en que forman parte de la función de control operacional, y en la medida que sirven para formular propuestas de acción futura.

Bibliografía citada

1.	FAO	Seguimiento y evaluación de pautas básicas para el desarrollo rural. Roma, 1984.
2.	HAYMAN, H. WIRGHT, CH., y HOPKINS, T.	Aplication of Metods of Evaluation. Univ. of California, Berkeley, 1962.
3.	WILDAVSKY, Aaron	Evaluation as an Organization Problem. London University, Londres, 1972.
4.	OMS	Evaluación de los programas de salud. OMS, Ginebra, 1981.
5.	ESPINOZA VERGARA, Mario.	Evaluación de proyectos sociales, Hvmanitas, 1986, Buenos Aires.

DISEÑO DEL PROCESO DE EVALUACION

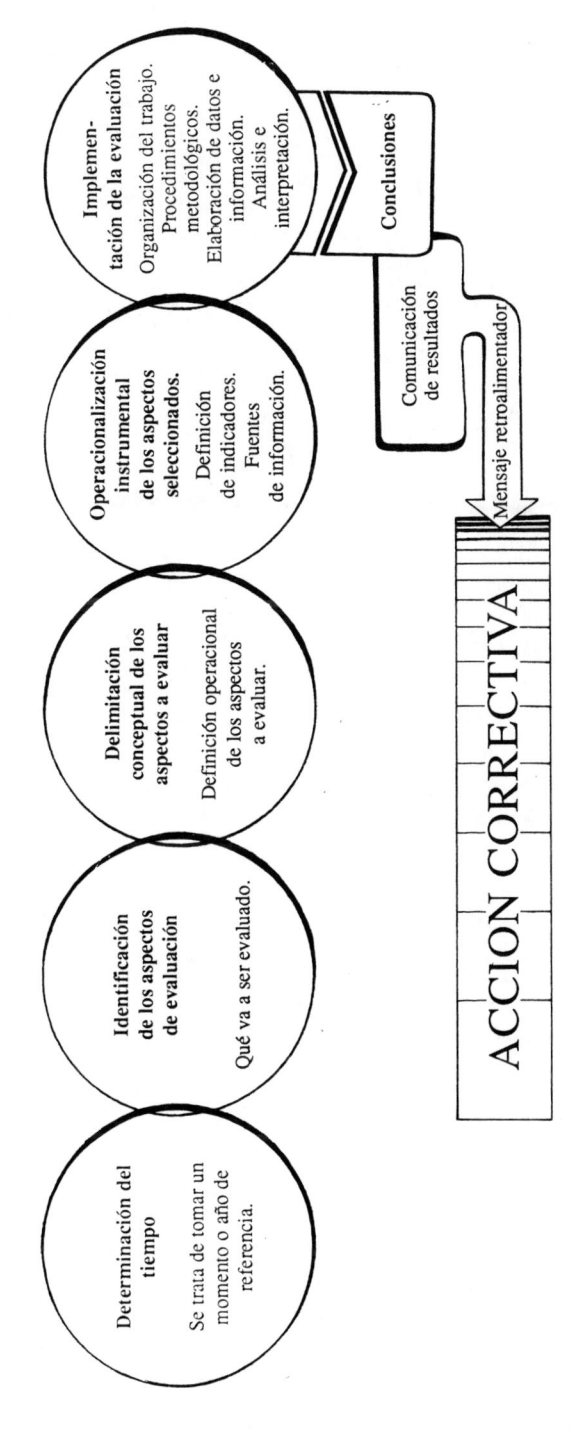

- **Determinación del tiempo**
  Se trata de tomar un momento o año de referencia.

- **Identificación de los aspectos de evaluación**
  Qué va a ser evaluado.

- **Delimitación conceptual de los aspectos a evaluar**
  Definición operacional de los aspectos a evaluar.

- **Operacionalización instrumental de los aspectos seleccionados.**
  Definición de indicadores. Fuentes de información.

- **Implementación de la evaluación**
  Organización del trabajo. Procedimientos metodológicos. Elaboración de datos e información. Análisis e interpretación.

Conclusiones

Comunicación de resultados

ACCION CORRECTIVA

Mensaje retroalimentador

299

*Se terminó de imprimir en el mes de noviembre de 1997
en el Establecimiento Gráfico* **LIBRIS S.R.L.**
MENDOZA 1523 (1824) • LANÚS OESTE
BUENOS AIRES • REPÚBLICA ARGENTINA